# COMENTÁRIOS ÀS ORIENTAÇÕES JURISPRUDENCIAIS DA SBDI-1 E 2 DO TST

SERGIO PINTO MARTINS

# COMENTÁRIOS ÀS ORIENTAÇÕES JURISPRUDENCIAIS DA SBDI-1 E 2 DO TST

5ª Edição

SÃO PAULO
EDITORA ATLAS S.A. – 2014

1. ed. 2009; 2. ed. 2011; 3. ed. 2012; 4. ed. 2013; 5. ed. 2014

Capa: Leonardo Hermano
Composição: Lino-Jato Editoração Gráfica

**Dados Internacionais de Catalogação na Publicação (CIP)**
**(Câmara Brasileira do Livro, SP, Brasil)**

Martins, Sergio Pinto

Comentários às orientações jurisprudenciais da SBDI-1 e 2 do TST / Sergio Pinto Martins. – 5. ed. – São Paulo : Atlas, 2014.

Bibliografia.
ISBN 978-85-224-8698-4

1. Brasil. Tribunal Superior do Trabalho – Jurisprudência I. Título.

09-08009
CDU-347.998:331(81)(094.56)

**Índices para catálogo sistemático:**

1. Precedentes jurisprudenciais : Tribunal Superior do Trabalho e SBDI 1 e 2 : Comentários : Direito : Brasil 347.998:331(81)(094.56)
2. Tribunal Superior do Trabalho : Precedentes jurisprudenciais : Comentários : Direito : Brasil 347.998:331(81)(094.56)



Depósito legal na Biblioteca Nacional conforme Lei nº 10.994, de 14 de dezembro de 2004.

Impresso no Brasil/*Printed in Brazil*

Editora Atlas S.A.
Rua Conselheiro Nébias, 1384
Campos Elísios
01203 904 São Paulo SP
011 3357 9144
atlas.com.br

# TRABALHOS DO AUTOR

1. *Imposto sobre serviços* – ISS. São Paulo: Atlas, 1992.
2. *Direito da seguridade social*. 34. ed. São Paulo: Atlas, 2014.
3. *Direito do trabalho*. 30. ed. São Paulo: Atlas, 2014.
4. *A terceirização e o direito do trabalho*. 12. ed. São Paulo: Atlas, 2013.
5. *Manual do ISS*. 9. ed. São Paulo: Atlas, 2013.
6. *Participação dos empregados nos lucros das empresas*. 3. ed. São Paulo: Atlas, 2009.
7. *Práticas discriminatórias contra a mulher e outros estudos*. São Paulo: LTr, 1996.
8. *Contribuição confederativa*. São Paulo: LTr, 1996.
9. *Medidas cautelares*. São Paulo: Malheiros, 1996.
10. *Manual do trabalho doméstico*. 12. ed. São Paulo: Atlas, 2013.
11. *Tutela antecipada e tutela específica no processo do trabalho*. 4. ed. São Paulo: Atlas, 2013.
12. *Manual do FGTS*. 4. ed. São Paulo: Atlas, 2010.
13. *Comentários à CLT*. 18. ed. São Paulo: Atlas, 2014.
14. *Curso de direito do trabalho*. 3. ed. São Paulo: Dialética, 2001.
15. *Direito processual do trabalho*. 35. ed. São Paulo: Atlas, 2014.
16. *Contribuições sindicais*. 5. ed. São Paulo: Atlas, 2009.
17. *Contrato de trabalho de prazo determinado e banco de horas*. 4. ed. São Paulo: Atlas, 2002.
18. *Estudos de direito*. São Paulo: LTr, 1998.
19. *Legislação previdenciária*. 20. ed. São Paulo: Atlas, 2014.
20. *Síntese de direito do trabalho*. Curitiba: JM, 1999.
21. *A continuidade do contrato de trabalho*. São Paulo: Atlas, 2000.
22. *Flexibilização das condições de trabalho*. 4. ed. São Paulo: Atlas, 2009.
23. *Legislação sindical*. São Paulo: Atlas, 2000.
24. *Comissões de conciliação prévia*. 3. ed. São Paulo: Atlas, 2008.
25. *Fundamentos de direito processual do trabalho*. 17. ed. São Paulo: Atlas, 2014.
26. *Instituições de direito público e privado*. 14. ed. São Paulo: Atlas, 2014.
27. *Fundamentos de direito do trabalho*. 15. ed. São Paulo: Atlas, 2014.
28. *Fundamentos de direito da seguridade social*. 15. ed. São Paulo: Atlas, 2014.
29. *O pluralismo do direito do trabalho*. São Paulo: Atlas, 2001.
30. *A greve no serviço público*. São Paulo: Atlas, 2001.
31. *A execução da contribuição previdenciária na justiça do trabalho*. 4. ed. São Paulo: Atlas, 2013.
32. *Manual de direito tributário*. 13. ed. São Paulo: Atlas, 2014.
33. *CLT Universitária*. 17. ed. São Paulo: Atlas, 2014.
34. *Cooperativas de trabalho*. 5. ed. São Paulo: Atlas, 2014.
35. *Reforma previdenciária*. 2. ed. São Paulo: Atlas, 2006.
36. *Manual da justa causa*. 5. ed. São Paulo: Atlas, 2013.
37. *Comentários às súmulas do TST*. 14. ed. São Paulo: Atlas, 2014.
38. *Constituição. CLT. Legislação previdenciária e legislação complementar*. 4. ed. São Paulo: Atlas, 2013.
39. *Dano moral decorrente do contrato de trabalho*. 3. ed. São Paulo: Atlas, 2012.
40. *Profissões regulamentadas*. 2. ed. São Paulo: Atlas, 2013.
41. *Direitos fundamentais trabalhistas*. São Paulo: Atlas, 2008.
42. *Convenções da OIT*. 2. ed. São Paulo: Atlas, 2013.
43. *Estágio e relação de emprego*. 3. ed. São Paulo: Atlas, 2012.
44. *Comentários às Orientações Jurisprudenciais da SBDI-1 e 2 do TST*. 4. ed. São Paulo: Atlas, 2013.
45. *Direitos trabalhistas do atleta profissional de futebol*. São Paulo: Atlas, 2011.
46. *Prática trabalhista*. 3. ed. São Paulo: Atlas, 2014.
47. *Assédio moral*. 3. ed. São Paulo: Atlas, 2014.
48. *Comentários à Lei nº 8.212/91. Custeio*. São Paulo: Atlas, 2013.
49. *Comentários à Lei nº 8.213/91*. Benefícios da Previdência Social. São Paulo: Atlas, 2013.

# ARTIGOS

1. A dupla ilegalidade do IPVA. *Folha de S. Paulo*, São Paulo, 12 mar. 1990. Caderno C, p. 3.
2. Descumprimento da convenção coletiva de trabalho. *LTr*, São Paulo, nº 54-7/854, jul. 1990.
3. *Franchising* ou contrato de trabalho? *Repertório IOB de Jurisprudência*, nº 9, texto 2/4990, p. 161, 1991.
4. A multa do FGTS e o levantamento dos depósitos para aquisição de moradia. *Orientador Trabalhista – Suplemento de Jurisprudência e Pareceres*, nº 7, p. 265, jul. 1991.
5. O precatório e o pagamento da dívida trabalhista da fazenda pública. *Jornal do II Congresso de Direito Processual do Trabalho*, p. 42. jul. 1991 (Promovido pela LTr Editora.)
6. As férias indenizadas e o terço constitucional. *Orientador Trabalhista Mapa Fiscal – Suplemento de Jurisprudência e Pareceres*, nº 8, p. 314, ago. 1991.
7. O guarda de rua contratado por moradores. Há relação de emprego? *Folha Metropolitana*, Guarulhos, 12 set. 1991, p. 3.
8. O trabalhador temporário e os direitos sociais. *Informativo Dinâmico IOB*, nº 76, p. 1.164, set. 1991.
9. O serviço prestado após as cinco horas em sequência ao horário noturno. *Orientador Trabalhista Mapa Fiscal – Suplemento de Jurisprudência e Pareceres*, nº 10, p. 414, out. 1991.
10. Incorporação das cláusulas normativas nos contratos individuais do trabalho. *Jornal do VI Congresso Brasileiro de Direito Coletivo do Trabalho e V Seminário sobre Direito Constitucional do Trabalho*, p. 43. nov. 1991 (Promovido pela LTr Editora.)
11. Adicional de periculosidade no setor de energia elétrica: algumas considerações. *Orientador Trabalhista Mapa Fiscal – Suplemento de Jurisprudência e Pareceres*, nº 12, p. 544, dez. 1991.
12. Salário-maternidade da empregada doméstica. *Folha Metropolitana*, Guarulhos, p. 7. 2-3 fev. 1992.
13. Multa pelo atraso no pagamento de verbas rescisórias. *Repertório IOB de Jurisprudência*, nº 1, texto 2/5839, p. 19, 1992.
14. Base de cálculo dos adicionais. *Orientador Trabalhista Mapa Fiscal – Suplemento de Legislação, Jurisprudência e Doutrina*, nº 2, 130, fev. 1992.
15. Base de cálculo do adicional de insalubridade. *Orientador Trabalhista Mapa Fiscal – Suplemento de Legislação, Jurisprudência e Doutrina*, nº 4, p. 230, abr. 1992.
16. Limitação da multa prevista em norma coletiva. *Repertório IOB de Jurisprudência*, nº 10, texto 2/6320, p. 192, 1992.
17. Estabilidade provisória e aviso prévio. *Orientador Trabalhista Mapa Fiscal – Suplemento de Legislação, Jurisprudência e Doutrina*, nº 5, p. 279, maio 1992.

18. Contribuição confederativa. *Orientador Trabalhista Mapa Fiscal – Suplemento de Legislação, Jurisprudência e Doutrina*, nº 6, p. 320, jun. 1992.
19. O problema da aplicação da norma coletiva de categoria diferenciada à empresa que dela não participou. *Orientador Trabalhista Mapa Fiscal – Suplemento de Legislação, Jurisprudência e Doutrina*, nº 7, p. 395, jul. 1992.
20. Intervenção de terceiros no processo de trabalho: cabimento. *Jornal do IV Congresso Brasileiro de Direito Processual do Trabalho*, jul. 1992, p. 4. (Promovido pela LTr Editora.)
21. Relação de emprego: dono de obra e prestador de serviços. *Folha Metropolitana*, Guarulhos, 21 jul. 1992, p. 5.
22. Estabilidade provisória do cipeiro. *Orientador Trabalhista Mapa Fiscal – Suplemento de Legislação, Jurisprudência e Doutrina*, nº 8, p. 438, ago. 1992.
23. O ISS e a autonomia municipal. *Suplemento Tributário LTr*, nº 54, p. 337, 1992.
24. Valor da causa no processo do trabalho. *Suplemento Trabalhista LTr*, nº 94, p. 601, 1992.
25. Estabilidade provisória do dirigente sindical. *Orientador Trabalhista Mapa Fiscal – Suplemento de Legislação, Jurisprudência e Doutrina*, nº 9, p. 479, set. 1992.
26. Estabilidade no emprego do aidético. *Folha Metropolitana*, Guarulhos, 20-21 set. 1992, p. 16.
27. Remuneração do engenheiro. *Orientador Trabalhista Mapa Fiscal – Suplemento de Legislação, Jurisprudência e Doutrina*, nº 10, p. 524, out. 1992.
28. Estabilidade do acidentado. *Repertório IOB de Jurisprudência*, nº 22, texto 2/6933, p. 416, 1992.
29. A terceirização e suas implicações no direito do trabalho. *Orientador Trabalhista Mapa Fiscal – Legislação, Jurisprudência e Doutrina*, nº 11, p. 583, nov. 1992.
30. Contribuição assistencial. *Jornal do VII Congresso Brasileiro de Direito Coletivo do Trabalho e VI Seminário sobre Direito Constitucional do Trabalho*, nov. 1992, p. 5.
31. Descontos do salário do empregado. *Orientador Trabalhista Mapa Fiscal – Suplemento de Legislação, Jurisprudência e Doutrina*, nº 12, p. 646, dez. 1992.
32. Transferência de empregados. *Orientador Trabalhista Mapa Fiscal – Suplemento de Legislação, Jurisprudência e Doutrina*, nº 1, p. 57, jan. 1993.
33. A greve e o pagamento dos dias parados. *Orientador Trabalhista Mapa Fiscal – Suplemento de Legislação, Jurisprudência e Doutrina*, nº 2, p. 138, fev. 1993.
34. Auxílio-doença. *Folha Metropolitana*, Guarulhos, 30 jan. 1993, p. 5.
35. Salário-família. *Folha Metropolitana*, Guarulhos, 16 fev. 1993, p. 5.
36. Depósito recursal. *Repertório IOB de Jurisprudência*, nº 4, texto 2/7239, p. 74, fev. 1993.
37. Terceirização. *Jornal Magistratura & Trabalho*, nº 5, p. 12, jan. e fev. 1993.
38. Auxílio-natalidade. *Folha Metropolitana*, Guarulhos, 9 mar. 1993, p. 4.
39. A diarista pode ser considerada empregada doméstica?, *Orientador Trabalhista Mapa Fiscal – Suplemento Trabalhista Mapa Fiscal – Suplemento de Legislação, Jurisprudência e Doutrina*, nº 3/93, p. 207.
40. Renda mensal vitalícia. *Folha Metropolitana*, Guarulhos, 17 mar. 1993, p. 6.
41. Aposentadoria espontânea com a continuidade do aposentado na empresa. *Jornal do Primeiro Congresso Brasileiro de Direito Individual do Trabalho*, 29 e 30 mar. 1993, p. 46-47. (Promovido pela LTr Editora.)
42. Relação de emprego e atividades ilícitas. *Orientador Trabalhista Mapa Fiscal – Suplemento de Legislação, Jurisprudência e Doutrina*, nº 5/93, p. 345.
43. Conflito entre norma coletiva do trabalho e legislação salarial superveniente. *Revista do Advogado*, nº 39, p. 69, maio 1993.
44. Condição jurídica do diretor de sociedade em face do direito do trabalho. *Orientador Trabalhista Mapa Fiscal – Suplemento de Legislação, Jurisprudência e Doutrina*, nº 6/93, p. 394.
45. Equiparação salarial. *Orientador Trabalhista Mapa Fiscal – Suplemento de Legislação, Jurisprudência e Doutrina*, nº 7/93, p. 467.
46. Dissídios coletivos de funcionários públicos. *Jornal do V Congresso Brasileiro de Direito Processual do Trabalho*, jul. 1993, p. 15. (Promovido pela LTr Editora.)
47. Contrato coletivo de trabalho. *Orientador Trabalhista Mapa Fiscal – Suplemento de Legislação, Jurisprudência e Doutrina*, nº 8/93, p. 536.
48. Reintegração no emprego do empregado aidético. *Suplemento Trabalhista LTr*, nº 102/93, p. 641.
49. Incidência da contribuição previdenciária nos pagamentos feitos na Justiça do Trabalho. *Orientador Trabalhista Mapa Fiscal – Suplemento de Legislação, Jurisprudência e Doutrina*, nº 9/93, p. 611.
50. Contrato de trabalho por obra certa. *Orientador Trabalhista Mapa Fiscal – Suplemento de Legislação, Jurisprudência e Doutrina*, nº 10/93, p. 674.
51. Autoaplicabilidade das novas prestações previdenciárias da Constituição. *Revista de Previdência Social*, nº 154, p. 697, set. 1993.
52. Substituição processual e o Enunciado 310 do TST. *Orientador Trabalhista Mapa Fiscal – Suplemento de Legislação, Jurisprudência e Doutrina*, nº 11/93, p. 719.
53. Litigância de má-fé no processo do trabalho. *Repertório IOB de Jurisprudência*, nº 22/93, texto 2/8207, p. 398.
54. Constituição e custeio do sistema confederativo. *Jornal do VIII Congresso Brasileiro de Direito Coletivo do Trabalho* e VII Seminário sobre Direito Constitucional do Trabalho, nov. 1993, p. 68. (Promovido pela LTr Editora.)
55. Participação nos lucros. *Orientador Trabalhista Mapa Fiscal – Suplemento de Legislação, Jurisprudência e Doutrina*, nº 12/93, p. 778.
56. Auxílio-funeral. *Folha Metropolitana*, Guarulhos, 22-12-1993, p. 5.
57. Regulamento de empresa. *Orientador Trabalhista Mapa Fiscal – Suplemento de Legislação, Jurisprudência e Doutrina*, nº 1/94, p. 93.
58. Aviso-prévio. *Orientador Trabalhista Mapa Fiscal – Suplemento de Legislação, Jurisprudência e Doutrina*, nº 2/94, p. 170.
59. Compensação de horários. *Orientador Trabalhista Mapa Fiscal – Suplemento de Legislação, Jurisprudência e Doutrina*, nº 3/94, p. 237.
60. Controle externo do Judiciário. *Folha Metropolitana*, Guarulhos, 10-3-1994, p. 2; *Folha da Tarde*, São Paulo, 26-3-1994, p. A2.
61. Aposentadoria dos juízes. *Folha Metropolitana*, Guarulhos, 11-3-1994, p. 2; *Folha da Tarde*, São Paulo, 23-3-1994, p. A2.
62. Base de cálculo da multa de 40% do FGTS. *Jornal do Segundo Congresso Brasileiro de Direito Individual do Trabalho*, promovido pela LTr, 21 a 23-3-1994, p. 52.
63. Denunciação da lide no processo do trabalho. *Repertório IOB de Jurisprudência*, nº 7/94, abril de 1994, p. 117, texto 2/8702.
64. A quitação trabalhista e o Enunciado nº 330 do TST. *Orientador Trabalhista Mapa Fiscal – Suplemento de Legislação, Jurisprudência e Doutrina*, nº 4/94, p. 294.
65. A indenização de despedida prevista na Medida Provisória nº 457/94. *Repertório IOB de Jurisprudência*, nº 9/94, p. 149, texto 2/8817.
66. A terceirização e o Enunciado nº 331 do TST. *Orientador Trabalhista Mapa Fiscal – Suplemento de Legislação, Jurisprudência e Doutrina*, nº 5/94, p. 353.
67. Superveniência de acordo ou convenção coletiva após sentença normativa – prevalência. *Orientador Trabalhista*

*Mapa Fiscal – Suplemento de Legislação, Jurisprudência e Doutrina*, nº 6/94, p. 386.

68. Licença-maternidade da mãe adotiva. *Orientador Trabalhista Mapa Fiscal – Suplemento de Legislação, Jurisprudência e Doutrina*, nº 7/94, p. 419.
69. Medida cautelar satisfativa. *Jornal do 6º Congresso Brasileiro de Direito Processual do Trabalho*, promovido pela LTr nos dias 25 a 27-7-1994, p. 58.
70. Estabelecimento prestador do ISS. *Suplemento Tributário LTr*, nº 35/94, p. 221.
71. Turnos ininterruptos de revezamento. *Orientador Trabalhista Mapa Fiscal – Suplemento de Legislação, Jurisprudência e Doutrina*, nº 8/94, p. 468.
72. Considerações em torno do novo Estatuto da OAB. *Repertório IOB de Jurisprudência*, nº 17/94, set. 1994, p. 291, texto 2/9269.
73. Diárias e ajudas de custo. *Orientador Trabalhista Mapa Fiscal – Suplemento de Legislação, Jurisprudência e Doutrina*, nº 9/94, p. 519.
74. Reajustes salariais, direito adquirido e irredutibilidade salarial. *Orientador Trabalhista Mapa Fiscal – Suplemento de Legislação, Jurisprudência e Doutrina*, nº 10/94, p. 586.
75. Os serviços de processamento de dados e o Enunciado nº 239 do TST. *Orientador Trabalhista Mapa Fiscal – Suplemento de Legislação, Jurisprudência e Doutrina*, nº 11/94, p. 653.
76. Desnecessidade de depósito administrativo e judicial para discutir o crédito da seguridade social. *Orientador Trabalhista Mapa Fiscal – Suplemento de Legislação, Jurisprudência e Doutrina*, nº 12/94, p. 700.
77. Número máximo de dirigentes sindicais beneficiados com estabilidade. *Repertório IOB de Jurisprudência*, nº 24/94, dezembro de 1994, p. 408, texto 2/9636.
78. Participação nos lucros e incidência da contribuição previdenciária. *Revista de Previdência Social*, nº 168, nov. 1994, p. 853.
79. Proteção do trabalho da criança e do adolescente – considerações gerais. *BTC – Boletim Tributário Contábil – Trabalho e Previdência*, dez. 1994, nº 51, p. 625.
80. Critérios de não-discriminação no trabalho. *Orientador Trabalhista Mapa Fiscal – Suplemento de Legislação, Jurisprudência e Doutrina*, nº 1/95, p. 103.
81. Embargos de declaração no processo do trabalho e a Lei nº 8.950/94 que altera o CPC. *Repertório IOB de Jurisprudência*, nº 3/95, fev. 1995, texto 2/9775, p. 41.
82. Empregado doméstico – Questões polêmicas. *Orientador Trabalhista Mapa Fiscal – Suplemento de Legislação, Jurisprudência e Doutrina*, nº 2/95, p. 152.
83. Não concessão de intervalo para refeição e pagamento de hora extra. *Orientador Trabalhista Mapa Fiscal – Suplemento de Legislação, Jurisprudência e Doutrina*, nº 3/95, p. 199.
84. Lei altera artigo da CLT e faz prover conflitos. *Revista Literária de Direito*, mar./abr. 1995, p. 13.
85. Empregados não sujeitos ao regime de duração do trabalho e o art. 62 da CLT. *Orientador Trabalhista Mapa Fiscal – Suplemento de Legislação, Jurisprudência e Doutrina*, nº 4/95, p. 240.
86. A Justiça do Trabalho não pode ser competente para resolver questões entre sindicato de empregados e empregador. *Revista Literária de Direito*, maio/jun. 1995, p. 10.
87. Minutos que antecedem e sucedem a jornada de trabalho. *Orientador Trabalhista Mapa Fiscal – Suplemento de Legislação, Jurisprudência e Doutrina*, nº 5/95, p. 297.
88. Práticas discriminatórias contra a mulher e a Lei nº 9.029/95. *Repertório IOB de Jurisprudência*, nº 11/95, jun. 1995, p. 149, texto 2/10157.
89. Conflito entre a nova legislação salarial e a norma coletiva anterior. *Orientador Trabalhista Mapa Fiscal – Suplemento de Legislação, Jurisprudência e Doutrina*, nº 6/95, p. 362.
90. Imunidade tributária. *Suplemento Tributário LTr*, 34/95, p. 241.
91. Co-gestão. *Revista do Tribunal Regional do Trabalho da 8ª Região*, v. 28, nº 54, jan./jun. 1995, p. 101.
92. Licença-paternidade. *Orientador Trabalhista Mapa Fiscal – Suplemento de Legislação, Jurisprudência e Doutrina*, nº 7/95, p. 409.
93. Embargos de declaração. *Jornal do VII Congresso Brasileiro de Direito Processual de Trabalho*, São Paulo: LTr, 24 a 26 jul. 1995, p. 54.
94. Reforma da Constituição e direitos previdenciários. *Jornal do VIII Congresso Brasileiro de Previdência Social*, nº 179, out. 1995, p. 723.
95. Ação declaratória incidental e coisa julgada no processo do trabalho. *Suplemento Trabalhista LTr 099/95*, p. 665 e *Revista do TRT da 8ª Região*, Belém, v. 28, nº 55, jul./dez. 1995, p. 39.

# Sumário

# Nota do Autor

Já tinha tido a ideia de fazer um livro comentando as Orientações Jurisprudenciais do TST, em razão de que elas acabam por se tornar súmulas. Não me empolguei com o assunto, pois sabia que teria trabalho. Há necessidade de pesquisar os precedentes que deram origem às Orientações Jurisprudenciais. Já tinha alguns comentários de certas orientações, mas não todos.

No meu gabinete, Eliana, Ademildo, Silvia, Helena, Débora e Ivânia pediram que fosse feito o referido livro, que poderia ajudar a fazer os votos. Ainda assim não me entusiasmei sobre o tema.

Nos últimos dias de junho e começo de julho de 2009, com o fim das aulas do semestre, comecei a fazer alguns comentários, colocando o texto das orientações jurisprudenciais. Fui ficando animado, pois achei que daria para fazer o livro, por ele ter o tamanho necessário. Não gosto de começar alguma coisa e ficar pelo meio do caminho.

Fico feliz em tê-lo terminado. Espero que ele possa ajudar na interpretação das Orientações Jurisprudenciais do TST.

Dedico o livro a Eliana, Ademildo, Sílvia, Helena, Débora e Ivânia que me incentivaram, ainda que indiretamente, a fazê-lo.

No presente livro só são feitos os comentários das Orientações Jurisprudenciais da SBDI-1 e 2 e das orientações do Pleno. Não fiz comentários sobre orientações transitórias, porque elas são particulares a certos casos e de determinadas regiões, e sobre precedentes em dissídios coletivos.

# Orientação Jurisprudencial do Tribunal Superior do Trabalho SBDI-1 Iterativa – Notória – Atual: Súmula nº 333

A Orientação Jurisprudencial surgiu de precedentes que eram anotados num caderninho preto entre os ministros que compunham a Comissão de Jurisprudência do TST. Esses precedentes, inicialmente, eram adotados apenas internamente no TST. Os outros ministros também quiseram que lhes fosse enviado o mesmo livrinho que só alguns possuíam.

Os precedentes foram numerados e depois denominados Orientação Jurisprudencial, que ainda não é uma súmula. Seria o antecedente da súmula, um embrião da súmula, que está num processo de maturação para atingir a súmula. Na prática, a Orientação Jurisprudencial é chamada de OJ.

Os precedentes são as decisões que antecedem a edição da Orientação Jurisprudencial. Eles são indicados quando da edição de cada uma das Orientações Jurisprudenciais.

O conjunto de cada verbete também poderia ser chamado de Orientação Jurisprudencial, da orientação jurisprudencial predominante do TST sobre os referidos temas.

A função da orientação jurisprudencial é interpretativa, de interpretar a legislação, e unificadora, de unificar a jurisprudência divergente dos Tribunais Regionais e das Turmas do TST.

A Instrução Normativa nº 19 foi aprovada pela Resolução nº 94, de 2000, do TST. Estabelece normas relativas à inserção de tema na Orientação Jurisprudencial do Tribunal Superior do Trabalho.

A Comissão de Jurisprudência e Precedentes Normativos formaliza um projeto com "a sugestão do texto, a exposição dos motivos que justificaram a sua edição, a relação dos acórdãos que originaram os precedentes e a indicação da legislação pertinente à hipótese" (art. 167 do Regimento Interno do TST).

A proposta quanto a decisões da Sessão de Dissídios Individuais deve observar: (a) 10 acórdãos da Subseção respectiva reveladores da unanimidade sobre a tese; ou (b) 20 acórdãos da Subseção respectiva prolatados por dois terços de seus integrantes (art. 171).

O Pleno não precisa se manifestar sobre as orientações jurisprudenciais. O projeto é submetido à vista dos Ministros, que fazem sugestões ou trazem objeções no prazo de 15 dias. Terminado o prazo, a Comissão deliberará (§§ 1º e 2º do art. 167).

O objetivo das Orientações Jurisprudenciais é atender à Súmula nº 333 do TST, que prevê a necessidade de jurisprudência iterativa(reiterada), notória (de conhecimento de todos) e atual do TST para efeito de não caber recurso de revista.

# Comentários às Orientações Jurisprudenciais da SBDI-1 e 2 do TST

**4 Adicional de insalubridade. Lixo urbano**

**I – Não basta a constatação da insalubridade por meio de laudo pericial para que o empregado tenha direito ao respectivo adicional, sendo necessária a classificação da atividade insalubre na relação oficial elaborada pelo Ministério do Trabalho.**

**II – A limpeza em residências e escritórios e a respectiva coleta de lixo não podem ser consideradas atividades insalubres, ainda que constatadas por laudo pericial, porque não se encontram dentre as classificadas como lixo urbano na Portaria do Ministério do Trabalho (ex-OJ nº 170 da SBDI-1 – inserida em 8.11.2000)**

A redação original foi inserida em 25.11.1996: "Adicional de insalubridade. Necessidade de classificação da atividade insalubre na relação oficial elaborada pelo Ministério do Trabalho, não bastando a constatação por laudo pericial. CLT, art. 190. Aplicável."

A nova redação foi determinada em decorrência da incorporação da Orientação Jurisprudencial nº 170 da SBDI-1 (*DJ* 20.4.2005).

I – O artigo 190 da CLT dispõe que o Ministério do Trabalho aprovará o quadro das atividades e operações insalubres e adotará normas sobre os critérios de caracterização da insalubridade, os limites de tolerância aos agentes agressivos, meios de proteção e o tempo máximo de exposição do empregado a esses agentes.

A Portaria nº 3.214/78 aprovou as Normas Regulamentadoras (NR's) sobre segurança e medicina do trabalho. O Anexo 15 trata de insalubridade.

O perito pode entender que a atividade é insalubre, porém se não existe previsão na NR 15 da Portaria nº 3.214/78 sobre o enquadramento da atividade insalubre, o adicional é indevido.

II – Na NR 15 da Portaria nº 3.214/78 não consta de forma clara que limpeza em escritórios ou residências e a respectiva coleta de lixo são consideradas atividades insalubres. O lixo urbano a que se refere a norma administrativa é o lixo coletado das residências pelos caminhões de lixo.

**7 Advogado. Atuação fora da seção da OAB onde o advogado está inscrito. Ausência de comunicação. (Lei nº 4.215/1963, § 2º, art. 56). Infração disciplinar. Não importa nulidade**

**A despeito da norma então prevista no artigo 56, § 2º, da Lei nº 4.215/63, a falta de comunicação do advogado à OAB para o exercício profissional em seção diversa daquela na qual tem inscrição não importa nulidade dos atos praticados, constituindo apenas infração disciplinar, que cabe àquela instituição analisar.**

A redação original foi inserida em 29.3.1996. No *Diário de Justiça* de 20.4.2005 foi inserido dispositivo.

A Lei nº 4.215/63 foi revogada pela Lei nº 8.906/94. Esta norma dispõe no § 2º do artigo 10 que o advogado, além da inscrição principal, deverá promover inscrição suplementar nos Conselhos Seccionais "...em cujos territórios passar a exercer habitualmente a profissão...". Se tiver cinco causas ou menos, é dispensável a inscrição suplementar (art. 26 do Regulamento Geral do Estatuto).

A orientação é correta, pois não haverá nulidade no processo, mas apenas infração administrativa do advogado, que poderá responder a processo administrativo na OAB.

**12 Anistia. Emenda Constitucional nº 26/1985. Efeitos financeiros da promulgação**

**Os efeitos financeiros decorrentes da anistia concedida pela Emenda Constitucional nº 26/1985 contam-se desde a data da sua promulgação.**

A redação original foi inserida em 3.6.1996: "Anistia. Emenda Constitucional nº 26/1985. Efeitos financeiros da promulgação. FUB." A nova redação é decorrente da publicação no *Diário de Justiça* de 20.4.2005.

O artigo 4º da Emenda Constitucional nº 26/85 concedeu anistia aos servidores públicos civis e militares que foram punidos por atos de exceção, institucionais ou complementares, no período entre 2.9.61 a 15.8.79. Dispunha o § 5º do artigo que os efeitos financeiros só poderiam ser considerados a partir da data da promulgação da Emenda.

Os efeitos da emenda têm de ser contados a partir da sua publicação, salvo se ela estabelecer que tem efeito retroativo, que não é o caso.

## 13 APPA. Decreto-lei nº 779/69. Depósito recursal e custas. Não isenção

**A Administração dos Portos de Paranaguá e Antonina – APPA, vinculada à Administração Pública indireta, não é isenta do recolhimento do depósito recursal e do pagamento das custas processuais por não ser beneficiária dos privilégios previstos no Decreto-lei nº 779, de 21.8.1969, ante o fato de explorar atividade econômica com fins lucrativos, o que descaracteriza sua natureza jurídica, igualando-a às empresas privadas.**

A orientação diz respeito à Administração dos Portos de Paranaguá e Antonina (APPA), que pertence ao Estado do Paraná.

O Decreto-lei nº 779/69 dispõe no artigo 1º que as entidades beneficiadas de isenção de custas e do depósito recursal são as "que não explorem atividades econômicas". A APPA atua na exploração comercial e industrial dos portos. Não pode, portanto, ser beneficiada da dispensa do depósito recursal e das custas.

## 14 Aviso-prévio cumprido em casa. Verbas rescisórias. Prazo para pagamento

**Em caso de aviso-prévio cumprido em casa, o prazo para pagamento das verbas rescisórias é até o décimo dia da notificação de despedida.**

A redação original foi estabelecida em 25.11.1996: "Aviso-prévio cumprido em casa. Verbas rescisórias. Prazo para pagamento. Até o 10º dia da notificação da demissão (CLT, 477, § 6º, *b*)."

Foi alterada a redação e inserido dispositivo no *Diário de Justiça* de 20.4.2005.

No aviso-prévio "cumprido em casa", o empregado não terá, apenas, duas horas para procurar novo emprego, mas período integral, situação mais benéfica ao obreiro. Durante o período de aviso-prévio o empregador poderá, inclusive, reconsiderar o aviso e o contrato de trabalho continuar, nos termos do artigo 489 da CLT.

Não se incompatibiliza também o aviso-prévio "cumprido em casa" com o artigo 444 da CLT, pois não traz nenhum prejuízo ao empregado. Permite ao obreiro o tempo de serviço para procurar novo emprego.

Como se trata de hipótese de dispensa do cumprimento do aviso-prévio, pois o empregado não vai trabalhar durante o aviso-prévio, o prazo é de 10 dias para pagar as verbas rescisórias, contado da notificação da dispensa, sob pena de o empregador pagar a multa do § 8º do artigo 477 da CLT.

## 16 Banco do Brasil. ACP. Adicional de caráter pessoal. Indevido

**A isonomia de vencimentos entre servidores do Banco Central do Brasil e do Banco do Brasil, decorrente de sentença normativa, alcançou apenas os vencimentos e vantagens de caráter permanente. Dado o caráter personalíssimo do Adicional de Caráter Pessoal – ACP e não integrando a remuneração dos funcionários do Banco do Brasil, não foi ele contemplado na decisão normativa para efeitos de equiparação à tabela de vencimentos do Banco Central do Brasil.**

A redação original foi estabelecida em 13.2.1995. A redação atual teve dispositivo inserido de acordo com o *Diário de Justiça* de 20.4.2005.

Em 1987, os empregados do Banco do Brasil conseguiram equiparação aos empregados do Banco Central em acordo celebrado nos autos de dissídio coletivo. O dissídio coletivo passou a vigorar a partir de 1º.3.1988, quando foi homologado.

O Adicional de Caráter Pessoal tem caráter personalíssimo. Não integra a remuneração dos funcionários do Banco do Brasil. O adicional tem por objetivo indenizar as horas extras habituais suprimidas.

## 17 Banco do Brasil. AP e ADI (inserida em 7.11.1994)

**Os adicionais AP, ADI ou AFR, somados ou considerados isoladamente, sendo equivalentes a 1/3 do salário do cargo efetivo (art. 224, § 2º, da CLT), excluem o empregado ocupante de cargo de confiança do Banco do Brasil da jornada de 6 horas.**

A orientação foi estabelecida em 7.11.1994.

AP é o adicional padrão. ADI é adicional de dedicação integral e AFR é o adicional de função e representação. O objetivo deles é remunerar a sétima e oitava hora para os empregados que estão enquadrados no § 2º do artigo 224 da CLT. Sendo eles equivalentes a 1/3 do salário do cargo efetivo, somados ou considerados isoladamente, atendem o dispositivo da CLT e excluem o empregado da jornada de seis horas.

**18 Complementação de aposentadoria. Banco do Brasil**

**I – O valor das horas extras integra a remuneração do empregado para o cálculo da complementação de aposentadoria, desde que sobre ele incida a contribuição à Caixa de Previdência dos Funcionários do Banco do Brasil – PREVI, observado o respectivo regulamento no tocante à integração.**

**II – Os adicionais AP e ADI não integram o cálculo para a apuração do teto da complementação de aposentadoria; (ex-OJ nº 21 da SBDI-1 – inserida em 13.02.1995)**

**III – No cálculo da complementação de aposentadoria deve-se observar a média trienal; (ex-OJs nºs 19 e 289 ambas da SBDI-1 – inseridas respectivamente em 05.06.1995 e 11.08.2003)**

**IV – A complementação de aposentadoria proporcional aos anos de serviço prestados exclusivamente ao Banco do Brasil somente se verifica a partir da Circular Func. nº 436/1963; (ex-OJ nº 20 da SBDI-1 – inserida em 13.02.1995)**

**V – O telex DIREC do Banco do Brasil nº 5003/1987 não assegura a complementação de aposentadoria integral, porque não aprovado pelo órgão competente ao qual a instituição se subordina. (ex-OJ nº 136 da SBDI-1 – inserida em 27.11.1998)**

A redação original foi determinada em 29.3.1996: "Banco do Brasil. As horas extras não integram o cálculo da complementação de aposentadoria". Foi dada nova redação publicada no *DJ* de 20.4.2005: "Complementação de aposentadoria. Banco do Brasil (nova redação em decorrência da incorporação das OJs nºs 19, 20 21, 136 e 289 da SBDI-1) I – As horas extras não integram o cálculo da complementação de aposentadoria; (ex-OJ nº 18 da SBDI-1 – inserida em 29.3.1996)". A redação dos incisos II a V é decorrente da incorporação das Orientações Jurisprudenciais nºs 19, 20, 21, 136 e 289 da SBDI-1 (*DJ* 20.4.2005).

I – As horas extras não integram o cálculo da complementação de aposentadoria por dependerem de condição, que é a prestação de horas extraordinárias. Deixando o empregado de prestar horas extras, por estar aposentado, não há como as horas extras continuarem a integrar o cálculo da sua aposentadoria. A Circular Func. nº 436/63 não previa a inclusão das horas extras no cálculo da complementação de aposentadoria. A soma da aposentadoria e do complemento não poderia exceder os proventos totais do cargo efetivo imediatamente superior. As normas benéficas devem ser interpretadas restritivamente (art. 114 do Código Civil).

As horas extras só integram a complementação de aposentadoria se houver incidência da contribuição da Previ, observado o previsto no regulamento.

Se integra o salário-de-contribuição e sofre a incidência da contribuição previdenciária oficial, deve também incidir a contribuição previdenciária complementar e repercutir nos benefícios.

II – O Adicional Padrão e o Adicional de Dedicação Integral também não integram o cálculo da complementação de aposentadoria. A Circular Func. nº 436/63 estabelece que a soma da aposentadoria e da complementação a ser recebida pelo empregado aposentado não pode exceder os proventos totais do cargo efetivo imediatamente superior, incluídos os quinquênios. As pessoas que estivessem no topo da carreira teriam como teto o vencimento padrão do chefe de seção mais as vantagens desse posto.

III – O item 2 da Circular Func. nº 436/63 estabeleceu que a média dos proventos dos cargos efetivos e em comissão deve considerar os três anos antes da aposentadoria. Em se tratando de norma benéfica, ela deve ser interpretada restritivamente, ainda que houvesse alta inflação no período de três anos.

IV – A Circular Func. nº 436/1963 estabelecia que para haver direito a complementação de aposentadoria o empregado deveria ter 30 anos de serviço e 50 de idade. O item 4 previa que na hipótese de suspensão dos efeitos do contrato de trabalho seria levado em conta o "tempo de serviço efetivamente prestado à Casa". A alteração somente deve ser observada para as pessoas que foram admitidas após a publicação da referida circular. Dessa forma, a complementação proporcional somente se observa a partir da Circular Func. nº 436/63.

Quem foi admitido antes da publicação da circular observa a regra anterior, que fazia parte do seu contrato de trabalho. O empregado teria direito a complementação de aposentadoria integral com 30 anos de serviço, mesmo que tivesse trabalhado para outra empresa.

V – O telex DIREC do Banco do Brasil nº 5003/1987 não assegura a complementação de aposentadoria integral, porque não aprovado pelo órgão competente ao qual a instituição se subordina. O órgão competente é o Ministério da Fazenda, pois o Banco do Brasil pertence a administração federal indireta, por ser uma sociedade de economia mista, cuja maioria das ações pertence à União. No mesmo sentido a Súmula 355 do TST em relação à CONAB.

## 26 Competência da Justiça do Trabalho. Complementação de pensão requerida por viúva de ex-empregado

**A Justiça do Trabalho é competente para apreciar pedido de complementação de pensão postulada por viúva de ex-empregado, por se tratar de pedido que deriva do contrato de trabalho.**

A redação original foi determinada em 1º.2.1995. Foi inserido dispositivo com o *Diário de Justiça* de 20.4.2005.

Se a questão é proveniente do contrato de trabalho mantido pelo ex-empregado, a ação é de competência da Justiça do Trabalho (art. 114, I, da Constituição), ainda que a postulação seja feita pela viúva do ex-empregado em relação a complementação de pensão.

A complementação de aposentadoria pode ser decorrente de norma coletiva ou de norma interna da empresa, justificando a competência da Justiça do Trabalho.

O STF entende que a Justiça do Trabalho é incompetente para analisar questões de complementação de aposentadoria (RE 586.453, j. 20.2.13, Rel. Min. Dias Toffoli).

**28 Correção monetária sobre as diferenças salariais. Universidades federais. Devida. Lei nº 7.596/1987**

**Incide correção monetária sobre as diferenças salariais dos servidores das universidades federais, decorrentes da aplicação retroativa dos efeitos financeiros assegurados pela Lei nº 7.596/87, pois a correção monetária tem como escopo único minimizar a desvalorização da moeda em decorrência da corrosão inflacionária.**

A redação original foi estabelecida em 14.3.1994: "Correção monetária sobre as diferenças salariais. Fundação Universidade de Brasília (FUB). Devida. Lei nº 7.596/87." A nova redação é decorrente da publicação no *Diário de Justiça* de 20.4.2005.

O artigo 39 da Lei nº 8.177/91 não prevê exceção em relação aos juros e a correção monetária para a administração pública direta ou indireta. O artigo 3º da Lei nº 7.596, de 10.4.1987, determinou que as universidades e demais instituições federais de ensino aprovassem um Plano Único de Classificação e Retribuição de Cargos e Empregos para o pessoal docente e servidores técnicos e administrativos. Os efeitos financeiros da lei são estabelecidos a partir de abril de 1987. Se houve atraso no pagamento, são devidas diferenças de correção monetária, que representa apenas a atualização do valor da moeda e não algo a mais.

**33 Deserção. Custas. Carimbo do banco. Validade** (inserida em 25.11.1996)

**O carimbo do banco recebedor na guia de comprovação do recolhimento das custas supre a ausência de autenticação mecânica.**

A orientação jurisprudencial mostra que é válido o carimbo do banco que recebe a guia de custas. Segundo esse entendimento, não é preciso a autenticação mecânica, que comprovaria o valor pago. No carimbo do banco não há o valor pago. A parte poderia recolher valor inferior ao devido.

**36 Instrumento normativo. Cópia não autenticada. Documento comum às partes. Validade**

**O instrumento normativo em cópia não autenticada possui valor probante, desde que não haja impugnação ao seu conteúdo, eis que se trata de documento comum às partes.**

A redação original foi determinada em 25.11.1996: "Documento comum às partes (instrumento normativo ou sentença normativa), cujo conteúdo não é impugnado. Validade mesmo em fotocópia não autenticada." A redação atual teve título alterado e foi inserido dispositivo (*DJ* 20.4.2005).

Se o documento é comum às partes, como a norma coletiva, e não há impugnação do seu conteúdo, não existe necessidade de autenticação. O artigo 830 da CLT tem nova redação, que não mais exige autenticação do documento, podendo o advogado autenticar as peças que juntar com determinada petição.

**38 Empregado que exerce atividade rural. Empresa de reflorestamento. Prescrição própria do rurícola. (Lei nº 5.889/73, art. 10 e Decreto nº 73.626/74, art. 2º, § 4º)**

**O Empregado que trabalha em empresa de reflorestamento, cuja atividade está diretamente ligada ao manuseio da terra e de matéria-prima, é rurícola e não industriário, nos termos do Decreto nº 73.626, de 12.02.1974, art. 2º, § 4º, pouco importando que o fruto de seu trabalho seja destinado à indústria. Assim, aplica-se a prescrição própria dos rurícolas aos direitos desses empregados.**

A redação do inciso XXIX do artigo 7º da Constituição era diferente da atual, pois previa o prazo de prescrição para o rural de dois anos a contar da cessação do contrato de trabalho. Não havia o prazo de cinco anos a contar da propositura da ação. A redação atual estabelece que o prazo é o mesmo para o empregado urbano e rural. A orientação diz respeito ao empregado rural de empresa de reflorestamento, em que se considerava que ele era rurícola, por trabalhar no âmbito rural para a empresa de reflorestamento.

Se a atividade preponderante da empresa é rural, seus empregados são rurais e não regidos pela CLT.

**41 Estabilidade. Instrumento normativo. Vigência. Eficácia** (inserida em 25.11.1996)

**Preenchidos todos os pressupostos para a aquisição de estabilidade decorrente de acidente ou doença profissional, ainda durante a vigência**

**do instrumento normativo, goza o empregado de estabilidade mesmo após o término da vigência deste.**

O empregado acidentado tem 12 meses de garantia de emprego a contar da cessação do auxílio-doença acidentário, independentemente da concessão de auxílio-acidente (art. 118 da Lei nº 8.213/91).

O § 3º do artigo 614 da CLT dispõe que a vigência das convenções e acordos coletivos é de dois anos.

A garantia de emprego prevista na orientação é a decorrente de instrumento normativo e não de lei. Ela persiste mesmo depois do término da vigência decorrente do instrumento normativo. A Súmula 277 do TST dispõe no mesmo sentido. O TST considera que é um direito já adquirido pelo empregado. Da redação do § 2º do artigo 114 da Constituição, é possível dizer que a cláusula da norma coletiva se incorpora ao contrato de trabalho, pois não pode ser modificada em dissídio coletivo.

**42 FGTS. MULTA DE 40% (nova redação em decorrência da incorporação das Orientações Jurisprudenciais nºs 107 e 254 da SBDI-1) – DJ 20.4.2005**

**I – É devida a multa do FGTS sobre os saques corrigidos monetariamente ocorridos na vigência do contrato de trabalho. Art. 18, § 1º, da Lei nº 8.036/90 e art. 9º, § 1º, do Decreto nº 99.684/90. (ex-OJ nº 107 da SBDI-1 – inserida em 01.10.1997)**

**II – O cálculo da multa de 40% do FGTS deverá ser feito com base no saldo da conta vinculada na data do efetivo pagamento das verbas rescisórias, desconsiderada a projeção do aviso prévio indenizado, por ausência de previsão legal. (ex-OJ nº 254 da SBDI-1 – inserida em 13.03.2002)**

A redação original foi estabelecida em 25.11.1996: "FGTS. Multa de 40%. Devida inclusive sobre os saques ocorridos na vigência do contrato de trabalho. Art. 18, § 1º, da Lei nº 8.036/90." A redação atual é decorrente da incorporação das Orientações Jurisprudenciais nºs 107 e 254 da SBDI-1.

I – A denominação correta não é multa do FGTS, pois não se trata de penalidade. Trata-se de indenização em razão de dispensa sem justa causa (art. 10, I, do ADCT). Os saques feitos na conta do FGTS para aquisição de casa própria ou outros devem ser considerados. O § 1º do artigo 9º do Decreto nº 99.684 previa que não seriam "considerados, para esse fim, os saques ocorridos". O STF, na ADIn 414-0, entendeu que não seria possível a exclusão dos saques para efeito do cálculo da indenização de 40%, por não haver previsão nesse sentido no inciso I do artigo 10 do ADCT.

II – Não existe previsão legal para a inclusão da projeção do aviso prévio indenizado para efeito do cálculo da indenização de 40% sobre os depósitos do FGTS. O cálculo da indenização deve ser feito com base no saldo da conta vinculada do FGTS na data do efetivo pagamento das verbas rescisórias.

## 43 Conversão de sálarios de cruzeiros para cruzados. Decreto-lei nº 2.284/86 (nova redação)

**A conversão de salários de cruzeiros para cruzados, nos termos do Decreto-lei nº 2.284/86, não afronta direito adquirido dos empregados.**

A redação original foi estabelecida em 7.11.1994: "Fundação do Serviço Social do Distrito Federal. Decreto-lei nº 2.284/86. A conversão de salários de cruzeiros para cruzados, nos termos do Decreto-lei nº 2.284/86, não afronta direito adquirido dos empregados." A nova redação foi publicada no *Diário de Justiça* de 20.4.2005.

O artigo 19 do Decreto-lei nº 2.284/86 previa que na conversão de cruzeiros para cruzados seria tomada a média das seis últimas remunerações mensais. Os empregados da Fundação do Serviço Social do Distrito Federal entenderam que violaria direito adquirido a conversão. Na norma coletiva da categoria foi concedido um abono de 8% sobre o resultado da conversão.

## 44 Gestante. Salário-maternidade

**É devido o salário-maternidade, de 120 dias, desde a promulgação da CF/1988, ficando a cargo do empregador o pagamento do período acrescido pela Carta.**

A orientação foi estabelecida em 13.9.1994.

O salário-maternidade de 120 dias é devido desde a promulgação da Constituição de 1988 pelo fato de que a norma constitucional tem aplicação imediata. Em 5 de outubro de 1988, ainda não havia custeio específico para a concessão do salário-maternidade integralmente pelo INSS à razão de 120 dias. Assim, o empregador deve pagar a diferença de 84 dias para 120 dias. O custeio específico somente surgiu com a aprovação das Leis nºs 8.212 e 8.213, de 24 de julho de 1991. Daí o INSS passou a pagar os 120 dias do benefício previdenciário.

## 47 Hora extra. Adicional de insalubridade. Base de cálculo

**A base de cálculo da hora extra é o resultado da soma do salário contratual mais o adicional de insalubridade.**

A redação original foi estabelecida em 29.3.1996: "Hora extra. Adicional de insalubridade. Base de cálculo. É o resultado da soma do salário contratual mais o adicional de insalubridade, este calculado sobre o salário-mínimo." A redação atual é decorrente da Resolução nº 128/08 (*DJ* 4 e 7.7.2008 – Republicada *DJ* 8, 9 e 10.7.2008).

Cada adicional deve, porém, ser calculado em separado.

O adicional de horas extras é calculado sobre a hora normal (§ 1º do artigo 59 da CLT).

O salário-hora normal, para o empregado mensalista, é obtido dividindo-se o salário mensal correspondente à duração do trabalho por 30 vezes o número de horas dessa duração (art. 64 da CLT). Não está escrito no dispositivo que a hora normal é integrada por adicionais, mas depreende-se exatamente o contrário.

A Súmula 191 do TST esclarece que "o adicional de periculosidade incide, apenas, sobre o salário básico, e não sobre este acrescido de outros adicionais".

No § 1º do artigo 457 da CLT não está dito que os adicionais integram o salário, justamente porque são verbas pagas de forma transitória, enquanto existir o fato gerador, que é o trabalho em condições mais gravosas.

De acordo com a Súmula 264 do TST só entram no cálculo das horas extras verbas que integram o salário, que são as descritas no § 1º do artigo 457 da CLT, como abonos, gratificações, comissões, percentagens etc. e não o adicional de insalubridade. São verbas que integram o salário de forma permanente. Do contrário, não haveria inclusive como calcular o adicional de horas extras, como na hipótese em que o empregado não ganhasse salário fixo, mas apenas comissões e percentagens.

Entender de forma contrária seria alterar o salário-hora do empregado para acrescentar verbas que não têm característica permanente.

## 51 Legislação eleitoral. Empresas públicas e sociedades de economia mista

**Aos empregados das empresas públicas e das sociedades de economia mista regidos pela CLT aplicam-se as vedações dispostas no art. 15 da Lei nº 7.773, de 08.06.1989.**

O artigo 15 da Lei nº 7.773/89 dispõe que "são vedados e considerados nulos de pleno direito, não gerando obrigações de espécie alguma para a pessoa jurídica interessada e nenhum direito para o beneficiário, os atos que, no período compreendido entre o trigésimo dia da publicação desta Lei e o término do mandato do Presidente da República, importarem em nomear, admitir ou contratar ou exonerar *ex officio*, demitir, dispensar, transferir ou suprimir vantagens de qualquer espécie de servidor público, estatutário ou não, da Administração Pública Direta ou Indireta e Fundações instituídas e mantidas pelo Poder Público da União, dos Estados, do Distrito Federal, dos Municípios e dos Territórios". No referido dispositivo não houve exclusão de órgão da administração indireta, como as sociedades de economia mista e as empresas públicas que exploram atividade econômica. O § 1º do artigo 173 da Constituição não socorre as referidas empresas.

**54 Multa. Cláusula penal. Valor superior ao principal (título alterado, inserido dispositivo e atualizada a legislação) – *DJ* 20.4.2005**

**O valor da multa estipulada em cláusula penal, ainda que diária, não poderá ser superior à obrigação principal corrigida, em virtude da aplicação do artigo 412 do Código Civil de 2002 (art. 920 do Código Civil de 1916).**

A redação original foi determinada em 30.5.1994: "Multa estipulada em cláusula penal, ainda que diária, não poderá ser superior ao principal corrigido. Aplicação do art. 920 do Código Civil". A redação atual teve título alterado, inserido dispositivo e alteração da legislação, conforme *Diário de Justiça* de 20.4.2005.

Por força do parágrafo único do artigo 8º da CLT, é aplicável o Código Civil. Assim, deve-se observar o artigo 412 do Código Civil de 2002 (antigo art. 920 do Código Civil de 1916), que veda que a multa seja superior ao valor da obrigação principal.

Inexiste, entretanto, na CLT, disposição sobre a limitação da multa prevista na norma coletiva. O inciso VIII do artigo 613 da CLT não prevê a limitação da penalidade estabelecida pelas partes. Sendo omissa a CLT sobre o assunto, "o direito comum será fonte subsidiária do Direito do Trabalho, naquilo em que não for incompatível com os princípios fundamentais deste". Não há, contudo, incompatibilidade entre as normas e princípios de Direito do Trabalho para aplicação do Código Civil, havendo, sim, lacuna na CLT.

Na verdade, a multa prevista no instrumento normativo não é um direito trabalhista, mas uma verdadeira cláusula penal. O inadimplemento no decorrer do tempo de determinada cláusula da norma coletiva pode ensejar o pagamento de valor muito superior ao principal, porque a multa geralmente é diária, excedendo o que seria devido a título de principal ao empregado. Torna, assim, extremamente injusta a compensação pelo inadimplemento, causando enriquecimento injusto do empregado em detrimento do empregador.

O limite do artigo 412 do Código Civil é uma forma de restrição à liberdade das partes, não tutelando exageradamente o interesse dos particulares. No dizer autorizado de Clóvis Bevilácqua, o preceito contido no artigo 412 do Código Civil "é uma disposição de ordem pública".[1] Independentemente da solicitação da parte interessada, é dever do juiz reduzir a pena ao valor da obrigação, mesmo que o devedor não o requeira (Miranda Jr.;[2] Lopes).[3]

Como adverte Carvalho Santos, "se a cláusula penal excede o valor da obrigação, não há propriamente nulidade nem da obrigação principal, nem tampouco da cláusula penal. A nulidade é apenas do excesso, o que não prejudica a validade da convenção por isso que o juiz *ex vi legis* tem o dever de fazer a redução. A convenção em si, portanto, subsiste válida. Somente quando se trata de executá-la, quando se exige o pagamento da cláusula penal, é que a ordem pública, como interessada, reage por intermédio do juiz, não consentindo o abuso".[4] Não há, portanto, nulidade da obrigação principal se a cláusula penal excede o valor da referida obrigação. A nulidade diz respeito ao que exceder, que não invalida o que foi pactuado na obrigação principal pelas partes.

Caso assim não se faça, estaria desvirtuada a finalidade da cláusula penal, que nada mais representa do que um reforço da obrigação principal. Logo, a cláusula penal não pode ser superior à obrigação principal e, se cumprida em parte a obrigação, poderá ser a pena reduzida proporcionalmente pelo juiz, em caso de mora ou de inadimplemento (art. 413 do Código Civil), porém o credor não necessitará alegar prejuízo para a exigência da pena convencional (art. 416 do Código Civil).

Despiciendo o argumento de que as penalidades contidas na norma coletiva hão de ser interpretadas sistematicamente em consonância com o artigo 8º do Decreto nº 22.626, de 7-4-1933 ("Lei de usura"), porque, no caso, a multa ou cláusula penal, prevista na norma coletiva, não foi estabelecida para atender a despesas judiciais e honorários de advogado (estes praticamente inexistentes na Justiça do Trabalho, visto que há necessidade de assistência do sindicato ao obreiro, e que este perceba menos de dois salários, conforme o art. 14 e seus parágrafos da Lei nº 5.584/70 e as Súmulas 219 e 329 do TST). A multa prevista na norma coletiva é pactuada visando justamente ao pleno cumprimento daquela norma e não outra coisa. Além disso, o Supremo Tribunal Federal já decidiu que o Decreto nº 22.626/33 só é aplicável a contratos de mútuo (*RT* 157/311 e Súm. 596), não sendo o caso de se discutir o descumprimento de norma coletiva.

Ensina Silvio Rodrigues que o intuito da cláusula penal "é indenizar danos resultantes do inadimplemento; como a indenização não deve ultrapassar o montante do prejuízo; como, em tese, o prejuízo não excede o montante da prestação

---

1 BEVILACQUA, Clóvis. *Código Civil dos Estados Unidos do Brasil*. Rio de Janeiro: Francisco Alves, 1917. v. IV. p. 70.

2 MIRANDA JR. Darcy de Arruda. *Anotações ao código civil brasileiro*. São Paulo: Saraiva, 1983. p. 325.

3 LOPES, Miguel Serpa. *Curso de direito civil*. 5. ed. Rio de Janeiro, Freitas Bastos, 1989. v. II, p. 146.

4 SANTOS, Carvalho. *Código civil brasileiro interpretado*. 2. ed. Rio de Janeiro: Freitas Bastos, 1937. v. 12, p. 362.

sonegada, o preceito se inspira em preocupação justa".[5] Assim, deve também ser aplicado o artigo 412 do Código Civil para limitar o valor da multa ao da obrigação principal decorrente da violação da norma coletiva, pois a multa nela prevista também tem natureza indenizatória e de cláusula penal. Mesmo a norma coletiva não impondo limitação à multa pela inobservância de suas disposições, deve ser utilizado o comando contido no artigo 412 do Código Civil, em razão do preceito de ordem pública nele encerrado. Com efeito, a multa prevista na norma coletiva é uma indenização convencionada entre as partes convenientes. O mesmo ocorre quando locador e locatário fixam uma multa no contrato pelo atraso no pagamento dos aluguéis, que normalmente é estipulada em três vezes o valor do aluguel, sendo que os magistrados da Justiça Comum limitam tal multa ao valor de um aluguel, com base na regra do artigo 412 do Código Civil, em caso de descumprimento do acordo locatício. Nada impede, por conseguinte, a aplicação de tal preceito do Código Civil no Direito do Trabalho.

O argumento de que a limitação da multa não pode ser aplicada em ação de cumprimento não colhe, ao se afirmar que é vedado questionar sobre matéria de fato e de direito já apreciada na decisão do dissídio coletivo (parágrafo único do art. 872 da CLT). Ao contrário, não sendo a limitação do valor da multa objeto da decisão, é possível, na ação de cumprimento, discutir seu limite em valor não superior ao do principal.

Inacolhível também a ponderação de que se a multa não excedeu o previsto no artigo 412 do Código Civil, na norma coletiva, não pode ser aplicada na ação de cumprimento. Acontece que na norma coletiva a previsão de multa é genérica e somente vai ser realmente observada na ação de cumprimento; nesta é que se irá limitá-la em valor não superior ao da obrigação principal, sob pena de infringir preceito de ordem pública (o valor do acessório (multa) não pode ser superior ao do principal), objeto da pretensão no dissídio individual.

Se a limitação da multa não foi estabelecida na sentença, e ocorrendo a coisa julgada, a decisão terá força de lei nos limites da lide e das questões decididas (art. 468 do CPC), não podendo, pois, ser aplicada na execução do julgado. Nos embargos, o devedor não poderá invocar, pela primeira vez, o disposto no artigo 412 do Código Civil para limitar o alcance da multa da norma coletiva, porque naqueles a matéria ventilada está restrita ao cumprimento da decisão ou acordo, quitação ou prescrição da dívida (§ 1º do art. 884 da CLT). Logo, não pedida a aplicação do artigo 412 do Código Civil na defesa, ou não aplicado tal dispositivo pelo juiz na sentença, é vedado discuti-lo na execução.

É, portanto, plenamente aplicável o artigo 412 do Código Civil para limitar o valor da multa prevista na norma coletiva ao valor da obrigação principal, por ser o Direito Civil fonte subsidiária do Direito do Trabalho, mormente pela ine-

[5] RODRIGUES, Silvio. *Direito civil*. 10. ed. São Paulo: Saraiva, 1980. v. 2, p. 97.

xistência de qualquer incompatibilidade com os princípios do último (parágrafo único do art. 8º da CLT).

O Tribunal de Justiça do Distrito Federal declarou que a regra do Código Civil é "uma disposição de ordem pública. Daí a congruência: o juiz é obrigado a reduzir a pena ao valor da obrigação, mesmo que o devedor não a requeira" (j. 15.5.99, *Revista de Direito*, 57/187).

## 56 Nossa Caixa-Nosso Banco (Caixa Econômica do Estado de São Paulo). Regulamento. Gratificação especial e/ou anuênios (inserida em 25.11.1996)

**Direito reconhecido apenas àqueles empregados que tinham 25 anos de efetivo exercício prestados exclusivamente à Caixa.**

O artigo 129 da Constituição do Estado de São Paulo prevê que o funcionário público, para fazer jus à sexta-parte, deveria ter 20 anos de efetivo exercício na empresa. A sexta-parte é um benefício devido ao funcionário público e não ao empregado público.

A norma interna da Nossa Caixa previa expressamente que os empregados somente teriam direito ao benefício se prestassem 25 anos de serviço efetivo e exclusivo à Caixa. A norma interna deve ser interpretada restritivamente (art. 114 do Código Civil). Se a pessoa não tinha os 25 anos de serviço efetivo e exclusivo à Caixa, não faz jus ao benefício.

A Súmula 243 do TST é clara no sentido de que se o funcionário público opta pelo regime trabalhista, implica a renúncia dos direitos inerentes ao regime estatutário, exceto se houver previsão contratual ou legal expressa.

## 57 PCCS. Devido o reajuste do adiantamento. Lei nº 7.686/88, art. 1º

**É devido o reajuste da parcela denominada "adiantamento do PCCS", conforme a redação do art. 1º da Lei nº 7.686/88.**

A redação original foi determinada em 14.3.1994. Foi inserido dispositivo conforme *Diário de Justiça* de 20.4.2005.

O artigo 1º da Lei nº 7.686/88 previa que "será feita a reposição, nos salários, vencimentos, soldos, proventos, pensões e demais remunerações correspondentes ao mês de novembro de 1988, do reajuste mensal, a título de antecipação, instituído pelo artigo 8º do Decreto-lei nº 2.335, de 12 de junho de 1987". Este último dispositivo assegurava aos trabalhadores a antecipação com base na Unidade de Referência de Preços (URP). O STF reconheceu o direito ao reajuste dos servidores públicos a 7/30 de 16,19%, calculado sobre o salário de março de 1988 e incidente sobre os salários de abril a julho de 1988. Caso tenha sido concedido adiantamento do Plano de Classificação de Cargos e Salários, sobre ele também incidiria o reajuste legal. O adiantamento é um abono, que integra o salário (§ 1º do art. 457 da CLT).

## 58 Plano Bresser. IPC jun./1987. Inexistência de direito adquirido

**Inexiste direito adquirido ao IPC de junho de 1987 (Plano Bresser), em face da edição do Decreto-lei nº 2.335/87.**

A redação original foi determinada em 10.3.1995. Foi inserido dispositivo conforme *Diário de Justiça* de 20.4.2005.

A Súmula 316 do TST previa o reajuste com base no IPC de junho de 1987, de 26,06%, entendendo que havia direito adquirido. O STF entendeu de forma contrária e o TST cancelou a súmula. Foi editada a Orientação Jurisprudencial 58 para dizer que não há direito adquirido ao IPC de junho de 1987, decorrente do chamado Plano Bresser (Decreto-lei nº 2.335/87).

Na expectativa de direito, a pessoa não implementou todas as condições previstas em lei e não pode exercer o direito imediatamente.

## 59 Plano Verão. URP de fevereiro de 1989. Inexistência de direito adquirido

**Inexiste direito adquirido à URP de fevereiro de 1989 (Plano Verão), em face da edição da Lei nº 7.730/89.**

A redação original foi determinada em 13.2.1995. Foi inserido dispositivo conforme o *Diário de Justiça* de 20.4.2005.

Não há direito adquirido ao reajuste da URP de fevereiro de 1989, mas mera expectativa de direito, pois a Lei nº 7.730/89 extinguiu a forma de reajustes pela URP. A referida lei revogou a modalidade anterior de reajuste salarial. Não havia direito incorporado ao patrimônio jurídico dos empregados, nem poderiam exercê-lo de imediato. Havia, portanto, mera expectativa de direito e não direito adquirido. Não há, portanto, violação do inciso XXXVI do artigo 5º da Constituição. A Resolução nº 37/94 do TST cancelou a Súmula nº 317 que deferia o reajuste, em face da orientação do STF sobre o tema.

## 60 Portuários. Hora noturna. Horas extras. (Lei nº 4.860/65, arts. 4º e 7º, § 5º)

**I – A hora noturna no regime de trabalho no porto, compreendida entre dezenove horas e sete horas do dia seguinte, é de sessenta minutos.**

**II – Para o cálculo das horas extras prestadas pelos trabalhadores portuários, observar-se-á somente o salário básico percebido, excluídos os adicionais de risco e produtividade. (ex-OJ nº 61 da SBDI-1 – inserida em 14.3.1994)**

A redação original foi determinada em 28.11.1995: "Portuários. Hora noturna de 60 minutos (entre 19 e 7 h do dia seguinte). Art. 4º da Lei nº 4.860/65." A redação atual é decorrente da incorporação da Orientação Jurisprudencial nº 61 da SBDI-1 (*DJ* 20.4.2005).

I – Para o trabalhador do porto não se observa a hora noturna reduzida de 52 minutos e 30 segundos (§ 1º do artigo 73 da CLT) no período das 22 às 5 horas, mas a hora de 60 minutos entre 19 horas às 7 horas do dia seguinte, pois a matéria é regida pelo § 1º do artigo 4º da Lei nº 4.860, de 25.11.1965, que prevê que a hora de trabalho das 19 às 7 horas é de 60 minutos.

II – O § 5º do artigo 7º da Lei nº 4.860/65 dispõe que o adicional de horas extras incide "sobre o valor do salário-hora ordinário do período diurno". Logo, não são incluídos adicionais de risco e de produtividade no cálculo das horas extras. O inciso XVI do artigo 7º da Constituição é claro no sentido de que a hora extra é calculada sobre a hora normal e não sobre esta acrescida de outros adicionais.

**62 Prequestionamento. Pressuposto de recorribilidade em apelo de natureza extraordinária. Necessidade, ainda que a matéria seja de incompetência absoluta**

**É necessário o prequestionamento como pressuposto de admissibilidade em recurso de natureza extraordinária, ainda que se trate de incompetência absoluta.**

A orientação foi estabelecida em 14.3.1994.

A incompetência absoluta pode ser em relação à matéria ou às pessoas. Mesmo nesse caso, o TST entende que deve haver o prequestionamento, pois os recursos apresentados no TST têm natureza extraordinária. Assim, deve ser observada a Súmula 297 do TST.

O § 4º do artigo 301 do CPC permite que a incompetência absoluta seja conhecida de ofício pelo juiz. O artigo 113 do CPC menciona que a incompetência absoluta deve ser declarada de ofício e pode ser alegada, em qualquer tempo e grau de jurisdição, independentemente de exceção.

**65 Professor adjunto. Ingresso no cargo de professor titular. Exigência de concurso público não afastada pela Constituição Federal de 1988 (CF/1988, arts. 37, II, e 206, V)**

**O acesso de professor adjunto ao cargo de professor titular só pode ser efetivado por meio de concurso público, conforme dispõem os arts. 37, inciso II, e 206, inciso V, da CF/88.**

A redação original foi determinada em 30.5.1994. A atual redação é decorrente de inserção de dispositivo, conforme *Diário de Justiça* de 20.4.2005.

Na Constituição anterior, era possível o funcionário público passar de professor adjunto para titular sem concurso. Poderia ser feito um concurso interno. O inciso II do artigo 37 da Constituição de 1988 não mais permite isso, pois exige o concurso público para cargo ou emprego público. O inciso V do artigo 206 da Lei Maior de 1988 também prevê o ingresso exclusivamente por concurso público de provas e títulos para o professor. Há necessidade de se fazer novo concurso público para o cargo de professor titular se o professor é adjunto.

O concurso é uma forma de valorizar o professor e de observar o princípio da moralidade da Administração Pública (art. 37 da Constituição).

**75 Substabelecimento sem o reconhecimento de firma do substabelecente. Inválido (anterior à Lei nº 8.952/94)** (inserido dispositivo – *DJ* 20.04.2005)

**Não produz efeitos jurídicos recurso subscrito por advogado com poderes conferidos em substabelecimento em que não consta o reconhecimento de firma do outorgante. Entendimento aplicável antes do advento da Lei nº 8.952/94.**

A redação original foi estabelecida em 1º.2.1995. A redação atual teve a inserção de dispositivo, conforme *Diário de Justiça* de 20.4.2005.

A necessidade do reconhecimento de firma da procuração ocorre antes da vigência da Lei nº 8.952/94. A partir da vigência dessa lei, que deu nova redação ao artigo 38 do CPC, não existe mais necessidade de reconhecer firma na procuração e, também, no substabelecimento.

**76 Substituição dos avanços trienais por quinquênios. Alteração do contrato de trabalho. Prescrição total. CEEE**

**A alteração contratual consubstanciada na substituição dos avanços trienais por quinquênios decorre de ato único do empregador, momento em que começa a fluir o prazo fatal de prescrição.**

A redação foi determinada em 14.3.1994. Foi inserido dispositivo conforme o *Diário de Justiça* de 20.4.2005.

A Companhia Estadual de Energia Elétrica do Rio Grande do Sul (CEEE) pagava uma gratificação chamada de avanços trienais. Ela era reajustada a cada três anos. Em 1953, mediante a Resolução nº 104, a empresa substituiu a gratificação por quinquênios. As ações somente foram propostas dois anos depois da alteração. Assim, inicialmente com base no artigo 11 da CLT e depois com fundamento no inciso XXIX do artigo 7º da Constituição, o prazo de prescrição é de dois anos a contar da alteração. Aplica-se a Súmula 294 do TST, pois representa ato único do empregador.

## 79 URP de abril e maio de 1988. Decreto-lei nº 2.425/1988

**Existência de direito apenas ao reajuste de 7/30 de 16,19% a ser calculado sobre o salário de março e incidente sobre o salário dos meses de abril e maio, não cumulativamente e corrigidos desde a época própria até a data do efetivo pagamento.**

A orientação foi determinada em 3.4.1995: "URP de abril e maio de 1988. Decreto-lei nº 2.425/88. Existência de direito apenas ao reajuste de 7/30 (sete trinta avos) de 16,19% (dezesseis vírgula dezenove por cento) a ser calculado sobre o salário de março e incidente sobre o salário dos meses de abril e maio, não cumulativamente e corrigido desde a época própria até a data do efetivo pagamento, com reflexos em junho e julho." A alteração foi feita em decorrência do julgamento do processo TST-RXOFROAR-573.062/1999 pelo Tribunal Pleno – certidão de julgamento publicada no *DJ* de 14.6.2005.

O TST entendia que havia direito adquirido ao reajuste da URP de abril e maio de 1988, por meio da Súmula 323, que depois foi cancelada. O STF entendeu que o direito era apenas em relação aos sete primeiros dias do mês de abril de 1988, ou seja, 7/30 de 16,19%. Os reajustes não eram devidos de forma cumulativa.

## 82 Aviso-prévio. Baixa na CTPS (inserida em 28.4.1997)

**A data de saída a ser anotada na CTPS deve corresponder à do término do prazo do aviso-prévio, ainda que indenizado.**

A orientação foi estabelecida em 28.4.1997.

Em razão da projeção do aviso-prévio, que integra o contrato de trabalho para todos os fins (§ 1º do art. 487 da CLT), a data da baixa da CTPS do empregado é a do término do aviso-prévio indenizado.

O pacto laboral não termina de imediato, mas apenas após expirado o prazo do aviso-prévio, com o que há a integração do tempo de serviço no contrato de trabalho. Assim, a data de baixa na CTPS do empregado deve ser a da projeção do aviso-prévio indenizado.

Pode ocorrer de na CTPS do empregado ficarem anotados dois contratos de trabalho. Um deles na vigência do aviso-prévio indenizado. Entretanto, a CLT não impede que o empregado tenha mais de um emprego. O obreiro pode ter mais de um emprego, visando ao aumento da sua renda mensal. Em cada um dos locais de trabalho, será considerado empregado. O artigo 138 da CLT permite que o empregado preste serviços em suas férias a outro empregador, se estiver obrigado a fazê-lo em virtude de contrato de trabalho regularmente mantido com aquele. O artigo 414 da CLT mostra que as horas de trabalho do menor que tiver mais de um emprego deverão ser totalizadas.

### 83 **Aviso-prévio. Indenizado. Prescrição** (inserida em 28.4.1997)

**A prescrição começa a fluir no final da data do término do aviso-prévio. Art. 487, § 1º, CLT.**

O aviso-prévio irá integrar o contrato de trabalho para todos os efeitos (§ 1º do art. 487 da CLT), como se verifica para reajustes salariais (§ 6º do art. 487 da CLT), para a indenização adicional (Súmula 182 do TST), para anotação na CTPS do empregado (Orientação Jurisprudencial nº 82 da SDI do TST), para o cálculo de mais 1/12 de 13º salário e férias em razão da sua projeção.

O contrato de trabalho não termina de imediato, mas apenas após expirado o prazo do aviso-prévio, com o que há a integração do tempo de serviço no contrato de trabalho. Assim, o prazo de prescrição também deve observar a projeção do aviso-prévio indenizado, quando termina efetivamente o contrato de trabalho.

### 87 **Entidade pública. Exploração de atividade eminentemente econômica. Execução. art. 883 da CLT**

**É direta a execução contra a APPA e MINASCAIXA (§ 1º do art. 173, da CF/1988).**

A redação original foi determinada em 28.4.1997: "Entidade pública. Exploração de atividade eminentemente econômica. Execução. Art. 883, da CLT. É direta a execução contra a APPA, Caixa Econômica do Estado do Rio Grande do Sul, ECT e MINASCAIXA (§ 1º do art. 173, da CF/1988)." A redação foi novamente alterada no *Diário de Justiça* de 24.11.2003, conforme incidente de uniformização de jurisprudência ROMS 652135/00 do Tribunal Pleno que "decidiu, por maioria, excluir a referência à ECT da Orientação Jurisprudencial nº 87 da SBDI-1, por entender ser a execução contra ela feita por meio de precatório. É direta a execução contra a APPA, Caixa Econômica do Estado do Rio Grande do Sul e MINASCAIXA (§ 1º do art. 173, da CF/1988)." A redação atual é decorrente da publicação no *Diário de Justiça* de 16.4.2004.

A Administração dos Portos de Paranaguá e Antonina (APPA) e a MINASCAIXA são órgãos que exploram atividade econômica. Estão inseridos na previsão do § 1º do artigo 173 da Constituição. Logo, não têm de observar precatório para pagar suas dívidas aos empregados.

91 **Anistia. Art. 8º, § 1º, ADCT. Efeitos financeiros. ECT** (inserida em 30.5.1997)

**ROAR 105.608/1994, SDI-Plena**

**Em 19.5.1997, a SDI-Plena decidiu, pelo voto prevalente do Exmo. Sr. Presidente, que os efeitos financeiros da readmissão do empregado anistiado serão contados a partir do momento em que este manifestou o desejo de retornar ao trabalho e, na ausência de prova, da data do ajuizamento da ação.**

O artigo 8º do ADCT concedeu anistia às pessoas que, no período de 18.9.1946 a 5.10.1988, "foram atingidos, em decorrência de motivação exclusivamente política, por atos de exceção, institucionais ou complementares, aos que foram abrangidos pelo Decreto Legislativo nº 18, de 15 de dezembro de 1961, e aos atingidos pelo Decreto-lei nº 864, de 12 de setembro de 1969". O § 2º estabeleceu o mesmo benefício "aos trabalhadores do setor privado, dirigentes e representantes sindicais que, por motivos exclusivamente políticos, tenham sido punidos, demitidos ou compelidos ao afastamento das atividades remuneradas que exerciam, bem como aos que foram impedidos de exercer atividades profissionais em virtude de pressões ostensivas ou expedientes oficiais sigilosos".

O § 1º do artigo 8º do ADCT mostra que os efeitos financeiros ocorrem "a partir da promulgação da Constituição". Logo, não poderia ser o momento que manifestou o desejo de retornar ao trabalho e, na ausência de prova, da data do ajuizamento da ação.

A Orientação Jurisprudencial nº 12 dispõe que os efeitos da anistia prevista na Emenda Constitucional nº 26/85 são devidos a partir da promulgação da referida Emenda. Há contradição entre as duas orientações jurisprudenciais.

**92 Desmembramento de municípios. Responsabilidade trabalhista** (inserida em 30.5.1997)

**Em caso de criação de novo município, por desmembramento, cada uma das novas entidades responsabiliza-se pelos direitos trabalhistas do empregado no período em que figurarem como real empregador.**

A orientação foi estabelecida em 30.5.1997.

O certo seria que na criação de novo município, por desmembramento, o município mais novo, para onde foi o empregado, teria de pagar os direitos trabalhistas deste, por sucessão (arts. 10 e 448 da CLT). Não há previsão legal no sentido de que cada uma das entidades deve se responsabilizar pelos direitos trabalhistas do empregado no período em que figurarem como real empregador. A alegação de que há necessidade de novo concurso público no município desmembrado é rebatida com o fato de que o empregado prestou concurso no município anterior e não iria adivinhar que, no futuro, os municípios seriam desmembrados.

**95 Embargos para SDI. Divergência oriunda da mesma turma do TST. Inservível** (inserida em 30.5.1997)

**ERR 125320/1994, SDI-Plena**

**Em 19.5.1997, a SDI-Plena, por maioria, decidiu que acórdãos oriundos da mesma Turma, embora divergentes, não fundamentam divergência jurisprudencial de que trata a alínea "b", do artigo 894 da Consolidação das Leis do Trabalho para embargos à Seção Especializada em Dissídios Individuais, Subseção I.**

Acórdãos oriundos da mesma turma do TST não servem para fundamentar embargos. Os acórdãos têm de ser de turmas diversas, mostrando que deve haver divergência jurisprudencial entre as turmas do TST para que a SBDI possa uniformizar a jurisprudência.

A redação atual do inciso II do artigo 894 da CLT, decorrente da Lei nº 11.496, de 22.6.2007, também dispõe que a divergência apontada deve ser entre as turmas do TST ou das decisões proferidas pela Seção de Dissídios Individuais.

**97 Horas extras. Adicional noturno. Base de cálculo** (inserida em 30.5.1997)

**O adicional noturno integra a base de cálculo das horas extras prestadas no período noturno.**

Cada adicional deve ser calculado em separado.

O adicional de horas extras é calculado sobre a hora normal (§ 1º do artigo 59 da CLT).

O salário-hora normal, para o empregado mensalista, é obtido dividindo-se o salário mensal correspondente à duração do trabalho por 30 vezes o número de horas dessa duração (art. 64 da CLT). Não está escrito no dispositivo que a hora normal é integrada por adicionais, mas depreende-se exatamente o contrário.

É calculado o adicional de periculosidade com fundamento no salário-base, sem os acréscimos resultantes de gratificações, prêmios ou participações nos lucros das empresas (§ 1º do artigo 193 da CLT). A Súmula 191 do TST esclarece que "o adicional de periculosidade incide, apenas, sobre o salário básico, e não sobre este acrescido de outros adicionais".

No § 1º do artigo 457 da CLT não está dito que os adicionais integram o salário, justamente porque são verbas pagas de forma transitória, enquanto existir o fato gerador, que é o trabalho em condições mais gravosas.

O adicional noturno é calculado sobre a hora diurna (§ 1º do art. 73 da CLT). Logo, o cálculo do adicional noturno não pode integrar a base de cálculo das horas extras prestadas no período noturno.

Entender de forma contrária seria alterar o salário-hora do empregado para acrescentar verbas que não têm característica permanente.

A Súmula 264 do TST prevê, porém, que só entram no cálculo das horas extras verbas que integram o salário, que são as descritas no § 1º do artigo 457 da CLT, como abonos, gratificações, comissões, percentagens etc. e não o adicional de periculosidade. São verbas que integram o salário de forma permanente. Do contrário, não haveria inclusive como calcular o adicional de horas extras, como na hipótese em que o empregado não ganhasse salário fixo, mas apenas comissões e percentagens.

## 100 Salário. Reajuste. Entes públicos

**Os reajustes salariais previstos em legislação federal devem ser observados pelos Estados-membros, suas Autarquias e Fundações Públicas nas relações contratuais trabalhistas que mantiverem com seus empregados.**

A redação original foi determinada em 30.5.1997: "Reajustes de salários de empregado previstos em legislação federal. Incidência sobre as relações contratuais trabalhistas do estado-membro e suas autarquias." A redação atual teve o título alterado e foi inserido dispositivo, com publicação no *Diário de Justiça* de 20.4.2005.

O inciso I do artigo 22 da Constituição dispõe que compete privativamente à União legislar sobre Direito do Trabalho. Logo, os Estados-membros, suas autarquias e fundações públicas devem observar a legislação federal sobre salários em relação aos seus empregados públicos.

## 103 Adicional de insalubridade. Repouso semanal e feriados

**O adicional de insalubridade já remunera os dias de repouso semanal e feriados.**

A redação original foi determinada em 1º.10.1997: "Adicional de insalubridade. Repouso semanal e feriados. O adicional de insalubridade, porque calculado sobre o salário-mínimo legal, já remunera os dias de repouso semanal e feriados." A redação atual é decorrente da publicação no *Diário de Justiça* de 20.4.2005.

O § 2º do artigo 7º da Lei nº 605/49 é claro no sentido de que, se o empregado recebe salário mensal, o repouso semanal já está nele incluído. O adicional de insalubridade é calculado sobre o salário-mínimo mensal, que já inclui os dsr's. Logo, o repouso semanal remunerado e os feriados também já estão incluídos. Não há reflexos do adicional de insalubridade sobre repouso semanal e feriados.

## 104 Custas. Condenação acrescida. Inexistência de deserção quando as custas não são expressamente calculadas e não há intimação da parte para o preparo do recurso, devendo, então, ser as custas pagas ao final

**Não caracteriza deserção a hipótese em que, acrescido o valor da condenação, não houve fixação ou cálculo do valor devido a título de custas e tampouco intimação da parte para o preparo do recurso, devendo, pois, as custas ser pagas ao final.**

A redação original foi determinada em 1º.10.1997: "Custas. Condenação acrescida. Inexistência de deserção quando não expressamente calculadas, e não intimada a parte, devendo, então, serem as custas pagas ao final. ERR 27.991/91, SDI-Plena Em 17.12.1996, a SDI-Plena resolveu, por maioria, firmar entendimento no sentido de rejeitar a preliminar de deserção, por não se caracterizar, na hipótese, a deserção apontada, uma vez que as custas não foram calculadas, fixado o seu valor, nem foi a parte intimada, devendo as custas serem pagas ao final." A redação atual é decorrente da Resolução nº 150/08 (*DJe* em 20, 21 e 24.11.2008).

A Instrução Normativa nº 9 do TST trata de custas processuais e prevê que "deverá constar, quando couber, o valor atribuído à causa, à condenação ou ao acréscimo da condenação, e o consequente valor das custas".

O Tribunal Regional muitas vezes aumenta o valor da condenação, mas não consta o novo valor acrescido. Se a parte não foi intimada a pagar as custas com o novo valor, não há deserção no recurso.

**110 Representação irregular. procuração apenas nos autos de agravo de instrumento**

**A existência de instrumento de mandato apenas nos autos de agravo de instrumento, ainda que em apenso, não legitima a atuação de advogado nos autos de que se originou o agravo.**

Cabe à parte fiscalizar a formação do instrumento, juntando a cópia dos autos principais das peças que forem necessárias.

O advogado deve ter procuração específica para postular na ação principal, pois o agravo sobe geralmente em autos em apartado. Irrelevante o fato de haver no apenso a procuração. É preciso procuração ou substabelecimento para que o advogado possa atuar no processo principal.

**111 Recurso de revista. Divergência jurisprudencial. Aresto oriundo do mesmo tribunal regional. Lei nº 9.756/1998. Inservível ao conhecimento**

**Não é servível ao conhecimento de recurso de revista aresto oriundo de mesmo Tribunal Regional do Trabalho, salvo se o recurso houver sido interposto anteriormente à vigência da Lei nº 9.756/1998.**

A redação original foi determinada em 1º.10.1997: "Recurso de revista. Divergência oriunda da mesma turma do regional. Servível ao conhecimento." A nova redação foi publicada no *Diário de Justiça* de 20.4.2005.

O recurso de revista é cabível de decisão divergente de outro Tribunal Regional, por intermédio do Pleno ou de turmas, ou da SBDI. Não cabe de decisão de turma do mesmo Tribunal Regional. O § 3º do artigo 896 da CLT, na redação determinada pela Lei nº 9.756/98, dispõe que os tribunais regionais devem fazer a uniformização da sua jurisprudência. Antes da referida lei, era possível a interposição da revista em relação a acórdão divergente do mesmo TRT.

**113 Adicional de transferência. Cargo de confiança ou previsão contratual de transferência. Devido. Desde que a transferência seja provisória**

**O fato de o empregado exercer cargo de confiança ou a existência de previsão de transferência no contrato de trabalho não exclui o direito ao adicional. O pressuposto legal apto a legitimar a percepção do mencionado adicional é a transferência provisória.**

A redação foi determinada em 20.11.1997.

O TST entende que o adicional de transferência é devido se a transferência do empregado for provisória. Não é devido se ela for definitiva. Se o empregado exerce ou não cargo de confiança, a matéria é irrelevante para fins do direito ao adicional de transferência, pois o que importa é que a transferência seja provisória. Não há exclusão do direito ao adicional de transferência nos parágrafos do artigo 469 da CLT em relação a quem exerce cargo de confiança.

**115 Recurso de revista. Nulidade por negativa de prestação jurisdicional (alterada em decorrência da redação do inciso II do art. 894 da CLT, incluído pela Lei nº 11.496/2007)**

**O conhecimento do recurso de revista, quanto à preliminar de nulidade por negativa de prestação jurisdicional, supõe indicação de violação do art. 832 da CLT, do art. 458 do CPC ou do art. 93, IX, da CF/1988.**

A redação original foi determinada em 20.11.1997: "Embargos. Nulidade por negativa de prestação jurisdicional. Conhecimento por violação. Art. 458 CPC ou art. 93, IX CF/1988. Admite-se o conhecimento do recurso, quanto à preliminar de nulidade por negativa de prestação jurisdicional, por violação do art. 832 da CLT ou do art. 458 do CPC ou do art. 93, IX da CF/1988".

Foi dada nova redação em 20 de abril de 2005: "Recurso de revista ou de embargos. Nulidade por negativa de prestação jurisdicional. O conhecimento do recurso de revista ou de embargos, quanto à preliminar de nulidade por negativa de prestação jurisdicional, supõe indicação de violação do art. 832 da CLT, do art. 458 do CPC ou do art. 93, IX, da CF/1988".

A redação atual foi alterada em decorrência do inciso II do art. 894 da CLT, incluído pela Lei nº 11.496/07, conforme Resolução nº 182/2012, publicada no DEJT divulgado em 19, 20 e 23.4.2012. Nessa redação foi suprimido recurso de embargos, pois com a Lei nº 11.496/07, que deu nova redação ao artigo 894 da CLT, os embargos só cabem em caso de divergência entre turmas do TST e não mais por violação de lei ou da Constituição.

A estrutura da sentença trabalhista tem previsão no artigo 832 da CLT. A sentença no processo civil tem previsão no artigo 458 do CPC. O inciso IX do artigo 93 da Constituição exige que todas as decisões do Poder Judiciário sejam fundamentadas, permitindo que a parte saiba os motivos pelos quais a pretensão foi acolhida ou rejeitada.

Se a fundamentação está certa ou errada ou não convence a parte, não é matéria de nulidade.

A fundamentação da sentença não precisa ir ao encontro do interesse da parte, mas indicar os motivos de convencimento do juiz.

O STF já entendeu que

> O que a Constituição exige, no art. 93, IX, é que a decisão judicial seja fundamentada, não, que a fundamentação seja correta, na solução das questões de fato ou de direito da lide: declinadas no julgado as premissas, corretamente assentadas ou não, mas coerentes com o dispositivo do acórdão, está satisfeita a exigência constitucional (STF, Rel. Min. Sepúlveda Pertence, *RTJ* 150/269).

Leciona Cândido Rangel Dinamarco que "a exigência de inteireza da motivação (Michele Taruffo) não chega ao ponto de mandar que o juiz se manifeste especificamente sobre todos os pontos, mais relevantes ou menos, ou mesmo sem relevância alguma ou quase sem relevância, que as partes hajam suscitado no processo. O essencial é motivar no tocante aos pontos relevantes e essenciais, de modo que a motivação lançada em sentença mostre que o juiz tomou determinada decisão porque assumiu determinados fundamentos com que esta guarda coerência. A regra de equilíbrio é esta: motiva-se no essencial e relevante, dispensa-se relativamente a motivação no periférico e circunstancial" (*Instituições de direito processual civil*. 2. ed. São Paulo: Malheiros, 2002. p. 242).

Não se pode confundir falta de prestação jurisdicional com orientação contrária ao entendimento da parte. Nesse caso, a matéria é de recurso. No STF, há julgamentos no mesmo sentido:

> A prestação jurisdicional que se revela contrária ao interesse de quem a postula não se identifica, não se equipara e nem se confunde, para efeito de acesso à via recursal extraordinária, com a ausência de prestação jurisdicional (STF, 1ª T., RE 97.557-8/SP, Rel. Min. Celso de Mello, *DJU* 1º.7.93).
>
> Negativa de prestação jurisdicional: não há confundir decisão contrária aos interesses da parte com negativa de prestação jurisdicional. Inocorrência de ofensa do art. 5º, XXXV, da Constituição (STF, 2ª T., AGRAI 146602-2-SC, Rel. Min. Carlos Velloso).

A negativa de prestação jurisdicional diz respeito à violação de artigo de lei ou da Constituição. Pressupõe a indicação de violação ao artigo 832 da CLT, artigo 458 do CPC ou do inciso IX do artigo 93 da Constituição.

**118 Prequestionamento. Tese explícita. Inteligência da Súmula nº 297** (inserida em 20.11.1997)

**Havendo tese explícita sobre a matéria, na decisão recorrida, desnecessário contenha nela referência expressa do dispositivo legal para ter-se como prequestionado este.**

A orientação foi determinada em 20.11.1997.

A matéria é considerada prequestionada quando a decisão analisa o tema de modo explícito (Súmula 297 do TST).

Se na decisão há referência expressa a certa matéria ou tese, é desnecessário que dela conste o dispositivo legal próprio. A matéria já está analisada e, portanto, foi prequestionada.

O inciso I da Súmula 221 do TST exige que na hipótese da letra *c* do artigo 896 da CLT é necessária a indicação expressa do dispositivo legal ou da Constituição tido por violado.

**119 Prequestionamento inexigível. Violação nascida na própria decisão recorrida. Súmula nº 297. Inaplicável** (inserida em 20.11.1997)

**É inexigível o prequestionamento quando a violação indicada houver nascido na própria decisão recorrida. Inaplicável a Súmula nº 297 do TST.**

Quando a violação nasce na própria decisão recorrida, não há necessidade de prequestionamento, segundo o entendimento do TST. Exemplo pode ser a hipótese em que o tribunal julga de forma *ultra* ou *extra petita*.

**120 Recurso. Assinatura da petição ou das razões recursais. Validade**

**O recurso sem assinatura será tido por inexistente. Será considerado válido o apelo assinado, ao menos, na petição de apresentação ou nas razões recursais.**

A redação original foi determinada em 20.11.97: "Razões recursais sem assinatura do advogado. Válidas se assinada a petição que apresenta o recurso. A ausência da assinatura do advogado nas razões recursais não torna inexistente o recurso se o procurador constituído nos autos assinou a petição de apresentação do recurso." A redação atual foi publicada no *Diário de Justiça* em 20.4.2005.

Recurso sem assinatura de advogado é considerado inexistente. Somente as razões de reforma da decisão devolvem ao juízo *ad quem* a matéria discutida. Isso é feito nas razões do recurso. Esta é a petição que deve estar assinada. A petição de juntada do recurso nada devolve ao juízo *ad quem*. Logo, se ela estiver assinada, mas não estiverem assinadas as razões do recurso, não houve devolução da matéria ao juízo *ad quem*.

Não existe previsão legal para a concessão de prazo para sanar a irregularidade.

**121 Substituição processual. Diferença do adicional de insalubridade. Legitimidade**

**O sindicato tem legitimidade para atuar na qualidade de substituto processual para pleitear diferença de adicional de insalubridade.**

A redação original foi determinada em 20.11.1997: "Substituição processual. Diferença do adicional de insalubridade. Legitimidade. O sindicato, com base no § 2º, do art. 195 da CLT, tem legitimidade para atuar na qualidade de substituto processual para pleitear diferença de adicional de insalubridade." A nova redação foi publicada no *Diário de Justiça* de 20.4.2005.

O § 2º do artigo 195 da CLT permite que o sindicato atue como substituto processual dos seus associados postulando adicional de insalubridade ou periculosidade. Quem pode o mais, postular adicional de insalubridade, pode o menos, pedir as diferenças do adicional. Exemplo é o fato de que o adicional é devido à razão, por exemplo, de 40% e a empresa paga 10 ou 20%.

**123 Bancários. Ajuda alimentação** (inserida em 20.4.1998)

**A ajuda alimentação prevista em norma coletiva em decorrência de prestação de horas extras tem natureza indenizatória e, por isso, não integra o salário do empregado bancário.**

**ERR 118739/94, SDI-Plena**

**Em 10.02.1998, a SDI-Plena, por maioria, decidiu que ajuda alimentação paga ao bancário, em decorrência de prestação de horas extras por prorrogação de jornada, tem natureza indenizatória e, portanto, não integrativa ao salário.**

Geralmente, a norma coletiva não estabelece a natureza da ajuda alimentação. Esta não é pactuada no contrato de trabalho, mas na norma coletiva. Assim, não se pode aplicar, em princípio, a Súmula 241 do TST, que entende que a alimentação fornecida por força do contrato de trabalho tem natureza salarial.

O TST considera que a verba tem natureza de ajuda de custo, que não se integra à remuneração do empregado, por força do § 1º do artigo 457 da CLT. Seria uma espécie de ajuda de custo para que o empregado, em decorrência de situação mais gravosa, possa prestar horas extras em prorrogação à jornada de trabalho.

**125 Desvio de função. Quadro de carreira**

**O simples desvio funcional do empregado não gera direito a novo enquadramento, mas apenas às diferenças salariais respectivas, mesmo que o desvio de função haja iniciado antes da vigência da CF/1988.**

A redação original foi estabelecida em 20.4.1998: "Desvio de função. Quadro de carreira. O simples desvio funcional do empregado não gera direito a novo enquadramento, mas apenas às diferenças salariais respectivas." A redação foi alterada em 13.3.2002.

O desvio de função não tem exatamente previsão em lei, mas é reconhecido pelos tribunais. A Súmula 223 do TFR previa que "o empregado, durante o desvio funcional, tem direito à diferença salarial, ainda que o empregador possua quadro de pessoal organizado em carreira". Reconhecido o desvio de função, o servidor faz jus às diferenças salariais decorrentes (Súmula 378 do STJ).

O empregado não vai ser enquadrado na nova função. Não vai ter promoção reconhecida, mas tem direito às diferenças salariais em decorrência do desvio de função enquanto houver o desvio.

No serviço público, o empregado não vai ser enquadrado na nova função, mas tem de prestar concurso público (art. 37, II, da Constituição) para a nova função. Entretanto, faz jus às diferenças salariais, mesmo que o desvio de função haja iniciado antes da vigência da Constituição de 1988.

Não há, porém, previsão legal para pagamento das diferenças de salário.

127 **Hora noturna reduzida. Subsistência após a CF/1988** (inserida em 20.4.1998)

**O art. 73, § 1º, da CLT, que prevê a redução da hora noturna, não foi revogado pelo inciso IX do art. 7º da CF/1988.**

A hora noturna é de 52 minutos e 30 segundos (§ 1º do art. 73 da CLT).

O inciso IX do artigo 7º da Lei Maior prevê que a remuneração do trabalho noturno deve ser superior à do diurno. A hora noturna reduzida é uma forma de estabelecer que a remuneração do trabalho noturno seja superior à do diurno. Nada impede que a lei ordinária estabeleça o adicional noturno e a hora noturna reduzida.

O *caput* do artigo 7º prevê os direitos dos trabalhadores urbanos e rurais, "além de outros que visem à melhoria da sua condição social". Um desses outros direitos pode ser a hora noturna reduzida estabelecida por lei ordinária.

129 **Prescrição. Complementação da pensão e auxílio-funeral** (inserida em 20.4.1998)

**A prescrição extintiva para pleitear judicialmente o pagamento da complementação de pensão e do auxílio-funeral é de 2 anos, contados a partir do óbito do empregado.**

A orientação jurisprudencial está de acordo com o inciso XXIX do artigo 7º da Constituição, que prevê que a postulação deve ser feita até dois anos a contar da cessação do contrato de trabalho. A morte do empregado faz cessar o pacto laboral. Assim, a complementação da pensão e do auxílio-funeral também tem de ser postulada em dois anos a contar do óbito do empregado.

**130 Prescrição. Ministério Público. Arguição. "Custos legis". Ilegitimidade**

**Ao exarar o parecer na remessa de ofício, na qualidade de "custos legis", o Ministério Público não tem legitimidade para arguir a prescrição em favor de entidade de direito público, em matéria de direito patrimonial (arts. 194 do CC de 2002 e 219, § 5º, do CPC).**

A redação original foi determinada em 20.4.1998: "Prescrição. Ministério Público. Arguição. 'Custos legis'. Ilegitimidade. O Ministério Público não tem legitimidade para arguir a prescrição a favor de entidade de direito público, em matéria de direito patrimonial, quando atua na qualidade de 'custos legis' (arts. 166, CC, e 219, § 5º, CPC). Parecer exarado em Remessa de Ofício." A redação atual foi publicada no *Diário de Justiça* de 20.4.2005.

O artigo 194 da Constituição é claro no sentido de que a prescrição tem de ser arguida pela parte e não pelo Ministério Público do Trabalho. Se o Ministério Público do Trabalho não é parte no processo, mas atua como fiscal da lei, como guardião da lei (*custos legis*), não pode arguir a prescrição, inclusive no parecer na remessa de ofício.

O § 5º do artigo 219 do CPC é claro no sentido de que o juiz irá declarar a prescrição de ofício, mas não mediante arguição do Ministério Público quando ele atua como fiscal da lei.

**132 Agravo regimental. Peças essenciais nos autos principais** (inserida em 27.11.1998)

**Inexistindo lei que exija a tramitação do agravo regimental em autos apartados, tampouco previsão no Regimento Interno do Regional, não pode o agravante ver-se apenado por não haver colacionado cópia de peças dos autos principais, quando o agravo regimental deveria fazer parte dele.**

O artigo 893 da CLT não indica como recurso trabalhista o agravo regimental. Ele é previsto no regimento dos tribunais.

A lei não trata do agravo regimental. Logo, também não há previsão de que o agravo regimental seja processado em autos em apartado, como ocorre com o agravo de instrumento. Se também não há previsão no Regimento Interno do Regional sobre o tema, não pode o agravante ver seu agravo não conhecido pelo fato de que não juntou as peças dos autos principais. Nesse caso, deveria ter sido concedido prazo para a parte juntar as peças necessárias para a formação do agravo regimental.

**133 Ajuda alimentação. Pat. Lei nº 6.321/76. Não integração ao salário** (inserida em 27.11.1998)

**A ajuda alimentação fornecida por empresa participante do programa de alimentação ao trabalhador, instituído pela Lei nº 6.321/76, não tem caráter salarial. Portanto, não integra o salário para nenhum efeito legal.**

A alimentação fornecida por força do Programa de Alimentação ao Trabalhador, previsto na Lei nº 6.321/76, não tem natureza salarial. O artigo 3º da lei dispõe que não se inclui como salário-de-contribuição a parcela paga *in natura*, pela empresa, nos programas de alimentação aprovados pelo Ministério do Trabalho. O artigo 6º do Regulamento estabelecido pelo Decreto nº 5, de 1991, prescreve que a parcela paga *in natura* pela empresa não tem natureza salarial, não se incorpora à remuneração para quaisquer efeitos, não constitui base de incidência de contribuição previdenciária ou do FGTS e nem se configura como rendimento tributável pelo trabalhador.

Se a alimentação é fornecida por força do contrato de trabalho e não faz a empresa adesão ao PAT, aplica-se a regra da Súmula 241 do TST, que considera ter natureza salarial a alimentação fornecida ao empregado por força do contrato de trabalho.

**134 Autenticação. Pessoa jurídica de direito público. Dispensada. Medida Provisória nº 1.360, de 12.3.1996** (inserida em 27.11.1998)

**São válidos os documentos apresentados, por pessoa jurídica de direito público, em fotocópia não autenticada, posteriormente à edição da Medida Provisória nº 1.360/96 e suas reedições.**

Os documentos apresentados pela pessoa jurídica de direito público não precisam ser autenticados por força do artigo 24 da Lei nº 10.522/02, que converteu em lei a Medida Provisória nº 1.360/96.

Com a nova redação do artigo 830 da CLT, o advogado pode declarar, sob a sua responsabilidade, autênticos os documentos que apresenta com petição.

Os documentos devem ser considerados válidos quanto ao seu conteúdo se não há impugnação específica nesse sentido. Se a impugnação é apenas quanto à forma, da falta de autenticação, a alegação não pode ser considerada.

**138 Competência residual. Regime Jurídico Único. Limitação da execução (nova redação em decorrência da incorporação da Orientação Jurisprudencial nº 249 da SBDI-1) – *DJ*** 20.4.2005

**Compete à Justiça do Trabalho julgar pedidos de direitos e vantagens previstos na legislação trabalhista referente a período anterior à Lei nº 8.112/90, mesmo que a ação tenha sido ajuizada após a edição da referida lei. A superveniência de regime estatutário em substituição ao celetista, mesmo após a sentença, limita a execução ao período celetista. (1ª parte – ex-OJ nº 138 da SBDI-1 – inserida em 27.11.98; 2ª parte – ex-OJ nº 249 – inserida em 13.03.02)**

A redação original foi determinada em 27.11.1998. "Competência residual. Regime jurídico único. Ainda que a reclamação trabalhista tenha sido ajuizada após a edição da Lei nº 8.112/90, compete à Justiça do Trabalho julgar pedidos de direitos e vantagens previstas na legislação trabalhista, referentes a período anterior àquela lei."

A primeira parte da redação é a antiga Orientação Jurisprudencial 138 da SBDI-1 do TST. A segunda parte é decorrente da incorporação da Orientação Jurisprudencial nº 249, inserida em 13.3.2002.

Afirma a Súmula 97 do STJ que compete à Justiça do Trabalho processar e julgar reclamação de servidor público relativamente a vantagens trabalhistas anteriores à instituição do regime jurídico único, o que foi feito pela Lei nº 8.112/90.

O STF entendeu que "compete à Justiça do Trabalho processar e julgar reclamação que, não obstante deduzida por servidor público federal presentemente sujeito a regime estatutário, tem por objeto benefícios de caráter salarial ou vantagens de ordem jurídica imediatamente decorrentes de contrato individual de trabalho celebrado com a União Federal, em período anterior ao da instituição do regime jurídico único. Precedentes: CComp. 7.023, Rel. Min. Ilmar Galvão – CComp. 7.025, Rel. Min. Celso de Mello" (STF, Pleno, CC 7.027-7-PE, Rel. Min. Celso Mello).

A orientação jurisprudencial acrescenta à Súmula 97 do STJ que mesmo que a ação tenha sido ajuizada após a edição da Lei nº 8.112/90, a competência é da Justiça do Trabalho, pois o direito se refere a período anterior. A Súmula 382 do TST mostra que a transferência do regime jurídico de celetista para estatutário implica a extinção do contrato de trabalho. Na execução, as vantagens trabalhistas são devidas até a vigência do regime estatutário.

## 140 Depósito recursal e custas. Diferença ínfima. Deserção. Ocorrência

**Ocorre deserção do recurso pelo recolhimento insuficiente das custas e do depósito recursal, ainda que a diferença em relação ao "quantum" devido seja ínfima, referente a centavos.**

A redação original foi determinada em 27.11.1998: "Depósito recursal e custas. Diferença ínfima. Deserção. Ocorrência. Ocorre deserção quando a diferença a menor do depósito recursal ou das custas, embora ínfima, tinha expressão monetária, à época da efetivação do depósito." A redação atual foi publicada no *Diário de Justiça* de 20.4.2005.

O § 1º do artigo 899 da CLT prevê que o recurso só será admitido se houver prévio depósito da respectiva importância estabelecida na condenação. Mesmo que a diferença seja ínfima, o recurso não deve ser conhecido, pois não foi feito o depósito integral da importância da condenação. O mesmo ocorre em relação às custas.

Não existe omissão da CLT para se aplicar o CPC (§ 2º do art. 511) e ser complementado o depósito no prazo de cinco dias, pois ele deve ser integral e pago dentro do prazo para interposição do recurso (art. 7º da Lei nº 5.584/70 e Súmula 245 do TST). As custas também devem ser pagas e comprovado o recolhimento no prazo de interposição do recurso (§ 1º do art. 789 da CLT).

## 142 Embargos de declaração. Efeito modificativo. Vista à parte contrária

**I – É passível de nulidade decisão que acolhe embargos de declaração com efeito modificativo sem que seja concedida oportunidade de manifestação prévia à parte contrária.**

**II – Em decorrência do efeito devolutivo amplo conferido ao recurso ordinário, o item I não se aplica às hipóteses em que não se concede vista à parte contrária para se manifestar sobre os embargos de declaração opostos contra sentença.**

A redação original foi inserida em 20-11-1998: "Embargos declaratórios. Efeito modificativo. Vista à parte contrária".

Foi inserido dispositivo no DEJT divulgado em 16, 17 e 18-11-2010: "É passível de nulidade decisão que acolhe embargos de declaração com efeito modificativo sem que seja concedida oportunidade de manifestação prévia à parte contrária".

A Resolução nº 178/12, acrescentou o item II, conforme DEJT divulgado em 13, 14 e 15.2.2012.

I – O item I faz referência a ser passível de nulidade, pois não há nulidade se não houver manifesto prejuízo de natureza processual à parte (art. 794 da CLT). Não havendo prejuízo de natureza processual, a nulidade não vai ser declarada. A nulidade é relativa e não absoluta, que depende de arguição pela parte no momento próprio.

A orientação da jurisprudência mostra a aplicação do contraditório, contido no inciso LV do artigo 5º da Constituição. Nos embargos de declaração em que há efeito modificativo, existe necessidade do contraditório pela parte contrária, sob pena de nulidade. Em embargos de declaração em que não exista efeito modificativo, não há necessidade de dar vista à parte contrária, pois a decisão não será mudada e não haverá prejuízo à parte contrária.

O TST segue o entendimento do STF sobre embargos com efeito modificativo, em que deve ser dada vista à parte contrária para proporcionar o contraditório. Nos precedentes da orientação são citadas decisões do STF (HC 74.735-PR, j. 11.3.97, Rel. Min. Marco Aurélio; EDRE 144.981-RJ, Rel. Min. Celso de Mello, *DJ* 8.9.95, p. 28362).

II – O item II mostra que o recurso ordinário da sentença tem efeito devolutivo amplo, nos termos do artigo 515 do CPC e seus parágrafos, devolvendo a matéria ao segundo grau.

**143 Empresa em liquidação extrajudicial. Execução. Créditos trabalhistas. Lei nº 6.024/74** (inserida em 27.11.1998)

**A execução trabalhista deve prosseguir diretamente na Justiça do Trabalho mesmo após a decretação da liquidação extrajudicial. Lei nº 6.830/80, arts. 5º e 29, aplicados supletivamente (CLT, art. 889, e CF/1988, art. 114).**

A liquidação extrajudicial não é um processo promovido perante o Poder Judiciário, mas um processo administrativo em relação a empresas sujeitas a liquidação extrajudicial, como instituições financeiras, consórcios etc.

O crédito trabalhista é privilegiado, não estando sujeito à habilitação na massa, tendo preferência em relação a qualquer outro. É o que se observa do artigo 449 e seu § 1º da CLT e do artigo 187 do CTN.

Prevê a alínea *a* do artigo 6º da Lei nº 6.024/74 sobre a suspensão da exigibilidade das obrigações vencidas na empresa em liquidação extrajudicial. Estabelece a alínea *a* do artigo 18 da Lei nº 6.024/74 que na liquidação extrajudicial há "suspensão das ações e execuções iniciadas sobre direitos e interesses relativos ao acervo da entidade liquidanda, não podendo ser intentadas quaisquer outras enquanto durar a liquidação".

Com a Constituição de 1988, a alínea *a*, do artigo 18 da Lei nº 6.024/74 foi revogada, pois o inciso XXXV do artigo 5º da Constituição de 1988 estabelece que "a lei não excluirá da apreciação do Poder Judiciário lesão ou ameaça a direito", sendo que, no caso, a Lei nº 6.024 o está fazendo, isto é, impedindo a pessoa de exercer o direito de ação. Trata-se, ainda, a liquidação extrajudicial, de processo administrativo e não de processo judicial. Logo, não pode impedir o ajuizamento de outras ações. A alínea *a* do artigo 18 da Lei nº 6.024/74 versa apenas sobre ações e execuções sobre direitos e interesses relativos ao acervo da entidade liquidanda e não sobre a impossibilidade do ajuizamento de ações trabalhistas. A Lei nº 6.024 não pode impedir a rápida entrega da prestação jurisdicional, pois posteriormente podem não existir garantias para a solvabilidade do crédito trabalhista.

Os artigos 5º e 29 da Lei nº 6.830/80, aplicados subsidiariamente à execução, por força do artigo 889 da CLT, excluem qualquer juízo especial, inclusive a liquidação extrajudicial, para processar os créditos com privilégio especial, aplicando-se ao crédito trabalhista.

Assim, é possível dizer que a existência da declaração da liquidação extrajudicial de determinada empresa não impede o ajuizamento da ação contra a referida sociedade. Na fase de execução, poderá haver penhora sobre os bens da massa, de modo a assegurar a execução, independentemente da fase em que estiver a liquidação extrajudicial.

A execução do crédito contra empresa em liquidação extrajudicial é feita na Justiça do Trabalho. Esta tem competência para executar suas próprias decisões (art. 114 da Constituição). Não há necessidade de habilitação na massa, nem é o caso de se observar a Lei de Falências, pois a liquidação extrajudicial é um processo administrativo e não judicial.

Haveria tratamento desigual, se fosse esperada a solução da liquidação extrajudicial, nada sobrando para o trabalhador receber, quando seu crédito é privilegiado e prefere a qualquer outro.

## 147 Lei estadual, norma coletiva ou norma regulamentar. Conhecimento indevido do recurso de revista por divergência jurisprudencial

**I – É inadmissível o recurso de revista fundado tão somente em divergência jurisprudencial, se a parte não comprovar que a lei estadual, a norma coletiva ou o regulamento da empresa extrapolam o âmbito do TRT prolator da decisão recorrida. (ex-OJ nº 309 da SBDI-1 – inserida em 11.8.2003)**

**II – É imprescindível a arguição de afronta ao art. 896 da CLT para o conhecimento de embargos interpostos em face de acórdão de Turma que conhece indevidamente de recurso de revista, por divergência jurisprudencial, quanto a tema regulado por lei estadual, norma coletiva**

**ou norma regulamentar de âmbito restrito ao Regional prolator da decisão.**

A redação original foi determinada em 27.11.1998: "Lei estadual ou norma regulamentar. Conhecimento indevido da revista por divergência jurisprudencial não justifica o conhecimento dos embargos por divergência. O fato de a Revista ter sido indevidamente conhecida por divergência jurisprudencial, porque versava somente tema regulado por lei estadual ou norma regulamentar de âmbito restrito ao Regional prolator da decisão, não obriga o conhecimento dos Embargos por divergência. A parte deve arguir violação ao art. 896 da CLT." A redação atual é decorrente da incorporação da Orientação Jurisprudencial 309 da SBDI-1, conforme *Diário de Justiça* de 20.4.2005.

I – Se o recorrente não comprovar que a lei estadual, a norma coletiva ou o regulamento de empresa excedem o âmbito do TRT prolator da decisão recorrida, o recurso de revista não será conhecido, mesmo que haja demonstração de divergência jurisprudencial. A letra *b* do artigo 896 da CLT exige que a área territorial exceda a jurisdição do TRT prolator da decisão recorrida.

II – Os embargos para o TST não mais são fundamentados em violação de artigo de lei federal, mas em divergência jurisprudencial entre as turmas do TST ou com a SBDI (art. 894, II, da CLT).

**148 Lei nº 8.880/94, art. 31. Constitucionalidade** (nova redação) – *DJ* 20.4.2005

**É constitucional o art. 31 da Lei nº 8.880/94, que prevê a indenização por demissão sem justa causa.**

A redação original foi determinada em 27.11.1998: "Lei nº 8.880/94, art. 31. Constitucionalidade. Dispensa sem justa causa. Indenização. Esta Corte não tem considerado inconstitucional o art. 31, da Lei nº 8.880/94, que prevê a indenização por demissão sem justa causa." A redação atual foi publicada no *Diário de Justiça* de 20.4.2005.

Dispõe o artigo 31 da Lei nº 8.880/94 que "na hipótese de ocorrência de demissões sem justa causa, durante a vigência da URV prevista nesta Lei, as verbas rescisórias serão acrescidas de uma indenização adicional equivalente a cinquenta por cento da última remuneração recebida".

Prevê o inciso I do artigo 7º da Constituição, como direito do trabalhador urbano e rural, "relação de emprego protegida contra despedida arbitrária ou sem justa causa, nos termos de lei complementar, que preverá indenização compensatória, dentre outros direitos".

Poder-se-ia argumentar que a Norma Ápice trata de direitos mínimos do trabalhador, não podendo prever todos os direitos, sendo possível que a lei ordinária viesse a estabelecer outros direitos, até mesmo indenização.

A Norma Ápice apenas assegurou a proteção contra a despedida arbitrária ou sem justa causa. A lei complementar que estabelecer essa proteção preverá indenização compensatória para tal despedida, mas também poderá disciplinar outros direitos. A proteção contra a despedida arbitrária ou sem justa causa é que será prevista na lei complementar, mediante indenização compensatória. Logo, somente mediante lei complementar, que possui quórum especial de votação (art. 69 da Constituição), é que poderá ser disciplinada a indenização compensatória, como forma de impedir que a lei ordinária, que tem quórum de votação inferior, possa ser modificada constantemente. A indenização de despedida prevista no artigo 31 da Lei nº 8.880 não deixa de ser uma indenização compensatória pela perda do emprego durante a vigência da URV. Assim, não poderia tal indenização ser veiculada por lei ordinária. Mostra-se, portanto, que o referido comando legal é inconstitucional.

Enquanto não for editada a lei complementar, o constituinte estabeleceu regra provisória, contida no inciso I do artigo 10 do ADCT, prevendo que a indenização do FGTS prevista na revogada Lei nº 5.107/66 fica aumentada de 10% para 40%. Logo, o constituinte já tratou da previsão de uma forma de indenização compensatória para a despedida, antevendo eventual inércia do legislador complementar, que até agora não editou o referido comando legal. Dessa forma, a indenização prevista no artigo 31 da Lei nº 8.880 colide frontalmente com o citado dispositivo constitucional, que vem a ser a regra temporária que foi prevista antecipadamente pela Constituição, que não poderia ser desobedecida pela disposição de lei ordinária.

Há de certa forma duas indenizações compensatórias existentes na ordem jurídica: uma a do inciso I, do artigo 10 do ADCT e a outra do artigo 31 da Lei nº 8.880, representando esta um *bis in idem*, que não pode ocorrer. Primeiro, porque a Lei nº 8.880 não é lei complementar. Segundo, porque já há a indenização provisória prevista no inciso I do artigo 10 do ADCT até que seja editada a lei complementar a que se refere o inciso I do artigo 7º da Constituição. Terceiro, porque a indenização de despedida do artigo 31 da Lei nº 8.880 tem o mesmo campo de atuação da indenização prevista no inciso I, do artigo 10 do ADCT, representando, portanto, *bis in idem*. O fato, contudo, de que a regra do citado artigo 31 será transitória, apenas no período de vigência da URV, não a torna constitucional, pois colide com a exigência de lei complementar para a instituição da indenização compensatória e de já haver regra provisória regulando o assunto (art. 10, I, do ADCT).

O TST entendeu que não há inconstitucionalidade, sob o fundamento de que "o fato de os arts. 7º, I, da CF/88 e 10, I, do ADCT, estabelecerem proteção contra despedida arbitrária ou sem justa causa não impede a criação de indenização adicional, com limitação de lapso temporal, para os trabalhadores despedidos imotivadamente na fase de consolidação de uma nova ordem econômica (URV)" (E-RR 220.280/1995, Rel. Min. Ríder de Brito, *DJ* 17.4.98).

### 151 Prequestionamento. Decisão regional que adota a sentença. Ausência de prequestionamento (inserida em 27.11.1998)

**Decisão regional que simplesmente adota os fundamentos da decisão de primeiro grau não preenche a exigência do prequestionamento, tal como previsto na Súmula nº 297.**

O inciso I da Súmula 297 do TST afirma que "diz-se prequestionada a matéria ou questão quando na decisão impugnada haja sido adotada, explicitamente, tese a respeito".

O TST entende que se o Tribunal Regional adota os fundamentos da decisão de primeiro grau, entende-se que não houve o prequestionamento. O acórdão deve indicar de forma expressa a fundamentação da decisão para atender o inciso IX do artigo 93 da Constituição. Da decisão do regional não consta expressamente o artigo da norma ou a tese, que está na sentença. Há necessidade de se prequestionar a matéria, para que o Regional explicite a questão, sob pena de o recurso de revista não ser conhecido.

### 152 Revelia. Pessoa jurídica de direito público. Aplicável. (Art. 844 DA CLT) (inserido dispositivo) – *DJ* 20.4.2005

**Pessoa jurídica de direito público sujeita-se à revelia prevista no artigo 844 da CLT.**

A redação original foi determinada em 27.11.1998. Foi alterada a redação no *Diário de Justiça* de 20.4.2005.

O ente público alegava que não poderia ser declarada a revelia, pois há necessidade de se proteger o patrimônio público.

O artigo 844 da CLT não faz distinção em relação a qualquer pessoa e não estabelece privilégio para o ente público. Não comparecendo o ente público na audiência, será declarada a sua revelia. A CLT estabelece sistema de revelia pelo não comparecimento da parte na audiência. Não há previsão expressa em lei no sentido de que não se pode aplicar revelia a pessoa jurídica de direito público.

O inciso II do artigo 320 do CPC prevê que não serão reputados verdadeiros os fatos afirmados pelo autor se o litígio versar sobre direitos indisponíveis. Não há omissão no artigo 844 da CLT sobre a revelia de ente público para se aplicar o inciso II do artigo 320 do CPC.

**158 Custas. Comprovação de recolhimento. Darf eletrônico. Validade** (inserida em 26.3.1999)

**O denominado "DARF ELETRÔNICO" é válido para comprovar o recolhimento de custas por entidades da administração pública federal, emitido conforme a IN-SRF 162, de 4.11.1988.**

A Instrução Normativa da Secretaria da Receita Federal nº 162, de 4.11.1988, autoriza a emissão do DARF eletrônico para pagamento de tributos federais.

Se a Receita Federal admite o DARF eletrônico, ele também serve para comprovar o pagamento das custas no processo do trabalho em relação a entidades da administração pública federal.

Se o ato atingiu sua finalidade, será considerado válido (art. 244 do CPC).

**159 Data de pagamento. Salários. Alteração** (inserida em 26.3.1999)

**Diante da inexistência de previsão expressa em contrato ou em instrumento normativo, a alteração de data de pagamento pelo empregador não viola o art. 468, desde que observado o parágrafo único, do art. 459, ambos da CLT.**

A data de pagamento do salário é algo que se incorpora ao seu contrato de trabalho, como uma das suas condições. A mudança da data pode trazer prejuízos ao empregado em razão dos compromissos que assumiu e dos respectivos pagamentos. Pode ter de pagar juros e multas em decorrência da alteração do pagamento do seu salário. Assim, entendo que se trata de alteração unilateral do empregador, que causa prejuízos ao empregado (art. 468 da CLT). Exemplo é o empregador que paga os salários no dia 25 do próprio mês e altera para o 5º dia útil do mês seguinte ao vencido.

O TST entende que se o pagamento foi feito até o 5º dia útil do mês seguinte ao vencido (§ 1º do art. 459 da CLT), não há nulidade da alteração.

**160 Descontos salariais. Autorização no ato da admissão. Validade** (inserida em 26.3.1999)

**É inválida a presunção de vício de consentimento resultante do fato de ter o empregado anuído expressamente com descontos salariais na oportunidade da admissão. É de se exigir demonstração concreta do vício de vontade.**

Os vícios dos negócios jurídicos devem ser provados por quem alega. Não se pode estabelecer presunção de vício de consentimento pelo fato de o empregado anuir expressamente com descontos salariais na oportunidade da admissão.

A Súmula 342 do TST mostra a validade de "descontos salariais efetuados pelo empregador, com a autorização prévia e por escrito do empregado, para ser integrado em planos de assistência odontológica, médico-hospitalar, de seguro, de previdência privada, ou de entidade cooperativa, cultural ou recreativa ou associativa dos seus trabalhadores, em seu benefício e dos seus dependentes, não afrontam o disposto no art. 462 da CLT, salvo se ficar demonstrada a existência de coação ou outro defeito que vicie o ato jurídico".

O artigo 151 do Código Civil mostra que a coação, para viciar a declaração de vontade, há de ser tal que incuta ao paciente fundado temor de dano iminente e considerável à sua pessoa, à sua família, ou aos seus bens.

## 162 Multa. Art. 477 da CLT. Contagem do prazo. Aplicável o art. 132 do Código Civil de 2002

**A contagem do prazo para quitação das verbas decorrentes da rescisão contratual prevista no artigo 477 da CLT exclui necessariamente o dia da notificação da demissão e inclui o dia do vencimento, em obediência ao disposto no artigo 132 do Código Civil de 2002 (artigo 125 do Código Civil de 1916).**

A redação original foi determinada em 26.3.1999: "Multa. Art. 477 da CLT. Contagem do prazo. Aplicável o art. 125 do Código Civil." A redação atual foi atualizada pela legislação e inserido dispositivo, conforme *Diário de Justiça* de 20.4.2005.

Para efeito da contagem do prazo previsto no § 6º do artigo 477 da CLT para a quitação das verbas, deve ser observado o artigo 132 do Código Civil, que determina que seja excluído o dia do início do prazo e incluído o dia do vencimento.

## 164 Oficial de Justiça "ad hoc". Inexistência de vínculo empregatício

**Não se caracteriza o vínculo empregatício na nomeação para o exercício das funções de oficial de justiça "ad hoc", ainda que feita de forma reiterada, pois exaure-se a cada cumprimento de mandado.**

A redação original foi determinada em 26.3.1999. Foi inserido dispositivo, conforme a publicação no *Diário de Justiça* de 20.4.2005.

Nas localidades mais distantes das capitais, acontece de ser nomeado alguém para exercer a função de oficial de justiça, pois não há pessoas suficientes para exercer o mister. *Ad hoc* quer dizer *para isto*. A pessoa é nomeada apenas para aquele mister, para certa finalidade específica. Uma pessoa é nomeada temporariamente para exercer as funções de oficial de justiça, como ocorria nos casos em exame da orientação jurisprudencial provenientes do Estado do Rio Grande do Sul.

Não se caracteriza o vínculo de emprego do oficial nomeado, pois ele não presta concurso público para ser oficial de justiça, na forma do inciso II do artigo 37 da Constituição. Mesmo que exista habitualidade, não se configura o vínculo, pelo mesmo motivo.

**165 Perícia. Engenheiro ou médico. Adicional de insalubridade e periculosidade. Válido. Art. 195 da CLT** (inserida em 26.3.1999)

**O art. 195 da CLT não faz qualquer distinção entre o médico e o engenheiro para efeito de caracterização e classificação da insalubridade e periculosidade, bastando para a elaboração do laudo seja o profissional devidamente qualificado.**

Dispõe o artigo 195 da CLT que "a caracterização e a classificação da insalubridade e da periculosidade, segundo normas do Ministério do Trabalho, far-se-ão através de perícia a cargo de Médico do Trabalho ou Engenheiro do Trabalho, registrados no Ministério do Trabalho".

Havia afirmações de que somente o médico faria a perícia de insalubridade e o engenheiro a de periculosidade. Não há essa previsão na lei. Qualquer um deles pode fazer a perícia.

A perícia por insalubridade ou periculosidade poderá ser feita tanto por médico como por engenheiro. A lei não dispõe que a perícia de insalubridade é feita por médico e a de periculosidade é realizada por engenheiro do trabalho. A conjunção empregada é alternativa: a perícia pode ser realizada por médico *ou* engenheiro. Ambos são capazes de realizar a perícia de insalubridade e de periculosidade. O artigo 195 da CLT não faz distinção em relação ao profissional que pode fazer a perícia de insalubridade e a de periculosidade. O que pode ocorrer é de em certa perícia haver necessidade, por exemplo, da realização de um exame médico, que o engenheiro evidentemente não poderá fazer tal exame, pois não tem conhecimentos médicos, mas em outros casos poderá fazer normalmente. Se a perícia exigir conhecimentos técnicos que só o médico ou só o engenheiro possuam, deverá ser realizada por apenas um deles e não pelo outro. Ao contrário, não necessitando a perícia de conhecimentos especializados em determinado assunto, a perícia de insalubridade ou de periculosidade poderá ser realizada tanto pelo engenheiro como pelo médico.

**171 Adicional de insalubridade. Óleos minerais. Sentido do termo "manipulação"** (inserida em 8.11.2000)

**Para efeito de concessão de adicional de insalubridade não há distinção entre fabricação e manuseio de óleos minerais – Portaria nº 3.214 do Ministério do Trabalho, NR 15, Anexo XIII.**

O inciso XIII da NR 15 da Portaria nº 3.214/78 dispõe que a classificação da insalubridade em grau máximo decorre de manipulação de hidrocarbonetos e outros compostos de carbono. Manipulação vem do latim *manus*, mão. Tem sentido de preparação, de algo executado com a mão.

A palavra empregada no item é *manipulação*. Assim, apenas a pessoa que fizesse preparação com óleos minerais, com hidrocarbonetos é que faria jus ao adicional. A palavra está empregada de forma errada, razão pela qual o TST adotou a orientação no sentido de que também diz respeito à pessoa que faz manuseio de óleos minerais.

**172 Adicional de insalubridade ou periculosidade. Condenação. Inserção em folha de pagamento** (inserida em 8.11.2000)

**Condenada ao pagamento do adicional de insalubridade ou periculosidade, a empresa deverá inserir, mês a mês e enquanto o trabalho for executado sob essas condições, o valor correspondente em folha de pagamento.**

A hipótese diz respeito ao fato de que o empregado ainda está trabalhando e há necessidade de incluir em folha de pagamento o adicional.

Enquanto o empregado está trabalhando, o adicional de periculosidade ou de insalubridade compreende prestação periódica, que vai se vencendo mês a mês.

Se o empregado deixa de exercer trabalho em condições insalubres ou perigosas, o adicional é indevido.

Muitas vezes o juiz fixa astreinte, visando que o empregador cumpra obrigação de fazer, de inserir em folha de pagamento a respectiva obrigação.

**173 Adicional de insalubridade. Atividade a céu aberto. Exposição ao sol e ao calor.**

**I – Ausente previsão legal, indevido o adicional de insalubridade ao trabalhador em atividade a céu aberto, por sujeição à radiação solar (art. 195 da CLT e Anexo 7 da NR 15 da Portaria nº 3.214/78 do MTE).**

**II – Tem direito ao adicional de insalubridade o trabalhador que exerce atividade exposto ao calor acima dos limites de tolerância, inclusive**

**em ambiente externo com carga solar, nas condições previstas no Anexo 3 da NR 15 da Portaria nº 3.214/78 do MTE.**

A redação original foi inserida em 8 de novembro de 2000: "Adicional de insalubridade. Raios solares. Indevido. Em face da ausência de previsão legal, indevido o adicional de insalubridade ao trabalhador em atividade a céu aberto (art. 195, CLT e NR 15 MTb, Anexo 7).

A redação atual é decorrente da sessão do Tribunal Pleno realizada em 14.9.2012, conforme Resolução nº 186/12, DEJT divulgado em 25, 26 e 27.9.2012.

I – Não há dúvida de que o Sol pode queimar a pele de uma pessoa, dependendo da exposição aos raios solares. Depois das 10 horas e antes das 16 horas há maior concentração de raios ultravioletas nos raios solares, implicando maiores possibilidades de danos à pele da pessoa.

Em razão disso, foram feitas reivindicações de pagamento de adicional de insalubridade, principalmente por empregados que trabalhavam em canaviais no nordeste do país.

O artigo 190 da CLT dispõe que o quadro das atividades e operações insalubres deve ser aprovado pelo Ministério do Trabalho.

Entretanto, não existe previsão na NR 15 da Portaria nº 3.214/78 de que a radiação solar é considerada insalubre. Logo, não pode ser pago o adicional de insalubridade.

II – No item 1 do anexo 3 da NR 15 da Portaria nº 3.214/78 há previsão sobre trabalho em "Ambientes externos com carga solar". A norma administrativa não faz distinção entre trabalho interno ou externo sujeito ao calor do sol. Assim, é devido o adicional de insalubridade por exposição ao calor, ainda que externo.

## 175 Comissões. Alteração ou supressão. Prescrição total

**A supressão das comissões, ou a alteração quanto à forma ou ao percentual, em prejuízo do empregado, é suscetível de operar a prescrição total da ação, nos termos da Súmula nº 294 do TST, em virtude de cuidar-se de parcela não assegurada por preceito de lei.**

A redação original foi determinada em 8.11.2000: "Alteração contratual. Comissões. Supressão. Prescrição total." A atual redação é decorrente da incorporação da Orientação Jurisprudencial nº 248 da SBDI-1, conforme publicação no *Diário de Justiça* de 22.11.2005.

A prescrição é contada do vencimento de cada parcela. Se houve supressão de comissões ou alteração quanto à forma ou ao porcentual, a prescrição também pode ser total. A Súmula 294 do TST explica que "tratando-se de demanda que envolva pedido de prestações sucessivas decorrentes de alteração do pactuado, a prescrição é total, exceto quando o direito à parcela esteja também assegurado por preceito de lei". Não há lei assegurando a parcela, daí por que a prescrição é total.

**178 Bancário. Intervalo de 15 minutos. Não computável na jornada de trabalho** (inserido dispositivo – *DJ* 20.4.2005)

**Não se computa, na jornada do bancário sujeito a seis horas diárias de trabalho, o intervalo de quinze minutos para lanche ou descanso.**

A redação original foi determinada em 8.11.2000. Foi inserido dispositivo, conforme *Diário de Justiça* de 20.4.2005.

O § 1º do artigo 224 da CLT não é claro se o intervalo de 15 minutos para quem trabalha até 6 horas é computado ou não na jornada de trabalho do bancário. Houve quem entendesse que o intervalo seria computado na jornada de 6 horas.

Entretanto, há necessidade de se fazer a interpretação sistemática com o § 2º do artigo 71 da CLT, em que o intervalo para repouso e refeição não é computado na jornada de trabalho.

**181 Comissões. Correção monetária. Cálculo** (inserida em 8.11.2000)

**O valor das comissões deve ser corrigido monetariamente para em seguida obter-se a média para efeito de cálculo de férias, 13º salário e verbas rescisórias.**

O TST editou a orientação em razão da alta inflação mensal que existia no país antes do Plano Real. A correção monetária não representa um *plus*, mas apenas a atualização monetária em decorrência da inflação. Se as comissões não fossem corrigidas, o cálculo das férias, 13º salário e verbas rescisórias seria feito com um valor defasado.

Em época em que não existe a alta inflação, não se justifica a atualização, até diante do fato de que não existe previsão legal para esse fim.

**185 Contrato de trabalho com a Associação de Pais e Mestres – APM. Inexistência de responsabilidade solidária ou subsidiária do Estado**

**O Estado-Membro não é responsável subsidiária ou solidariamente com a Associação de Pais e Mestres pelos encargos trabalhistas dos empregados contratados por esta última, que deverão ser suportados integral e exclusivamente pelo real empregador.**

A redação original foi estabelecida em 8.11.2000. Foi inserido dispositivo, conforme *Diário de Justiça* de 20.4.2005.

A Associação de Pais e Mestres (APM) é uma sociedade sem fins lucrativos, de natureza civil. Muitas vezes, contrata funcionários para trabalhar em escolas, como para fazer merenda escolar, segurança e limpeza.

A solidariedade resulta da lei ou da vontade das partes (art. 265 do Código Civil). Não existe lei estabelecendo solidariedade entre o Estado-membro e a APM para fins trabalhistas.

A responsabilidade subsidiária também não tem previsão em lei, como se verifica inclusive da Orientação Jurisprudencial 191 da SBDI-1 do TST.

A orientação talvez tenha fundamento no fato de que a APM não exerce atividade econômica para se falar em responsabilidade subsidiária.

## 186 Custas. Inversão do ônus da sucumbência. Deserção. Não ocorrência (inserida em 8.11.2000)

**No caso de inversão do ônus da sucumbência em segundo grau, sem acréscimo ou atualização do valor das custas e se estas já foram devidamente recolhidas, descabe um novo pagamento pela parte vencida, ao recorrer. Deverá ao final, se sucumbente, ressarcir a quantia.**

Se as custas já estão pagas, a União já recebeu pela prestação dos serviços da atividade judiciária. Não se justifica pagar custas novamente em caso de inversão do ônus da sucumbência no segundo, desde que não exista acréscimo ou atualização do valor das custas. Se o recolhimento for feito das custas, quando elas já estão recolhidas nos autos, haverá duplo pagamento.

O § 1º do artigo 20 do CPC dispõe que o juiz, ao decidir qualquer incidente ou recurso, condenará nas despesas o vencido. As despesas abrangem as custas dos atos do processo (§ 2º do art. 20 do CPC).

A Orientação Jurisprudencial 104 da SDI-1 do TST esclarece que não caracteriza deserção a hipótese em que, acrescido o valor da condenação, não houve fixação ou cálculo do valor devido a título de custas e tampouco intimação da parte para o preparo do recurso, devendo, pois, as custas ser pagas ao final.

## 188 Decisão normativa que defere direitos. Falta de interesse de agir para ação individual (inserida em 8.11.2000)

**Falta interesse de agir para a ação individual, singular ou plúrima, quando o direito já foi reconhecido através de decisão normativa, cabendo, no caso, ação de cumprimento.**

Se o direito já foi reconhecido por sentença normativa do TRT, quando julga o dissídio coletivo, existe falta de interesse de agir se a parte em ação individual ou plúrima pretende a referida verba. Nesse caso, o certo é se falar em ação de cumprimento do dissídio coletivo, tendo por fundamento o parágrafo único do artigo 872 da CLT.

Não se está com isso impedindo o direito de ação (art. 5º, XXXV, da Constituição) da parte, pois ela pode exercer o direito de ação por meio da ação de cumprimento.

**191 Dono da obra. Responsabilidade** (inserida em 8.11.2000)

**CONTRATO DE EMPREITADA. DONO DA OBRA DE CONSTRUÇÃO CIVIL. RESPONSABILIDADE**

**Diante da inexistência de previsão legal específica, o contrato de empreitada de construção civil entre o dono da obra e o empreiteiro não enseja responsabilidade solidária ou subsidiária nas obrigações trabalhistas contraídas pelo empreiteiro, salvo sendo o dono da obra uma empresa construtora ou incorporadora.**

A redação original foi inserida em 8.11.2000:

"Diante da inexistência de previsão legal, o contrato de empreitada entre o dono da obra e o empreiteiro não enseja responsabilidade solidária ou subsidiária nas obrigações trabalhistas contraídas pelo empreiteiro, salvo sendo o dono da obra uma empresa construtora ou incorporadora."

A primeira parte da orientação mostra que não existe previsão legal de responsabilidade subsidiária. Ela foi criada pela jurisprudência do TST, por meio do inciso IV da Súmula 331.

Quando o dono da obra é uma construtora ou incorporadora, existe intenção de lucro na exploração da atividade econômica. Nesse caso, existe responsabilidade subsidiária da construtora ou incorporadora, segundo o TST.

Caso o dono da obra não tenha lucro na sua atividade, não existe responsabilidade subsidiária.

O artigo 455 da CLT faz referência a empreiteiro principal e o subempreiteiro, mas não trata de dono da obra.

**192 Embargos declaratórios. Prazo em dobro. Pessoa jurídica de direito público. Decreto-lei nº 779/69** (inserida em 8.11.2000)

**É em dobro o prazo para a interposição de embargos declaratórios por pessoa jurídica de direito público.**

O artigo 893 da CLT trata dos recursos trabalhistas e não inclui os embargos de declaração. Logo, eles não têm natureza de recurso no processo do trabalho, tanto que não há preparo (custas e depósito recursal), eles não devolvem matéria à apreciação do tribunal e não há revisor.

Versa o artigo 897-A da CLT sobre os embargos de declaração, mas não dispõe que o prazo dos embargos é em dobro para os entes públicos. É norma posterior ao Decreto-lei nº 779/69.

Entendendo-se que os embargos têm natureza de recurso, o Decreto-lei nº 779/69 estabelece que o prazo de recurso é em dobro para a União, Estados, Distrito Federal, Municípios, suas autarquias e fundações, que não explorem atividade econômica (art. 1º, III). Assim, o prazo seria em dobro.

**195 Férias indenizadas. FGTS. Não incidência**

**Não incide a contribuição para o FGTS sobre as férias indenizadas.**

A redação original foi determinada em 8.11.2000. Foi inserido dispositivo, conforme *Diário de Justiça* de 20.4.2005.

As férias pagas no termo de rescisão contratual têm natureza indenizatória e não sofrem a incidência do FGTS. Sobre indenização não incide o FGTS, mas apenas sobre remuneração (art. 15 da Lei nº 8.036/90).

O § 6º do artigo 15 da Lei nº 8.036/90 dispõe que não se incluem na remuneração, para os fins da referida lei, as verbas descritas no § 9º do artigo 28 da Lei nº 8.212/91 (Lei de Organização e Custeio da Seguridade Social). A letra *d* do § 9º do artigo 28 da Lei nº 8.212 determina que não incide a contribuição previdenciária sobre as férias indenizadas e sobre o terço constitucional. Assim, também não incide o FGTS sobre as férias indenizadas, que não têm natureza de salário, mas de indenização.

A Súmula 305 do TST afirma que o FGTS incide sobre o aviso prévio indenizado, que também não tem natureza de salário.

**198 Honorários periciais. Atualização monetária** (inserida em 8.11.2000)

**Diferentemente da correção aplicada aos débitos trabalhistas, que têm caráter alimentar, a atualização monetária dos honorários periciais é fixada pelo art. 1º da Lei nº 6.899/1981, aplicável a débitos resultantes de decisões judiciais.**

A atualização monetária dos débitos trabalhistas é prevista no artigo 39 da Lei nº 8.177/91. Este dispositivo não faz referência a honorários periciais. Honorários periciais não têm natureza de crédito trabalhista.

Dessa forma, a correção monetária dos honorários periciais deve ser feita com base no artigo 1º da Lei nº 6.899/81, que se aplica a débitos resultantes de decisões judiciais.

## 199 Jogo do bicho. Contrato de trabalho. Nulidade. Objeto ilícito.

**É nulo o contrato de trabalho celebrado para o desempenho de atividade inerente à prática do jogo do bicho, ante a ilicitude de seu objeto, o que subtrai o requisito de validade para a formação do ato jurídico.**

Negócio jurídico "é toda declaração de vontade destinada à produção de efeitos jurídicos correspondentes ao intento prático da declarante, se reconhecido e garantido pela lei".[6]

Em certos casos pode não haver declaração de vontade, mas ser um negócio jurídico.

Antonio Junqueira de Azevedo afirma que "não se trata mais de entender por negócio um ato de vontade do agente, mas sim um ato que socialmente é visto como ato de vontade destinado a produzir efeitos jurídicos. A perspectiva muda inteiramente, já que de psicológica passa a social. O negócio não é o que o agente quer, mas sim o que a sociedade vê como a declaração de vontade do agente. Deixa-se, pois, de examinar o negócio através da ótica estreita do seu autor e, alargando-se extraordinariamente o campo de visão, passa-se a fazer o exame pelo prisma social e mais propriamente jurídico".[7]

Muitas vezes a vontade pode ser importante para a caracterização do negócio jurídico, pois para comprar alguma coisa eu tenho de ter vontade de fazê-lo. Ninguém vai comprar alguma coisa se não quiser fazê-lo, assim como ninguém vai vender uma coisa sem, em princípio, ter vontade para tanto.

A nulidade no Código Civil diz respeito ao negócio jurídico. Se a manifestação de vontade não visa a determinados efeitos, não há que se falar em nulidade.

A validade do negócio jurídico requer: (a) agente capaz, objeto lícito, possível, determinado ou determinável; (b) forma prescrita ou não defesa em lei (art. 104 do Código Civil).

Como qualquer negócio jurídico, o contrato de trabalho deve respeitar as condições determinadas pelo artigo 104 do Código Civil, que exige para sua vali-

---

6 GOMES, Orlando. *Introdução ao direito civil*. 12. ed. Rio de Janeiro: Forense, 1999, p. 269.

7 AZEVEDO, Antônio Junqueira de. *Negócio jurídico*. 4. ed. São Paulo: Saraiva, 2010, p. 21.

dade agente capaz, objeto lícito, possível, determinado ou determinável e forma prescrita ou não defesa em lei.

É nulo o negócio jurídico quando:

I – celebrado por pessoa absolutamente incapaz, que são os menores de 16 anos, os que por enfermidade ou deficiência mental não tiverem o necessário discernimento para a prática desses atos; os que, mesmo por causa transitória, não puderem exprimir sua vontade. O contrato de trabalho celebrado com menor de 16 anos é válido, pois a regra contida na legislação não pode ser interpretada contra o menor. Assim, mesmo não podendo o menor de 16 anos trabalhar, existe contrato de trabalho se estiverem presentes os requisitos para a configuração do vinculo de emprego;

II – for ilícito, impossível ou indeterminável seu objeto. É ilícita a prestação de serviços em que o empregado vende drogas. É impossível o negócio jurídico no contrato que previr a entrega da Lua;

III – o motivo determinante, comum a ambas as partes, for ilícito. É o que ocorre com empregada que mantiver contrato de trabalho com empregador que explore a prostituição, em que a primeira tivesse de manter relações sexuais com os clientes da segunda;

IV – não revestir a forma prescrita em lei. É a hipótese em que o empregado é contratado pela Administração Pública, porém não presta concurso público (art. 37, II, da Constituição). Se o órgão público estava proibido de contratar pessoas sem concurso público, o trabalhador também deveria ter conhecimento de que, para ser admitido, deveria prestar concurso, pois não pode alegar a ignorância da lei (art. 3º da Lei de Introdução às Normas do Direito Brasileiro).

V – for preterida alguma solenidade que a lei considere essencial para sua validade. É o exemplo da inscrição no Cartório de Registro de Imóveis para validar venda e compra perante terceiros. No âmbito do Direito do Trabalho, é a hipótese de se contratar aprendiz sem contrato escrito (art. 428 da CLT);

VI – tiver por objetivo fraudar lei imperativa;

VII – a lei taxativamente o declarar nulo, ou proibir-lhe a prática, sem cominar sanção.

A nulidade dos negócios jurídicos do Direito do Trabalho é diferente da nulidade dos negócios jurídicos no Direito Civil. Somente no Direito do Trabalho há situações específicas nesse sentido.

Não será nulo todo o contrato de trabalho, caso uma ou algumas de suas cláusulas contrariem o ordenamento jurídico, mas apenas as cláusulas que não observarem as prescrições legais. A cláusula contrária ao ordenamento jurídico estatal é substituída por este, deixando de ser aplicada. É como se não estivesse escrita. Aproveita-se, portanto, a parte válida do ato.

No contrato de trabalho não há como repor as partes ao estado anterior (art. 182 do Código Civil), pois é impossível devolver a energia de trabalho ao empregado. Assim, muitas vezes o correto é o pagamento da indenização respectiva.

Preenchidos os requisitos do artigo 3º da CLT, é legítimo o reconhecimento de relação de emprego entre policial militar e empresa privada, independentemente do eventual cabimento de penalidade disciplinar prevista no Estatuto da Polícia Militar (S. 386 do TST). No caso, o negócio jurídico não é ilícito, mas proibido.

Nos contratos com o Estado, em que não há prestação de concurso público (art. 37, II, da Constituição), o contrato é considerado nulo. Não produz efeitos entre as partes. O TST entende que devem ser pagos apenas os salários ao empregado com incidência do FGTS (S. 363 do TST).

Para os que defendem a existência da relação de emprego, mesmo na prestação de serviços em atividades ilícitas, como jogo do bicho ou de bingo, em prostíbulos, casas de contrabando ou que vendem entorpecentes, é impossível devolver ao trabalhador a energia gasta na prestação de serviços, devendo o obreiro ser indenizado com o equivalente, em razão de as partes não poderem retornar ao estado anterior em que estavam (art. 182 do Código Civil), mormente porque haveria enriquecimento do tomador do serviço, em detrimento do prestador do serviço. Assim, teria direito o obreiro às verbas de natureza trabalhista.

A outra corrente entende que, sendo ilícita a atividade do empregador, a prestação de serviços a este não gera qualquer direito de natureza trabalhista, pois o negócio jurídico é inválido.

Para a validade do contrato de trabalho, como qualquer negócio jurídico, requer-se agente capaz, objeto lícito e forma prescrita ou não defesa em lei (art. 104 do Código Civil). Será considerado nulo o ato jurídico quando for ilícito ou impossível seu objeto (art. 166, II, do Código Civil).

O item 2 do art. 129 do Código Comercial também declarava a nulidade dos contratos comerciais quando recaíssem sobre objeto proibido por lei, ou cujo uso ou fim fosse manifestamente ofensivo à moral e aos bons costumes.

A Constituição garante o livre exercício de qualquer trabalho, ofício ou profissão, atendidas, porém, as determinações legais (art. 5º, XIII), remetendo o intérprete, inclusive, às prescrições do artigo 104 do Código Civil, para a validade do negócio jurídico que for praticado.

Inexistirá contrato de trabalho entre trabalhador e cambista de jogo do bicho ou de outras atividades ilícitas previstas em lei, como contravenções penais, e é nulo de pleno direito o ato praticado que não produz nenhum efeito no mundo jurídico. O próprio trabalhador não poderá dizer que desconhecia a ilicitude da atividade do tomador dos serviços, pois "ninguém se escusa de cumprir a lei, alegando que não a conhece" (art. 3º do Decreto-lei nº 4.657/42).

Há, contudo, que se distinguir entre contrato de trabalho cujo objeto é ilícito e aquele que é apenas proibido. É proibido o trabalho noturno, perigoso ou insalubre a menores de 18 anos e qualquer trabalho a menores de 16 anos (art. 70, XXXIII, da Constituição), o trabalho da mulher em serviços que demandem força muscular além de certo parâmetro (art. 390 da CLT). Será ilícito o contrato de trabalho se não atendidos os requisitos do artigo 104 do Código Civil.

A Lei do Contrato de Trabalho da Argentina bem demonstra a diferença entre objeto ilícito, que é o contrário à moral e aos bons costumes, não tendo nenhuma validade (art. 39), e trabalho proibido, em que é vedado o emprego de determinadas pessoas ou determinadas tarefas, épocas ou condições (art. 40). Ensina Ramírez Gronda que "se a locação tiver por objeto a prestação de serviços impossíveis, ilícitos ou imorais, aquele a quem tais serviços sejam prestados não terá direito de demandar a outra parte pela prestação desses serviços, nem para exigir a restituição do preço que tenha pago".[8]

No caso do trabalho proibido, não há como justificar a nulidade total do pacto laboral. Ao contrário, trata-se de um ato jurídico anulável, em que prepondera o interesse privado individual, embora com a garantia de norma cogente, sendo protegido o interesse particular. Por isso, desrespeitada a lei, como na hipótese de o menor de 16 anos trabalhar ou de o menor trabalhar à noite, conforme o inciso XXXIII do artigo 7º da Lei Maior, terá direito o obreiro ao reconhecimento da relação de emprego, no primeiro caso, e ao pagamento do adicional noturno, no segundo caso. Nas atividades proibidas, embora o ato jurídico seja anulável, são produzidos efeitos jurídicos.

Ensina Délio Maranhão que "se a nulidade, entretanto, decorre da ilicitude do objeto do contrato, a menos que o empregado tenha agido de boa-fé, ignorando o fim a que se destinava a prestação de trabalho, já não poderá reclamar o pagamento do serviço prestado: *nemo de improbitate sua consequitur actionem*".[9] Dessa forma, se o empregado trabalha numa clínica de abortos, mas não tem conhecimento dessa atividade da empresa, o fato de ser ilícita a atividade do empregador não contamina o empregado, que está de boa-fé, cumprindo com suas obrigações contratuais. O mesmo ocorreria com os serviços prestados pelo pedreiro num prostíbulo, em que o seu trabalho não seria considerado ilícito, apesar de a atividade empresarial o ser. É o que se depreende do inciso III do art. 166 do Código Civil, que exige ser o motivo determinante, comum a ambas as partes, ilícito. Se há desconhecimento de uma pessoa da ilicitude do ato, para ela o negócio jurídico é válido.

O jogo do bicho é considerado atividade ilícita, contravenção penal (art. 58 do Decreto-lei nº 3.668/44). Logo, não pode ser considerado válido o contrato de trabalho, pois é ilícito o objeto do contrato. Se é ilícito, não gera efeitos jurídicos.

De outro modo, se o empregado tem ciência da atividade ilícita do empregador e com ela contribui diretamente, ou não existe nenhuma razão para ignorá-la, não se pode dizer que há contrato de trabalho. É o que ocorre com o cambista

---

8 GRONDA, Ramírez. *El contrato de trabajo*. Buenos Aires: La Ley, 1945, p. 222.

9 MARANHÃO, Délio. *Instituições de direito do trabalho*. São Paulo: LTr, 1993, v. 1, p. 244.

do jogo do bicho, que sabe que a atividade do tomador de serviços é ilícita, assim como o é sua própria atividade, de recolher as apostas do referido jogo. Nesse caso, nenhum direito nascerá para as partes envolvidas.

Não se diga que o empregador vai enriquecer com a prestação de serviços ilícitos, pois o próprio trabalhador sabia que também prestava serviços ilícitos.

Mesmo que as autoridades sejam complacentes com o jogo do bicho, deve-se aplicar a lei e considerar inexistente a relação de emprego, pois é impossível transformar um ato considerado pela legislação como ilícito, sob pena de subverter a ordem jurídica.

A ineficiência do Estado em coibir atividades ilícitas não as torna lícitas. O fato de o Estado acabar tolerando a atividade não a torna lícita.

A nulidade é absoluta em relação à prestação de serviços em atividades ilícitas, e independe de provocação das partes. É certo que, se o salário já foi pago ao obreiro, não pode ser devolvido. No entanto, se ele não foi pago, não será devido, nem as verbas rescisórias, porque inexiste relação de emprego. O TST entende de forma contrária, no que diz respeito à falta de concurso público para admissão de empregado em órgão público, afirmando que o trabalhador tem direito ao salário pelo serviço prestado e dos valores referentes aos depósitos do FGTS (S. 363).

Em caso de "sacoleiro" que fazia transporte e venda de mercadorias também se caracterizou a atividade ilícita, em razão da caracterização do crime de descaminho:

> Nulidade do contrato de trabalho. Objeto ilícito. Motorista que transportava clandestinamente mercadorias do Paraguai. Descaminho. A relação que se estabeleceu entre a parte Autora e os Reclamados foi decorrente de atividade ilícita, vez que o objeto do contrato de trabalho, antijurídico, em tese, poderia ser enquadrado como o descaminho, tipificado na legislação penal como crime, conforme previsto no art. 334 do Código Penal. Assim, nulo o contrato de trabalho cuja prestação de serviços está vinculada à exploração de atividade ilegal, impossibilitando guarida por esta Justiça Especializada. A afronta a bem social proeminente (protegido pelo Direito Penal) pelo trabalho exercido pelo "de cujus" implica sua desconsideração frente a princípios de direito público, em face da segurança da sociedade. Frise-se que a atividade ilícita comprovada não se limitou à figura do "sacoleiro", onde o descaminho refere-se a objetos de pequeno valor para comércio, marcado pelo princípio da insignificância penal e que foi, inclusive, regularizado pela Lei nº 11.898/09 e Decreto nº 6.956/09. Porém, na hipótese presente, o "de cujus", além de transportar mercadorias originadas do Paraguai, de grande valor, chegou a estocá-las nos fundos de sua casa, e também as vendia e entregava, tendo sido preso por várias vezes. Assim, nulo o contrato de trabalho cuja prestação de serviços está vinculada à exploração de atividade ilegal, impossibilitando guarida por esta Justiça Especializada. Preliminar de carência de ação conhecida de ofício

para declarar a extinção do processo sem resolução do mérito, em face da impossibilidade jurídica do pedido (TRT 9ª R., RO 449/2008-195-09-00.0, 1ª T., Rel. Ubirajara Carlos Mendes, *DJe* nº 529/10, 26.7.10, p. 36-37).

Proposta ação trabalhista para reconhecimento de relação de emprego em atividade ilícita, principalmente em casos que abrangem jogo do bicho, o processo deverá ser extinto sem julgamento de mérito, por impossibilidade jurídica do pedido (art. 267, VI, do CPC) e falta de interesse processual do autor de postular em juízo (art. 3º do CPC), em virtude da ilicitude do objeto do contrato de trabalho, pois este deve observar a moral, a ordem pública e aos bons costumes, como deve ocorrer em qualquer negócio jurídico.

**200 Mandato tácito. Substabelecimento inválido** (inserido dispositivo – DJ 20.4.2005)

**É inválido o substabelecimento de advogado investido de mandato tácito.**

A redação original foi determinada em 8.11.2000. Foi inserido dispositivo, conforme o *Diário de Justiça* de 20.4.2005.

No mandato tácito, o advogado pode representar a parte em razão de ter comparecido na audiência com o seu cliente. Se não há mandato escrito, em que se estabelecem os poderes conferidos ao advogado pelo cliente, não se pode falar em substabelecimento. Não se pode substabelecer o que não se recebeu a título de poderes pelo cliente. O § 2º do artigo 667 do Código Civil mostra que para substabelecer é preciso ter poderes para tanto.

**206 Professor. Horas extras. Adicional de 50%** (inserida em 8.11.2000)

**Excedida a jornada máxima (art. 318 da CLT), as horas excedentes devem ser remuneradas com o adicional de, no mínimo, 50% (art. 7º, XVI, CF/1988).**

O adicional de, no mínimo, 50% tem previsão no inciso XVI do artigo 7º da Constituição. Disposições da CLT que preveem adicional de 20% ou 25% foram derrogadas.

O artigo 318 da CLT dispõe que o professor não pode ministrar mais de quatro aulas consecutivas ou seis intercaladas. O que exceder isso será considerado como hora extra. Não prevê expressamente o adicional de horas extras, devendo ser aplicado o adicional constitucional.

**207 Programa de incentivo à demissão voluntária. Indenização. Imposto de Renda. Não incidência** (inserido dispositivo – *DJ* 20.4.2005)

**A indenização paga em virtude de adesão a programa de incentivo à demissão voluntária não está sujeita à incidência do Imposto de Renda.**

A redação original foi determinada em 8.11.2000.

O valor pago pela adesão ao programa de incentivo à demissão voluntária (PDV) tem natureza indenizatória e não está sujeito à incidência do imposto de renda.

O inciso IX do artigo 39 do Regulamento do Imposto de Renda (Decreto nº 3.000/99) prevê que o Imposto de Renda incide sobre multas e vantagens recebidas de pessoa jurídica, "ainda que a título de indenização". O inciso XX do mesmo artigo prevê que não incide o imposto sobre a indenização resultante de rescisão do contrato de trabalho, incluindo o FGTS.

A Súmula 215 do STJ esclarece que a indenização recebida pela adesão ao programa de incentivo à demissão voluntária não está sujeita à incidência do imposto de renda.

**208 Radiologista. Gratificação de raios X. Redução. Lei nº 7.923/89** (inserida em 8.11.2000)

**A alteração da gratificação por trabalho com raios X, de quarenta para dez por cento, na forma da Lei nº 7.923/89, não causou prejuízo ao trabalhador porque passou a incidir sobre o salário incorporado com todas as demais vantagens.**

O artigo 16 da Lei nº 7.394, de 29.10.95, estabelece a remuneração do técnico em radiologia em dois salários-mínimos, acrescida de 40% a título de adicional de risco de vida e insalubridade.

Dispõe o artigo 2º da Lei nº 7.923, de 12.12.1989, que "em decorrência do disposto nesta Lei, a remuneração dos servidores civis efetivos do Poder Executivo, na Administração Direta, nos extintos Territórios, nas autarquias, excluídas as em regime especial, e nas instituições federais de ensino beneficiadas pelo art. 3º da Lei nº 7.596, de 10 de abril de 1987, é a fixada nas Tabelas dos Anexos I a XIX desta Lei". "§ 5º São alterados os percentuais das seguintes indenizações, gratificações e adicionais, percebidos pelos servidores retribuídos nos termos dos Anexos I a VIII e XVI a XIX desta Lei: V – gratificação por trabalho com Raios X ou substâncias radioativas: dez por cento."

O TST entende que não houve prejuízo para o trabalhador com a redação da gratificação para 10%, pois ela passou a ser calculada sobre o salário incorporado com todas as demais vantagens. Logo, em decorrência da alteração não se aplica o artigo 468 da CLT.

**213 Telex. Operadores. Art. 227 da CLT. Inaplicável** (inserida em 8.11.2000)

**O operador de telex de empresa, cuja atividade econômica não se identifica com qualquer uma das previstas no art. 227 da CLT, não se beneficia de jornada reduzida.**

O operador de telex não é telefonista para se aplicar a jornada de 6 horas prevista no artigo 227 da CLT. Não atende e faz ligações telefônicas. O artigo 227 da CLT dispõe que a jornada de 6 horas também se aplica à telegrafia submarina ou subfluvial, radiotelegrafia ou de radiotelefonia. Se a empresa em que trabalha o empregado não tem essas atividades, sua jornada é de 8 horas e não de 6 horas.

A Súmula 178 do TST mostra que a telefonista de mesa também tem direito a jornada de 6 horas, ainda que não trabalhe em empresa de telefonia, pois recebe e faz ligações.

**216 Vale-transporte. Servidor público celetista. Lei nº 7.418/85. Devido**

**Aos servidores públicos celetistas é devido o vale-transporte, instituído pela Lei nº 7.418/85, de 16 de dezembro de 1985.**

A redação original foi determinada em 8.11.2000. Foi inserido dispositivo, conforme *Diário de Justiça* de 20.4.2005.

Servidor público é gênero, que compreende os funcionários públicos e os empregados públicos. Servidores públicos celetistas são os empregados públicos, regidos pela CLT.

O artigo 1º da Lei nº 7.418/85 dispõe que o empregador, pessoa física ou jurídica, antecipará ao empregado o vale-transporte para o deslocamento da residência para o trabalho. A Administração Pública, quando contrata empregados públicos, é empregadora. O Regulamento determinado pelo Decreto nº 95.247/87 dispõe no inciso I do artigo 1º que são beneficiários do vale-transporte os empregados, assim definidos no artigo 3º da CLT. Logo, o servidor público também tem direito ao vale-transporte.

**217 Agravo de instrumento. Traslado. Lei nº 9.756/1998. Guias de custas e de depósito recursal** (inserida em 2.4.2001)

**Para a formação do agravo de instrumento, não é necessária a juntada de comprovantes de recolhimento de custas e de depósito recursal re-**

**lativamente ao recurso ordinário, desde que não seja objeto de controvérsia no recurso de revista a validade daqueles recolhimentos.**

O TST entende que para a formação do agravo de instrumento não é necessária a juntada de comprovantes de recolhimento de custas e de depósito recursal relativamente ao recurso ordinário, desde que não seja objeto de controvérsia no recurso de revista a validade daqueles recolhimentos. Se há controvérsia sobre a validade dos recolhimentos das custas e do depósito recursal, eles terão de ser juntados no agravo de instrumento. A orientação analisa apenas o agravo de instrumento no caso em que foi denegado seguimento a recurso de revista e não em outros casos.

O inciso I do § 5º do artigo 897 da CLT é claro no sentido de que na formação do agravo de instrumento, sob pena de não conhecimento, devem ser juntadas, obrigatoriamente, a comprovação do depósito recursal e do recolhimento das custas.

O juízo *ad quem* não está adstrito ao despacho do juízo *a quo* para efeito de conhecer do recurso no juízo de admissibilidade. Assim, deveriam ser juntados os comprovantes de recolhimento de custas e de depósito recursal, mesmo que não seja objeto de controvérsia no recurso de revista a validade daqueles recolhimentos.

**219 Recurso de revista ou de embargos fundamentado em orientação jurisprudencial do TST** (inserida em 2.4.2001)

**É válida, para efeito de conhecimento do recurso de revista ou de embargos, a invocação de Orientação Jurisprudencial do Tribunal Superior do Trabalho, desde que, das razões recursais, conste o seu número ou conteúdo.**

A redação original foi determinada em 2.4.2001.

Para o conhecimento de recurso de revista ou de embargos por divergência jurisprudencial da SBDI é válida a indicação de Orientação Jurisprudencial, pois é a jurisprudência, iterativa notória e atual da SBDI-1 do TST (S. 333 do TST).

Tanto pode constar o número da orientação, como apenas o seu conteúdo. Constando um ou outro, o recurso será conhecido.

**224 Complementação de aposentadoria. Reajuste. Lei nº 9.069/95**

**I – A partir da vigência da Medida Provisória nº 542/94, convalidada pela Lei nº 9.069/95, o critério de reajuste da complementação de aposentadoria passou a ser anual e não semestral, aplicando-se o princípio “rebus sic stantibus” diante da nova ordem econômica.**

**II – A alteração da periodicidade do reajuste da complementação de aposentadoria – de semestral para anual –, não afeta o direito ao resíduo inflacionário apurado nos meses de abril, maio e junho de 1994, que deverá incidir sobre a correção realizada no mês de julho de 1995.**

I – A redação original foi determinada em 20.6.2001: "Complementação de aposentadoria. Banco Itaú. Reajuste. Lei nº 9.069/95. A partir da vigência da Medida Provisória nº 542/94, convalidada pela Lei nº 9.069/95, o critério de reajuste da complementação de aposentadoria passou a ser anual e não semestral, aplicando-se o princípio 'rebus sic stantibus' diante da nova ordem econômica." A nova redação foi publicada no *Diário de Justiça* de 20.4.2005.

A Medida Provisória nº 542/94 foi convertida na Lei nº 9.069/95, que instituiu o Plano Real. O artigo 27 dispõe que nenhuma correção monetária, em dispositivo legal ou estipulada em negócio jurídico, poderia ser fixada senão pelo Índice de Preços ao Consumidor (IPC), que somente seria reajustado anualmente. O critério de reajuste da complementação de aposentadoria passou a ser anual e não semestral.

Houve reivindicações dos aposentados do Banco Itaú pela manutenção dos reajustes semestrais alegando direito adquirido.

Prevê o inciso XXXVI do artigo 5º da Constituição de 1988 que a lei não prejudicará o direito adquirido, o ato jurídico perfeito e a coisa julgada.

O conceito legal de direito adquirido está no § 2º, do artigo 6º do Decreto-lei nº 4.657/42, que tem a seguinte redação: "consideram-se adquiridos assim os direitos que seu titular, ou alguém por ele, possa exercer, como aqueles cujo começo de exercício tenha termo pré-fixo, ou condição preestabelecida inalterada ao arbítrio de outrem".

A ideia do conceito de direito adquirido é baseada, na maioria das vezes, nos ensinamentos de Gabba, que esclarece que "é adquirido todo direito que: (a) é consequência de um fato idôneo a produzi-lo, em virtude da lei do tempo no qual o fato se viu realizado, embora a ocasião de fazê-lo valer não se tenha apresentado antes da atuação de uma lei nova a seu respeito, e que (b) nos termos da lei sob o império da qual se verificou o fato de onde se origina, entrou imediatamente a fazer parte do patrimônio de quem o adquiriu".[10]

Direito adquirido é o que faz parte do patrimônio jurídico da pessoa, que implementou todas as condições para esse fim, podendo utilizá-lo de imediato.

O direito adquirido integra o patrimônio jurídico e não o econômico da pessoa. Esta não conta com algo concreto, como um valor a mais em sua conta bancária. O direito já é da pessoa, em razão de que cumpriu todos os requisitos para adquiri-lo, por isso faz parte do seu patrimônio jurídico, ainda que não integre o

---

[10] GABBA, *Teoria della retroattività delle leggi*. Milão-Roma-Nápolis, 3. ed., 1891, v. 1, p. 191.

seu patrimônio econômico, como na hipótese de a aposentadoria não ter sido requerida, apesar de a pessoa já ter implementado todas as condições para esse fim.

A faculdade é anterior ao direito adquirido. É um meio de aquisição do direito.

Expectativa de direito ocorre quando o beneficiário ainda não reuniu todas as condições para adquirir o direito, que não faz parte do seu patrimônio jurídico, nem pode ser exercitado de imediato. Na expectativa de direito, há a esperança, a probabilidade de adquirir o direito no curso do tempo.

O direito adquirido importa um fato consumado na vigência da lei anterior.

Representa o direito adquirido forma de outorgar segurança jurídica às pessoas dentro do Estado Democrático de Direito.

O respeito ao direito adquirido, ao ato jurídico perfeito e a coisa julgada é cláusula pétrea de nossa Constituição, que não pode ser modificada por emenda constitucional, como se verifica do inciso IV, do § 4º do artigo 60 da Lei Maior.

Não se observa direito adquirido quanto a nova ordem econômica, diante da cláusula *rebus sic stantibus*, isto é, enquanto as coisas permanecerem como estão. Como ocorreu significativa mudança, em decorrência do novo plano econômico, não se pode falar em reajuste semestral, pois o plano visou acabar com a alta inflação existente no país na época. O benefício do plano era para a coletividade, prevalecendo o direito coletivo sobre o individual, o interesse público sobre o particular, como dispõe a parte final do artigo 8º da CLT.

Afirma José Afonso da Silva que "o que se diz com boa razão é que não corre direito adquirido contra o interesse coletivo, porque aquele é manifestação de interesse particular que não pode prevalecer sobre o interesse geral".[11]

II – Os reajustes decorrentes de resíduos inflacionários dos meses de abril, maio e junho de 1994 são devidos em razão da alteração da periodicidade do reajuste da complementação de aposentadoria, de semestral para anual, pois o inciso IV do artigo 21 da Lei nº 9.069/95 ressalvou expressamente o direito adquirido relativo ao referido período.

**225 Contrato de concessão de serviço público. Responsabilidade trabalhista**

**Celebrado contrato de concessão de serviço público em que uma empresa (primeira concessionária) outorga a outra (segunda concessionária), no todo ou em parte, mediante arrendamento, ou qualquer outra forma contratual, a título transitório, bens de sua propriedade:**

**I – em caso de rescisão do contrato de trabalho após a entrada em vigor da concessão, a segunda concessionária, na condição de sucessora, responde pelos direitos decorrentes do contrato de trabalho, sem pre-**

---

[11] SILVA, José Afonso. *Curso de direito constitucional*. 26. ed. São Paulo Malheiros, 2006. p. 435.

**juízo da responsabilidade subsidiária da primeira concessionária pelos débitos trabalhistas contraídos até a concessão;**

**II – no tocante ao contrato de trabalho extinto antes da vigência da concessão, a responsabilidade pelos direitos dos trabalhadores será exclusivamente da antecessora.**

---

A redação original foi determinada em 20.6.2001: "Contrato de concessão de serviço público. RFFSA. Ferrovia Centro Atlântica S/A. Ferrovia Sul Atlântico S/A. Ferrovia Tereza Cristina S/A. MRS Logística S/A. Responsabilidade trabalhista. As empresas que prosseguiram na exploração das malhas ferroviárias da Rede Ferroviária Federal são responsáveis pelos direitos trabalhistas dos ex-empregados desta, cujos contratos de trabalho não foram rescindidos antes da entrada em vigor do contrato de concessão de serviço respectivo."

Foi dada nova redação à orientação pelo Tribunal Pleno em 18.4.2002: "Contrato de concessão de serviço público. Rede Ferroviária Federal S.A. Responsabilidade trabalhista. Alterado pelo Tribunal Pleno, em 18.04.02 – MA 10999/02. Em razão da subsistência da Rede Ferroviária Federal S/A e da transitoriedade da transferência dos seus bens pelo arrendamento das malhas ferroviárias, a Rede é responsável subsidiariamente pelos direitos trabalhistas referentes aos contratos de trabalho rescindidos após a entrada em vigor do contrato de concessão; e quanto àqueles contratos rescindidos antes da entrada em vigor do contrato de concessão, a responsabilidade é exclusiva da Rede." A redação atual foi publicada no *Diário de Justiça* de 20.4.2005.

I – O caso reflete a hipótese da sucessão em relação à Rede Ferroviária Federal por outras empresas. Entendo que existe responsabilidade da sucessora, por força dos artigos 10 e 448 da CLT. Ela é integral. Quem responde é o atual empregador, o sucessor. Não existe previsão legal de responsabilidade subsidiária da primeira concessionária, pois, se houve sucessão, responde o atual empregador e não a sucedida. Se a sucedida ficou com as máquinas, funcionários e linhas férreas, houve sucessão, ainda que por concessão pública.

II – Da mesma forma, quem responde pelos créditos trabalhistas é a sucessora e não a sucedida, mesmo que o contrato de trabalho cessou antes da vigência da concessão.

A responsabilidade do sucedido só poderia ocorrer se houvesse fraude.

## 226 Crédito trabalhista. Cédula de crédito rural. Cédula de crédito industrial. Penhorabilidade

**Diferentemente da cédula de crédito industrial garantida por alienação fiduciária, na cédula rural pignoratícia ou hipotecária o bem perma-**

**nece sob o domínio do devedor (executado), não constituindo óbice à penhora na esfera trabalhista. (Decreto-lei nº 167/67, art. 69; CLT, arts. 10 e 30 e Lei nº 6.830/80)**

A redação original foi determinada em 20.6.2001: "Crédito trabalhista. Cédula de crédito rural ou industrial. Garantida por penhor ou hipoteca. Penhora." O título foi alterado de acordo com o *Diário de Justiça* de 20.4.2005.

O artigo 69 do Decreto-lei nº 167/67 proíbe a penhora, arresto ou sequestro de bens objeto de penhor ou hipoteca constituídos por cédula de crédito rural.

O artigo 10 da Lei nº 6.830/80 permite que a penhora recaia sobre qualquer bem do executado, exceto os que a lei declare absolutamente impenhoráveis. O artigo 30 dispõe que responde pela dívida "a totalidade dos bens e das rendas, de qualquer origem ou natureza", importando também os gravados por ônus real.

O bem permanece sob o domínio do devedor, que é o executado. Não há, portanto, óbice à penhora no âmbito trabalhista.

**232 FGTS. Incidência. Empregado transferido para o exterior. Remuneração** (inserida em 20.6.2001)

**O FGTS incide sobre todas as parcelas de natureza salarial pagas ao empregado em virtude de prestação de serviços no exterior.**

Os precedentes da orientação foram:

FGTS. INCIDÊNCIA. EMPREGADO TRANSFERIDO PARA O EXTERIOR. REMUNERAÇÃO. A decisão recorrida reflete a jurisprudência desta E. SBDI1, conforme Orientação Jurisprudencial nº 232, no sentido de que o FGTS incide sobre todas as parcelas de natureza salarial pagas ao empregado em virtude da prestação de serviços no exterior. Recurso de Embargos não conhecido (E-RR 369220/1997, j. 26.11.2001, Rel. Min. José Luciano de Castilho Pereira, *DJ* 14.12.2001).

FGTS. INCIDÊNCIA. PARCELAS PAGAS EM RAZÃO DE PRESTAÇÃO DE SERVIÇOS NO EXTERIOR A jurisprudência desta Eg. Corte tem-se orientado no sentido de ser devido o recolhimento do FGTS sobre a totalidade da remuneração do empregado, inclusive sobre a parcela percebida no exterior. Recurso não conhecido. (E-RR – 213.795/1995.4, j. 7/6/1999, Relator Ministro: Vantuil Abdala, *DJ* 18.6.1999).

E-RR 80.869/1993, Ac. 2.149/1996 – Rel. Min. Vantuil Abdala – *DJ* 25.10.1996

E-RR 114.242/1994, Ac. 2468/1996 – Rel. Min. Vantuil Abdala – *DJ* 14.11.1996

RR 515.439/1998, 1ª T. – Rel. Min. Ronaldo Lopes Leal – *DJ* 9.3.2001

PARCELAS PAGAS AO EMPREGADO EM RAZÃO DE SUA PRESTAÇÃO DE SERVIÇOS NO EXTERIOR. INCIDÊNCIA DE FGTS. A parcela paga ao laborista, em razão da prestação de serviço no exterior, na forma análoga à dos arts. 4º e 5º da Lei 7.064/82, é salário-condição. Embora possa ser suprimida quando da cessação da condição em razão da qual é paga (art. 10 da Lei 7.064/82), possui inequívoca natureza salarial enquanto for devida. Revista conhecida e desprovida. (2ª T., RR 12174/1990, Ac. 4.227/1991, j. 21.10.1991, Rel. Min. Vantuil Abdala, *DJ* 22.11.1991).

RECURSO DE REVISTA. I – FGTS. EMPREGADO TRANSFERIDO PARA O EXTERIOR. A jurisprudência desta egrégia Corte tem-se orientado no sentido de ser devido o recolhimento do FGTS sobre a totalidade da remuneração do empregado, inclusive sobre a parcela percebida no exterior. II – FGTS. NATUREZA. ARTIGO 467 DA CLT. Não há dúvida que o FGTS possui natureza salarial, entretanto para efeitos da aplicação do artigo 467 da CLT, apenas as parcelas salariais *estricto sensu* são consideradas, o que não é caso do Fundo de Garantia Por Tempo de Serviço. III – HONORÁRIOS ADVOCATÍCIOS. "Na Justiça do Trabalho, a condenação em honorários advocatícios, nunca superiores a 15%, não decorre pura e simplesmente da sucumbência, devendo a parte estar assistida por sindicato da categoria profissional e comprovar a percepção de salário inferior ao dobro do mínimo legal, ou encontrar-se em situação econômica que não lhe permita demandar sem prejuízo do próprio sustento ou da respectiva família". Incidência do Enunciado 219 do TST. Revista conhecida e parcialmente provida (5ª T., RR 369220/1997.0, j. 22.11.2000, Relator Juiz Convocado: Luiz Francisco Guedes de Amorim, *DJ* 7.12.2000).

RR 80.869/1993, 5ª T., AC. 3912/1993, – Red. Min. Armando de Brito – *DJ* 6.5.1994.

À primeira vista, dever-se-ia aplicar o artigo 7º da Lei de Introdução às Normas do Direito Brasileiro, dizendo que "a lei do país em que for domiciliada a pessoa determina as regras sobre o começo e o fim da personalidade, o nome, a capacidade e os direitos de família". Entretanto, essa regra não se aplica ao contrato de trabalho. O artigo 9º da mesma norma esclarece que "para qualificar e reger as obrigações, aplicar-se-á a lei do país em que se constituírem" e "destinando-se a obrigação a ser executada no Brasil e dependendo de forma essencial, será esta observada, admitidas as peculiaridades da lei estrangeira, quanto aos requisitos extrínsecos do ato. A obrigação resultante do contrato reputa-se constituída no lugar em que residir o proponente".

Esclarece o artigo 198 do Código de Bustamante que "também é territorial a legislação sobre acidentes do trabalho e proteção social do trabalhador". O contrato de trabalho é regido pela lei do local da prestação do serviço. Não se observa, portanto, a vontade das partes na celebração do contrato. Foi o Código de Bustamante ratificado pelo Brasil e promulgado pelo Decreto nº 18.871, de 13 de agosto de 1929. Importante lembrar que o Código de Bustamante só se aplica nos casos em que haja interesses de nacionais dos Estados Americanos que o ratificaram, não sendo observado se houver interessados nacionais de um mesmo Estado. Ensina Octavio Bueno Magano que "a regra básica é, portanto, a da 'lex loci laboris', cuja justificativa repousa na ideia de que trabalhadores de um mesmo território não devem estar sujeitos a regimes jurídicos diferentes"[12] Seria, assim, aplicável a lei do local da prestação dos serviços tanto no curso do contrato de trabalho, como em razão do término da relação laboral. Normalmente utiliza-se a 'lex loci laboris', entre vários elementos de conexão, porque o Estado de origem não iria permitir que seus súditos viessem a se submeter a condições de trabalho inferiores ao padrão mínimo por ele determinado.[13] Com isso, há igualdade de tratamento em relação aos empregados que prestam serviços numa mesma localidade. Na maioria das vezes, as prestações recíprocas entre empregado e empregador, compreendendo direitos e obrigações, incluem o local da prestação dos serviços.

A atual Lei de Introdução às Normas do Direito Brasileiro não teria revogado o artigo 198 do Código de Bustamante, pois a lei geral não revoga a especial (parágrafo 2º, do artigo 2º da Lei de Introdução às Normas do Direito Brasileiro). Assim, prevalece a regra contida no artigo 198 do Código de Bustamante para efeito da solução de conflitos de leis no espaço, aplicando-se a lei do local da prestação dos serviços.

A doutrina entende que deve ser aplicada a lei da execução do contrato de trabalho para a solução dos conflitos de lei no espaço. Gilda Russomano afirma que a solução dos conflitos entre leis aplicáveis ao contrato de trabalho é observada pela aplicação da norma em vigor no lugar da execução do trabalho, pois o lugar de execução surge como elemento relevante.[14] Haroldo Valladão informa que entre os outros critérios a serem utilizados como elementos de conexão prevalece o da lei do lugar da execução como regra geral, estando superados os demais critérios.[15] Arnaldo Süssekind conclui que o elemento de conexão a ser aplicado em matéria trabalhista é o da territorialidade, de acordo com o Código de Bustamante.[16]

A Convenção de Roma, de 19 de junho de 1980, também explicita que "o contrato de trabalho regula-se: (a) pela lei do país no qual o trabalhador, em execução de seu contrato, desenvolva habitualmente o seu trabalho".

---

12 MAGANO, Octavio Bueno. Conflito de leis trabalhistas no espaço (lineamentos), LTr 51-8/917.

13 RODIÉRE, Pierre. Conflits de lois en droit du travail: étude comparative, *Droit Social*, Paris, nº 2, Février, 1986, p. 125.

14 RUSSOMANO, Gilda. *Direito internacional do trabalho*. Rio de Janeiro: Forense, 1979. p. 184.

15 VALLADÃO, Haroldo. *Direito internacional privado*. Rio de Janeiro: Freitas Bastos, s.d.p., v. 3, p. 95.

16 SÜSSEKIND, Arnaldo. *Conflitos de leis do trabalho*. Rio de Janeiro: Freitas Bastos, 1979, p. 31.

A jurisprudência trabalhista firmou-se no sentido da aplicação da lei do local da execução do contrato de trabalho. O verbete tem fundamento no Código de Bustamante (art. 198).

A nossa jurisprudência tomou por base a orientação de Henri Batiffol, no sentido de que "a jurisprudência foi levada a decidir que a evidente intenção do legislador era a aplicação de seus preceitos a todo contrato de trabalho executado em seu território. As ideias de proteção da pessoa humana que inspiram esta legislação exigem que ela seja, em princípio, imposta em benefício de qualquer indivíduo que trabalhe no país".[17]

A *lex loci laboris* não resolve todos os problemas jurídicos. O exemplo seria o caso de um empregado brasileiro que tivesse trabalhado três anos no Brasil, posteriormente passou sete meses no Chile, noves meses na Suécia, cinco meses na França e, por fim, foi dispensado no Japão onde trabalhou 14 meses. Qual a lei trabalhista a ser aplicada a tal trabalhador? Seria aplicável ao trabalhador cada lei do respectivo país em que houve a prestação dos serviços, isto é, nos três primeiros anos seria aplicada a lei brasileira, nos sete meses seguintes a lei chilena, nos nove meses seguintes a lei sueca, nos cinco meses subsequentes a lei francesa e nos últimos 14 meses a lei japonesa. Isso porque a maioria dos países adota o entendimento de que se deve aplicar a lei do local da prestação de serviços, em se tratando de questões trabalhistas. A Convenção de Roma de 1980 estabelece, porém, que o contrato de trabalho regula-se alternativamente "pela lei do país em que se situa a sede da empresa responsável pela contratação do trabalhador, quando este não desenvolva habitualmente o seu trabalho em determinado país".

A orientação deve ser entendida quando o empregado trabalha num único país.

Admite a doutrina que se o trabalhador domiciliado no país é contratado por empresa nacional, visando à prestação de serviços no exterior, devem ser asseguradas as garantias mínimas decorrentes da lei do país das partes contratantes, sem prejuízo da aplicação das condições de trabalho mais favoráveis do país da prestação de serviço.[18]

Informa Felice Morgenstern que na jurisprudência europeia os trabalhadores satisfeitos de prestar serviços sob as condições de um contrato de trabalho regido pela lei norte-americana buscam a proteção de um direito europeu quando da cessação do contrato de trabalho.[19] Isso se justifica porque a legislação americana não traz proteção ao trabalhador dispensado. Seria mais vantajosa, por exemplo, a aplicação da lei brasileira do que a americana na rescisão do contrato de trabalho, pois há direito a aviso-prévio, férias proporcionais, 13º salário proporcional,

---

17 BATIFOL, Henri. *Les conflits de lois en matière de contrats.* Paris: Sirey, 1938, p. 262.

18 RODIÈRE, Pierre. Conflits de lois en droit du travail: étude comparative, *Droit Social,* Paris, nº 2, p. 126, fevrier 1986.

19 MORGENSTERN, Felice. *Les conflits de lois en droit du travail.* Genebra: BIT, 1986, p. 2.

indenização de 40% sobre os depósitos do FGTS, liberação dos depósitos fundiários e seguro-desemprego.

A Lei nº 7.064, de 6-12-1982, regulamentada pelo Decreto nº 89.339, de 31-1-1984, aplica-se aos trabalhadores contratados no Brasil ou transferidos para prestar serviços no exterior (art. 1º). Não dispõe a referida norma que o empregado deve ser brasileiro, o que dá a entender que pode ser qualquer trabalhador, inclusive o estrangeiro, desde que seja contratado no Brasil. O artigo 3º do citado mandamento legal estabelece que "a empresa responsável pelo contrato de trabalho do empregado transferido assegurar-lhe-á, independentemente da observância da legislação do local da execução dos serviços, (II) a aplicação da legislação brasileira de proteção ao trabalho, naquilo que não for incompatível com o disposto nesta Lei, quando mais favorável do que a legislação territorial, no conjunto de normas e em relação a cada matéria". É certo que nossa legislação ou a estrangeira pode conter regras menos favoráveis, sendo que a última não possui FGTS, 13º salário, PIS etc. Assim, dever-se-ia verificar cada instituto para constatar o mais benéfico ao empregado, isto é, cada conjunto de regras relativas à mesma matéria, de modo a observar a disposição legal que se refere "ao conjunto de normas e em relação a cada matéria". A legislação aplicável ao empregado será a legislação brasileira de proteção ao trabalho, naquilo que não for incompatível com o disposto na Lei nº 7.064, quando mais favorável do que a legislação do local da prestação dos serviços, no conjunto de normas e em relação a cada matéria (art. 3º, II, da Lei nº 7.064). Assim, podemos dizer que a regra é a aplicação da norma mais benéfica no seu conjunto e em relação a cada matéria. Em princípio, se o trabalhador brasileiro é contratado em nosso país para trabalhar para empresa estrangeira no exterior seria aplicável a *lex loci executionis*.

Se houver várias leis trabalhistas a aplicar que se observe a mais favorável. Gilda Maciel Corrêa Meyer Russomano afirma que "dever-se-ia considerar aplicável à relação jurídica, sobre a qual controvertem duas ou mais de duas leis oriundas de soberanias distintas, aquela que maiores benefícios outorgar ao trabalhador".[20] Um Estado não permitiria que ao seu trabalhador fossem aplicadas condições de trabalho inferiores ao deste local em relação ao trabalho prestado no estrangeiro.

Não seria possível deixar de aplicar aos trabalhadores domiciliados no Brasil a lei brasileira, que seria mais favorável do que a estrangeira, ainda que a prestação de serviços estivesse se desenvolvendo no exterior.

A aplicação da norma mais favorável objetiva evitar que o empregador imponha ao empregado no contrato de trabalho norma menos vantajosa, que seria um abuso na forma de contratação.

Felice Morgenstern mostra a orientação jurisprudencial na Itália, indicando que, em decisão de 6 de setembro de 1980, a Corte de Cassação italiana decidiu

---

[20] RUSSOMANO, Gilda. Op. cit. p. 207.

que, se a lei aplicável a um trabalho executado na Itália for menos favorável para o trabalhador do que a lei italiana, é esta que deve ser aplicada. Em decisão de 9 de novembro de 1981, a Corte de Cassação aplicou a lei italiana a um contrato celebrado entre nacionais italianos, que deveria ser executado na Argentina e para o qual as partes haviam escolhido a lei argentina a ser observada, em razão de que a lei italiana era mais favorável para o trabalhador.[21]

Em certos casos surge o problema de se saber qual a lei mais favorável e como aplicá-la: se no seu conjunto ou instituto por instituto. Deveria ser aplicada a norma que no seu conjunto representasse mais vantagens ao empregado e não instituto por instituto, de forma a pinçar cada um deles. Haroldo Valladão bem esclarece sobre como identificar a norma mais favorável: "basta perguntar ao empregado ou ao empregador e eles o dirão logo".[22]

O fato de o empregado ser transferido para o exterior para trabalhar para o grupo da mesma empresa não quer dizer que o contrato de trabalho brasileiro fica extinto, mas há a continuidade do contrato de trabalho, pois o empregador é o grupo de empresas (§ 2º do art. 2º da CLT).

A norma coletiva brasileira não pode, porém, ser aplicada no estrangeiro, pois a empresa estrangeira não foi parte na relação, tendo observância apenas no território brasileiro. É uma norma de aplicação territorial, circunscrita ao local em que está sendo prestado o serviço e não no estrangeiro. Ressalte-se que os sindicatos têm base territorial e é nessa base que a norma coletiva é aplicada.

Em relação a tripulantes de embarcações e aeronaves a orientação geral é a utilização da lei da bandeira do navio ou da aeronave. A lei da bandeira do navio não será o critério absoluto a ser observado, pois a relação de emprego se estabelece entre a empresa que explora a embarcação ou aeronave e o empregado-tripulante e não entre este e o proprietário do navio ou aeronave.

O pavilhão também poderia ser mudado constantemente. Nesse sentido, seria observada a lei do pavilhão definitivo do navio ou aeronave. Se a transferência do navio ou aeronave é provisória, aplica-se a lei anterior. Se é definitiva, aplica-se a lei do pavilhão novo.

Seria possível navegar sob bandeira falsa, para aplicar a lei de determinado país, visando fraudar os direitos do trabalhador e pagar valores inferiores aos devidos. Poderia também o navio ser matriculado ou inscrito em país que tenha deficiente legislação trabalhista, sendo desfavorável aos empregados. O empregador teria por objetivo fraudar a aplicação das leis trabalhistas, sendo observado o artigo 9º da CLT. Nesses casos, admite-se a aplicação da *lex loci contractus* e a observância de norma de ordem pública sobre a lei do pavilhão.

---

21 MORGENSTERN, Felice. Op. cit. p. 55-56 (nota 42).

22 VALLADÃO, Haroldo. *Direito internacional privado*. Rio de Janeiro: Freitas Bastos, s.d.p., v. 3, 100.

A redação original do artigo 1º da Lei nº 7.064/82 dispunha: "esta Lei regula a situação de trabalhadores contratados no Brasil, ou transferidos por empresas prestadoras de serviços de engenharia, inclusive consultoria, projetos e obras, montagens, gerenciamento e congêneres, para prestar serviços no exterior". O referido dispositivo legal regulava tanto a situação do trabalhador contratado no Brasil para prestar serviços no exterior, como para o empregado transferido por empresa de engenharia, consultoria, projetos e obras, pois existia a conjunção alternativa *ou* na redação do referido dispositivo.

Reza o parágrafo único do artigo 3º da Lei nº 7.064/82 que "respeitadas as disposições especiais desta Lei, aplicar-se-á a legislação brasileira sobre Previdência Social, Fundo de Garatia do Tempo de Serviço (FGTS) e Programa de Integração Social (PIS/PASEP)".

A orientação não menciona especificamente que o empregado foi transferido para o exterior. Não aponta fundamento na Lei nº 7.064/82.

Os precedentes da orientação dizem respeito a empregados de bancos, que foram contratos no Brasil e aqui prestaram serviços por vários anos, mas foram transferidos temporariamente para trabalhar em agência no exterior.

Os bancos alegavam que deveria ser aplicada a lei do local da prestação de serviços, que seria a lei estrangeira.

O artigo 9º do Decreto-lei nº 4.657/42 menciona que em caso de qualificação e regência de obrigações deve ser observada a lei do país onde estas se constituíram. Se o contrato de trabalho foi celebrado no Brasil e o empregado foi transferido para o exterior, deve ser observada a lei brasileira, ou seja, a incidência do FGTS sobre o salário e o adicional de transferência pagos no exterior.

Se o contrato de trabalho do empregado está em curso e ele passa a trabalhar no exterior, o FGTS é devido sobre a remuneração paga ao empregado. A orientação tem por fundamento o trabalho temporário no exterior e não de forma permanente.

O empregado pode ser subordinado à empresa no Brasil ou pode ser subordinado à agência no exterior. O requisito subordinação não é o determinante na Orientação Jurisprudencial nº 232 da SBDI-1 do TST. O importante é a aplicação da Lei nº 7.064/82.

Num dos precedentes que deu origem à Orientação Jurisprudencial em comentário foi dito que é "devido o recolhimento do FGTS sobre a totalidade da remuneração do empregado, inclusive sobre a parcela percebida no exterior" (RR 80.869/1993, AC. 5ª T., 3.912/1993, Red. Min. Armando de Brito, *DJ* 6.5.1994).

O TST já decidiu:

> TRABALHO NO EXTERIOR – EMPREGADO CONTRATADO NO BRASIL – CONFLITO DE LEIS NO ESPAÇO. O contrato de trabalho de empregado admitido no Brasil por empresa nacional, que é transferido para o exterior,

> é regido pela legislação brasileira, quando mais favorável do que a vigente no território estrangeiro, na forma do art. 3º, inciso II, da Lei nº 7.064/82. Ausência de confronto com o Enunciado nº 207 do TST (TST, 3ª T., RR 449.529/1998.0, Rel. Maria Cristina Irigoyen Peduzzi, *DJU* I 12.9.2003).
>
> ... Restando incontroverso que a empresa contratante é subsidiária de sociedade de economia mista brasileira e que o contrato foi celebrado no Brasil, a relação laboral deve ser regida pela legislação mais favorável ao empregado – no caso, a brasileira, nos termos do art. 3º, II, da Lei nº 7.064/82. Rechaça-se, assim, a inteligência do caso à luz do princípio "Lex loci executionis contracti", consubstanciado no Enunciado nº 207 do TST. Recurso de revista não conhecidos (TST, 3ª T., RR 376.707/1997, j. 12.12.2001, Rel. Min. Maria Cristina Irigoyen Peduzzi, *DJ* 5.4.2002).

A alínea *c* do inciso I do artigo 12 da Lei nº 8.212/91 prescreve que são segurados obrigatórios da Previdência Social o brasileiro ou estrangeiro domiciliado e contratado no Brasil para trabalhar como empregado em sucursal ou agência de empresa nacional no exterior.

A Lei nº 11.962, de 3.7.2009, foi publicada no *Diário Oficial da União* de 6.7.2009. O *caput* do artigo 1º da Lei nº 7.064 passou a ter a seguinte redação:

> "Esta Lei regula a situação de trabalhadores contratados no Brasil ou transferidos por seus empregadores para prestar serviço no exterior."

Com a nova redação, a Lei nº 7.064 regula a situação tanto de trabalhadores contratados no Brasil, como de trabalhadores transferidos por seus empregadores para prestar serviço no exterior. Não trata apenas de empregados contratados no Brasil para prestar serviços no exterior para empresa de engenharia, projetos e obras. Assim, em relação a qualquer transferência de empregado para trabalhar no exterior, não importa se a empresa tem por atividade engenharia, projetos e obras, deve ser aplicada a lei brasileira.

## 233 Horas extras. Comprovação de parte do período alegado

**A decisão que defere horas extras com base em prova oral ou documental não ficará limitada ao tempo por ela abrangido, desde que o julgador fique convencido de que o procedimento questionado superou aquele período.**

A redação original foi determinada em 20.6.2001: "Horas extras. Comprovação de parte do período alegado. A decisão com base em prova oral ou documental não ficará limitada ao tempo por ela abrangido, desde que o julgador fique convencido de que o procedimento questionado superou aquele período." A redação atual foi publicada no *Diário de Justiça* de 20.4.2005.

Entendo que a prova oral é limitada pelo tempo trabalhado pela testemunha com o autor. Se ela não trabalhou com o autor em determinado período, não há prova no processo. Não se pode presumir o extraordinário, de que a jornada de trabalho é sempre excedida e sempre foi excedida, mas apenas o ordinário. Cabe ao empregado demonstrar todo o período em que houve jornada extraordinária.

É certo que o juiz de primeiro grau sente a prova, pois toma contato com as testemunhas e as partes. Se convence de que um depoimento testemunhal é melhor do que outro. Verifica quando a testemunha está mentindo ou quando foi contraditória, mas não se pode presumir trabalho em horas extras. É necessária prova efetiva.

**235 Horas extras. Salário por produção** (redação alterada na sessão do Tribunal Pleno realizada em 16-4-2012)

**O empregado que recebe salário por produção e trabalha em sobrejornada tem direito à percepção apenas do adicional de horas extras, exceto no caso do empregado cortador de cana, a quem é devido o pagamento das horas extras e do adicional respectivo.**

A redação original do título foi determinada em 20.6.2001: "Horas extras. Salário por produção. Devido apenas o adicional."

O título foi alterado e foi inserido dispositivo, conforme a publicação no *Diário de Justiça* de 20.4.2005: "O empregado que recebe salário por produção e trabalha em sobrejornada faz jus à percepção apenas do adicional de horas extras".

A redação foi alterada na sessão do Tribunal Pleno realizada em 16-4-2012, conforme Resolução nº 182/12, DEJT divulgado em 19, 20 e 23.4.2012.

A orientação adota o mesmo fundamento da Súmula 340 do TST em relação ao comissionista puro, que só recebe comissão e não tem salário fixo. O fato de a pessoa trabalhar em horas extras já foi remunerado pelo pagamento relativo à produção. Quanto mais o empregado produz, mais ele ganha. As horas normais já foram pagas de acordo com a produção do trabalhador. É devido apenas o adicional.

O fundamento de pagar as horas e o adicional no trabalho com corte de cana é que ele é mais desgastante para o organismo. A produção do empregado na sobrejornada tende a ser menor, pois o empregado já está cansado.

O empregado cortador tem uma situação especial, pois ganha por tarifa imposta pelo empregador. O empregado faz horas extras para alcançar a meta. Fica submetido a maior cansaço para atingir a meta imposta pelo empregador. Durante o excedimento da jornada há ainda a possibilidade da ocorrência de acidentes do trabalho, pois o empregado já está cansado.

O trabalhador corta, em média, 15 toneladas por dia de cana, caminha 8.800 metros, efetua aproximadamente 100 mil golpes de facão e carrega em torno de 12 toneladas. Faz 36 mil flexões de pernas e perde de 8 litros de água e mais cinco mil calorias. Assim, o TST entende que é devida a hora e mais o adicional.

**237 Ministério Público do Trabalho. Ilegitimidade para recorrer** (inserida em 20.6.2001)

**O Ministério Público não tem legitimidade para recorrer na defesa de interesse patrimonial privado, inclusive de empresas públicas e sociedades de economia mista.**

Dispõe o artigo 127 da Constituição que o Ministério Público é uma instituição que visa a defesa da ordem jurídica, do regime democrático e dos interesses sociais e individuais indisponíveis. O Ministério Público age como defensor da lei e não da parte.

O § 1º do artigo 173 da Constituição dispõe que as sociedades de economia mista e as empresas públicas que exploram atividade econômica devem observar as regras de direito do trabalho. A natureza delas é privada. Seus trabalhadores são empregados regidos pela CLT.

O Ministério Público do Trabalho não tem, portanto, legitimidade para recorrer de interesse patrimonial privado, mas apenas público. A exceção diz respeito à hipótese da Orientação Jurisprudencial 338 da SBDI-1 do TST.

**238 Multa. Art. 477 da CLT. Pessoa jurídica de direito público. Aplicável**

**Submete-se à multa do artigo 477 da CLT a pessoa jurídica de direito público que não observa o prazo para pagamento das verbas rescisórias, pois nivela-se a qualquer particular, em direitos e obrigações, despojando-se do "jus imperii" ao celebrar um contrato de emprego.**

A redação original foi determinada em 20.6.2001. Foi inserido dispositivo, conforme publicação no *Diário de Justiça* de 20.4.2005.

O § 8º do artigo 477 da CLT não traz qualquer exceção em relação à pessoa jurídica de direito público, ao contrário da previsão do parágrafo único do artigo 467 da CLT.

O precatório (art. 100 da Constituição) diz respeito a pagamentos feitos em juízo e não a verbas rescisórias, que visam fazer com que o empregado possa sobreviver no período logo após a dispensa.

O Estado, quando é empregador, deixa de exercer o *ius imperii* e atua como empregador. O Estado, na verdade, não se equipara a empregador. Ele é empregador, porque tem empregados. Nesse ponto, é igual a qualquer particular, em direitos e obrigações. Logo, deve cumprir as obrigações trabalhistas, inclusive os prazos para pagamento das verbas rescisórias (§ 6º do art. 477 da CLT).

O Decreto-lei nº 779/69 não tem regra diferenciada para as pessoas jurídicas de direito público em relação ao pagamento das verbas rescisórias.

As empresas públicas e sociedades de economia mista que exploram atividade econômica devem observar as regras do direito do trabalho (§ 1º do art. 173 da Constituição), inclusive os prazos para pagamento de verbas rescisórias (§ 6º do art. 477 da CLT), sob pena de pagar a multa do § 8º do artigo 477 da CLT.

**242 Prescrição total. Horas extras. Adicional. Incorporação** (inserida em 20.6.2001)

**Embora haja previsão legal para o direito à hora extra, inexiste previsão para a incorporação ao salário do respectivo adicional, razão pela qual deve incidir a prescrição total.**

> Os dispositivos de lei que tratam das horas extras garantem esse direito no caso da prestação de trabalho suplementar. Logo, tratando-se de incorporação ao salário de adicional de horas extras pago a menor, parcela não assegurada por preceito de lei e que adveio de ato único do empregador, a prescrição aplicável é a total, mostrando-se correta a incidência do Enunciado nº 294 do TST (E-RR 219.861/1995, j. 29.5.2000, Rel. Juíza Conv. Anélia Li Chum, *DJ* 4.8.2000).

ERR 238.877/96 – Min. Milton de Moura França – *DJ* 23.06.00 – Decisão unânime

ERR 278.997/96 – Min. Milton de Moura França – *DJ* 05.05.00 – Decisão unânime

ERR 307.489/96 – Min. Rider de Brito – *DJ* 24.03.00 – Decisão unânime

RR 355.010/97, 1ª T. – Min. Ronaldo Lopes Leal – *DJ* 30.06.00 – Decisão unânime

RR 353.410/97, 3ª T. – Min. Carlos Alberto Reis de Paula – *DJ* 30.03.01 – Decisão unânime

RR 319.442/96, 4ª T. – Juiz Conv. Renato Paiva – *DJ* 26.11.99 – Decisão unânime

O adicional é devido, em princípio, se houver o pagamento da hora extra ou se houver prestação de serviços em horário extraordinário. Se o empregado deixa de prestar serviços em horas extras, o adicional é indevido. O acessório segue a sorte do principal. Logo, também não se pode falar em incorporação do adicional ao salário, pois se trata de salário-condição. Só é devido se for cumprida a condição de o empregado trabalhar em jornada extraordinária.

Se as horas extras estão prescritas, o adicional também está prescrito. A prescrição é total e não parcial.

O verbete segue o mesmo entendimento das Súmulas 373 (gratificação semestral) e 199, II (pré-contratação de horas extras de empregado bancário), do

TST. Segue o verbete a orientação de que a alteração unilateral do empregador importa prescrição total, aplicando-se a Súmula 294 do TST.

Não existe previsão legal de integração ao salário do adicional de horas extras. Se houvesse, a prescrição seria parcial.

**243 Prescrição total. Planos econômicos** (inserida em 20.6.2001)

**Aplicável a prescrição total sobre o direito de reclamar diferenças salariais resultantes de planos econômicos.**

A postulação diz respeito a correção de salários em razão de planos econômicos, como Planos Bresser, Verão e Collor.

Decorridos cinco anos da data da propositura da ação, a prescrição é total. Na época, foi criada uma nova ordem econômica. A prescrição é total e não se renova mês a mês.

**244 Professor. Redução da carga horária. Possibilidade** (inserida em 20.6.2001)

**A redução da carga horária do professor, em virtude da diminuição do número de alunos, não constitui alteração contratual, uma vez que não implica redução do valor da hora-aula.**

> ALTERAÇÃO CONTRATUAL – REDUÇÃO DA CARGA HORÁRIA – PROFESSOR. A redução da carga horária do professor, em virtude da diminuição do número de alunos de um ano para o outro, não constitui alteração contratual ilícita, já que não existe no ordenamento jurídico pátrio norma legal garantindo a este a mesma carga horária do ano anterior. A diminuição do número de horas-aulas não implica na redução do valor da hora-aula, base da remuneração do professor, nos termos do artigo 320 da CLT. Embargos providos (E-RR 205.928/1995.0, j. 22.10.1998, Rel. Min. José Perret Schulte, *DJ* 13.11.1998)

> Redução de carga horária – Salário – Professor – Estabelecida a carga horária semanal ou mensal, adquire o professor o direito a sua fiel observância pelo empregador, salvo alteração no número de alunos que possa sobre ela refletir. Alterando a carga horária, repita-se, sem o pressuposto acima mencionado, certamente que haverá infringência ao artigo 7º, VI, da CF/88 c.c. 468 da CLT, que vedam a irredutibilidade salarial. Embargos não providos (E-RR 156.974/1995, Rel. Min. Moura França, *DJ* 17.4.1998).

> Redução de carga horária do professor – Possibilidade. É da própria essência da remuneração dos professores a variação da carga horária, a qual

ocorre de acordo com o número de aulas ministradas, face ao art. 320/CLT. Embargos conhecidos, mas não providos (TST, E-RR 3.253/84, AC. SDI 2.488/89, Rel. Min. Barata Silva, *DJ* 15.6.1990).

RR 290.634/1996, 1ª T. – Rel. Min. Ronaldo Leal – *DJ* 19.3.1999

RR 3.253/1984, 3ª T., Ac. 2571/1985 – Rel. Min. Mendes Cavaleiro – *DJ* 16.8.1985

RR 528.582/1999, 4ª T. – Rel. Min. Moura França – *DJ* 30.4.1999.

Em muitas oportunidades, ocorre de o professor ministrar certo número de aulas por ano e no ano seguinte haver redução dessas aulas, havendo prejuízo salarial. Nesses casos, pretende-se aplicar a alínea *g* do artigo 483 da CLT, que permite a rescisão indireta do contrato de trabalho quando o empregador reduzir o trabalho do empregado, quando este percebe por peça ou tarefa, de modo a afetar sensivelmente a importância de seus salários.

O professor geralmente ganha por hora-aula. Se não existe alteração do valor da hora-aula, não se pode falar em alteração salarial.

Inexiste, entretanto, norma legal prevendo a redução do número de horas-aula do professor, pois se o valor da hora-aula não foi alterado, não se pode falar em ilegalidade. Haveria ilegalidade, se o valor da hora-aula fosse diminuído. O professor, contudo, não é tarefeiro, de modo que não se lhe aplica o citado dispositivo legal. É o mesmo caso da pessoa que trabalha à noite, recebendo adicional noturno e deixa de trabalhar nesse período para trabalhar pela manhã, não tendo direito à manutenção do adicional noturno (Súmula 265 do TST).

Embora quem tenha o risco do empreendimento seja o empregador e quando aumenta o número de alunos a escola não divida o lucro com o professor, este ganha por hora-aula. Pouco importa se a sala está cheia ou vazia que a hora-aula do professor será a mesma. Não poderia o empregador pagar o mesmo número de aulas ao professor se este não tem aulas para dar, já que a escola não tem alunos. Assim, se não há redução da hora-aula, não há que se falar em redução de salários. A empresa não poderia continuar a pagar o mesmo número de aulas se o professor não ministra o mesmo número destas, porque se assim fizesse, o trabalhador estaria ganhando muito mais do que o serviço que efetivamente presta, o que seria injusto. Inexiste norma legal que assegure ao professor receber a mesma carga horária do ano anterior, pois o professor ganha por aula e está sujeito a variação do número de turmas que tem durante cada período. Na verdade, quando o empregador reduz o número de aulas do professor, está se utilizando do *jus variandi*, de fazer pequenas modificações no contrato de trabalho, decorrente da necessidade de adaptar a escola aos horários do professor em razão do número de alunos em cada ano letivo. Não vejo, assim, violação do artigo 468 da CLT ou do inciso VI do artigo 7º da Constituição.

Não existe previsão legal no sentido de que o professor deve ter o mesmo número de aulas que tinha no semestre anterior.

Mesmo na jurisprudência existem os seguintes acórdãos:

> Professor – Alteração da carga horária. Não há norma legal que assegure ao professor o direito à manutenção da mesma carga horária do ano anterior. Eventuais direitos devem surgir no campo dos Acordos, Convenções ou Dissídios Coletivos que criam normas em abstrato para atender o caso em concreto. Não há na decisão revisanda qualquer notícia do direito em tela, previsto em instrumentos normativos. Não há falar também em alteração contratual lesiva ao obreiro, na medida em que a carga horária dos professores é organizada de acordo com o número de disciplinas e de alunos existentes. Há mais, também, a v. decisão recorrida considerou o fato de que a Escola, tentando aproveitar o Reclamante, ofereceu-lhe 25 aulas no período diurno, sendo estas recusadas sob a alegação de incompatibilidade de horário com outros estabelecimentos em que ministrava aulas, sendo certo que as declarações prestadas por referidos estabelecimentos foram no sentido de que apenas em dois dias da semana o Autor leciona pela manhã (Objetivo, quartas e quintas-feiras) (TST, 3ª T., RR 66.212/92.0-9.R, Rel. Min. Roberto Della Manna, j. 9.6.94, *DJU* 1 25.11.94, p. 32464).
>
> Professor – Carga horária – Redução. Não havendo redução do valor do salário-aula do professor, a variação anual da carga horária não importa em infração do art. 468/ CLT. Embargos a que se nega provimento (TST, E-RR 5.226/85, Ac. SDI 2.441/89, Rel. Min. Ermes Pedrassani, conforme CARRION, Valentin, *Nova jurisprudência no direito do trabalho*. São Paulo: Revista dos Tribunais, 1991. p. 438, ementa 3.035).

A própria Seção de Dissídios Coletivos tem precedente de nº 078, que esclarece que "não configura redução salarial ilegal a diminuição de carga horária motivada por inevitável supressão de aulas eventuais ou de turmas", que era o ex-precedente normativo nº 119.

É recomendável que não conste do contrato de trabalho do professor que este é contratado para certo número de aulas, mas sim que está sendo contratado para ministrar aulas ou de acordo com um número de aulas variáveis, justamente para evitar os problemas relativos a posterior redução da sua carga horária.

**245 Revelia. Atraso. Audiência** (inserida em 20.6.2001)

**Inexiste previsão legal tolerando atraso no horário de comparecimento da parte na audiência.**

Precedentes:

EMBARGOS. REVELIA – ATRASO À AUDIÊNCIA. Não há na legislação processual trabalhista norma que assegure à parte o direito de comparecer com atraso à audiência. A jurisprudência do TST tem-se sedimentado no sentido de que não são aceitáveis os atrasos ainda que pequenos, salvo quando devidamente justificados, e que a tolerância de 15 minutos de que trata o art. 815, parágrafo único, do CLT, é concedida pela lei ao juiz e não às partes. FGTS. PRESCRIÇÃO. VIOLAÇÃO AO ART. 896 DA CLT. Incabível o recurso de revista para reexame de fatos de provas. Recurso de Revista conhecido e parcialmente provido (E-RR – 323.423/1996.2, j. 28/5/2001, Rel. Min. João Batista Brito Pereira, *DJ* 8.6.2001).

ERR 301.014/96 – Min. Vantuil Abdala – *DJ* 24.03.00 – Decisão unânime

ERR 91.210/93, Ac. 2911/96 – Min. Moacyr Tesch – *DJ* 07.02.97 – Decisão unânime

ERR 5.088/87, Ac. 2625/89 – Red. Min. Barata Silva – *DJ* 06.07.90 – Decisão por maioria

RR 60.048/92, Ac. 1ª T. 964/93 – Min. Indalécio Gomes Neto – *DJ* 07.05.93 – Unânime

RR 4.025/83, Ac. 2ª T. 3.052/84 – Min. José Ajuricaba – *DJ* 16.11.84 – Decisão por maioria

RR 4.137/89, Ac. 3ª T. 1.245/90 – Min. Francisco Fausto – *DJ* 19.12.90 – Decisão unânime

RR 15.969/90, Ac. 3ª T. 1.937/92 – Min. Manoel Mendes – *DJ* 14.08.92 – Decisão unânime

RR 103.607/94, Ac. 4ª T. 3.703/94 – Juiz Conv. Rider de Brito – *DJ* 30.09.94 – Unânime

RR 172.891/95, Ac. 5ª T. 5.563/95 – Min. Armando de Brito – *DJ* 02.02.96 – Decisão unânime

> Revelia. Atraso de alguns minutos à audiência. A legislação processual trabalhista não prevê qualquer tolerância relativamente ao horário de comparecimento da parte na audiência. Assim, tem-se como correta a aplicação da revelia tendo em vista o atraso da reclamada de alguns minutos em relação ao horário em que estava designada audiência de instrução. Ainda mais que a reclamada não apresentou qualquer justificativa relevante para seu atraso. Recurso conhecido e desprovido (E-RR – 301014/1996.6 j. 13.3.2000, Rel. Min. Vantuil Abdala, *DJ* 24.3.2000).

Dispõe o artigo 815 da CLT que, à hora marcada, o juiz declarará aberta a audiência, sendo feita pelo chefe de secretaria a chamada das partes, testemunhas e demais pessoas que devam comparecer. As partes devem, portanto, estar presentes no horário marcado para a audiência.

O parágrafo único do artigo 815 da CLT prevê atraso de 15 minutos em relação ao juiz. Não existe tolerância para as partes.

Logo, o juiz não tem de tolerar atrasos das partes na audiência.

**247 Servidor público. Celetista concursado. Despedida imotivada. Empresa pública ou sociedade de economia mista. Possibilidade**

**I – A despedida de empregados de empresa pública e de sociedade de economia mista, mesmo admitidos por concurso público, independe de ato motivado para sua validade;**

**II – A validade do ato de despedida do empregado da Empresa Brasileira de Correios e Telégrafos (ECT) está condicionada à motivação, por gozar a empresa do mesmo tratamento destinado à Fazenda Pública em relação à imunidade tributária e à execução por precatório, além das prerrogativas de foro, prazos e custas processuais.**

A redação original foi determinada em 20.6.2001: "Servidor público. Celetista concursado. Despedida imotivada. Empresa pública ou sociedade de economia mista. Possibilidade." Foi alterada pela Resolução nº 143/2007 e publicada no *Diário de Justiça* de 13.11.2007.

I – A empresa pública e a sociedade de economia mista devem observar as regras de Direito do Trabalho (art. 173, § 1º, II, da Constituição). Logo, não têm de motivar a dispensa, pois não se trata de ato administrativo. São empregadores comuns.

II – O STF entende que a Empresa Brasileira de Correios e Telégrafos fica sujeita à imunidade tributária e à execução por precatório. O TST afirma que a dispensa de empregados nessa empresa deve ser motivada, pois está equiparada ao ente público.

**251 Descontos. Frentista. Cheques sem fundos** (inserida em 13.3.2002)

**É lícito o desconto salarial referente à devolução de cheques sem fundos, quando o frentista não observar as recomendações previstas em instrumento coletivo.**

É certo que os riscos do empreendimento ficam por conta do empregador (art. 2º da CLT).

Há certas normas coletivas que estabelecem que o frentista de posto de combustível deve anotar no verso do cheque: RG, CPF, número da placa do veículo, marca, modelo, endereço, telefone do cliente etc. Se o frentista não toma essa providência, é autorizado o desconto do cheque no seu salário, em razão da sua negligência.

A norma coletiva é aplicável tanto ao empregado como ao empregador.

O artigo 462 da CLT permite que seja feito o desconto no salário quando ele seja decorrente de norma coletiva.

**253 Estabilidade provisória. Cooperativa. Lei nº 5.764/71. Conselho fiscal. Suplente. não assegurada** (inserida em 13.3.2002)

**O art. 55 da Lei nº 5.764/71 assegura a garantia de emprego apenas aos empregados eleitos diretores de Cooperativas, não abrangendo os membros suplentes.**

Há entendimento de que a cooperativa não pode funcionar sem o Conselho Fiscal, que é o órgão indicado para fiscalizar os atos da administração. Assim, o membro do Conselho Fiscal deveria ter a garantia de emprego, pois, do contrário, a empresa estaria interferindo indiretamente na cooperativa, dispensando o trabalhador pertencente ao citado conselho. É encontrado acórdão adotando a garantia de emprego para o membro do Conselho Fiscal:

> Estabilidade provisória. Por aplicação do art. 55, da Lei 5.764/71 c/c os arts. 522 e 543 da CLT, o empregado eleito membro do Conselho Fiscal de sociedade cooperativa tem direito à estabilidade provisória assegurada aos dirigentes sindicais (TRT 3ª R, 3ª T. RO 5.320/87, Rel. Juiz Ney Doyle, *DJ MG* 27-5-88, p. 71).

Os membros do Conselho Fiscal não gozam da garantia de emprego, pois não são diretores, nem há previsão na lei nesse sentido. Seus suplentes também não gozarão do benefício legal.

Dispõe o artigo 55 da Lei nº 5.764 que "os empregados de empresas que sejam eleitos diretores de sociedades cooperativas pelos mesmos criadas gozarão das garantias asseguradas aos dirigentes sindicais pelo art. 543, da Consolidação das Leis do Trabalho". É expresso o mandamento legal no sentido de que a garantia de emprego diz respeito aos empregados eleitos diretores de sociedades cooperativas.

O citado dispositivo legal está na Seção IV (Dos órgãos de administração). Essa seção abrange os artigos 47 a 55. O artigo 47 menciona que a sociedade será administrada por uma Diretoria ou Conselho de Administração e não pelo Conselho Fiscal. Este, inclusive, está contido na Seção V (Do Conselho Fiscal), no artigo 56. Logo, o artigo 55 da Lei nº 5.764 não diz respeito ao membro do Conselho Fiscal, que não goza da garantia de emprego.

A SDI do TST decidiu:

> A Lei nº 5.764/71, que regula as sociedades cooperativas, distingue entre a Diretoria e o Conselho Fiscal, e no artigo 55 estende a estabilidade prevista no § 3º do artigo 543 da CLT da Consolidação das Leis do Trabalho apenas aos diretores das cooperativas, não alcançando os membros do Conselho Fiscal (SDI, AR 22/84, j. 6-12-89, Rel. Min. Fernando Villar, *DJU* I 24-8-90, p. 8.292).

Não se admite a extensão da garantia de emprego a diretores de outros órgãos, pois a garantia de emprego é só para o empregado eleito para cargo de diretor de sociedade cooperativa. No TST, há acórdão no mesmo sentido:

> O art. 55 da Lei 5.764/71 é aplicável apenas aos Diretores eleitos para a Diretoria de Cooperativas, não alcançando tal prerrogativa os demais exercentes de quaisquer outros órgãos criados para a administração da sociedade (SDI, E-RR 4.958/89, Ac. SDI 1.186/91, j. 20-8-91, Rel. Min. José Carlos da Fonseca, *DJU* I 20-9-91, p. 12.952, *LTr* 56-07/870).

## 255 Mandato. Contrato Social. Desnecessária a juntada (inserida em 13.3.2002)

**O art. 12, VI, do CPC não determina a exibição dos estatutos da empresa em juízo como condição de validade do instrumento de mandato outorgado ao seu procurador, salvo se houver impugnação da parte contrária.**

Dispõe o artigo 12 do CPC que serão representados em juízo, ativa e passivamente: "VI – as pessoas jurídicas, por quem os respectivos estatutos designarem, ou, não os designando, por seus diretores". A representação versada pelo mandamento legal não é em relação ao advogado, mas da pessoa que pode estar em juízo agindo em nome da empresa.

Não determina o dispositivo a exibição de estatutos ou contrato social da empresa em juízo como condição de validade do instrumento de mandato outorgado ao seu procurador. A exceção pode ocorrer quando há impugnação do trabalhador no sentido de dúvida quanto a quem pode assinar a procuração para o advogado.

## 256 Prequestionamento. Configuração. Tese explícita. Súmula nº 297 (inserida em 13.3.2002)

**Para fins do requisito do prequestionamento de que trata a Súmula nº 297, há necessidade de que haja, no acórdão, de maneira clara, elementos que levem à conclusão de que o Regional adotou uma tese contrária à lei ou à súmula.**

"Diz-se prequestionada a matéria ou questão quando na decisão impugnada haja sido adotada, explicitamente, tese a respeito" (Súmula 297, I, do TST). Há necessidade de manifestação de forma clara e explícita do acórdão a respeito da tese que é contrária à previsão de lei ou da previsão de súmula do TST. Se isso não ocorre, não houve o prequestionamento da matéria e o recurso de revista não será conhecido.

## 257 Recurso de revista. Fundamentação. Violação de lei. Vocábulo violação. Desnecessidade (alterada em decorrência da redação do inciso II do art. 894 da CLT, incluído pela Lei nº 11.496/07)

**A invocação expressa no recurso de revista dos preceitos legais ou constitucionais tidos como violados não significa exigir da parte a utilização das expressões "contrariar", "ferir", "violar" etc.**

A redação original foi inserida em 13.3.2002: "Recurso. Fundamentação. Violação legal. Vocábulo violação. Desnecessidade. A invocação expressa, quer na revista, quer nos embargos, dos preceitos legais ou constitucionais tidos como violados não significa exigir da parte a utilização das expressões "contrariar", "ferir", "violar" etc.

A redação atual é decorrente da Resolução nº 182/12, publicado no DEJT divulgado em 19, 20 e 23.4.2012.

O inciso I da Súmula 221 do TST esclarece que a admissibilidade do recurso de revista por violação tem como pressuposto a indicação expressa do dispositivo de lei ou da Constituição tido como violado. Não se exige que a parte diga que o dispositivo foi contrariado, ferido, violado, contrariado, desrespeitado ou se use qualquer outra palavra. É necessário que a parte mostre que o dispositivo foi violado, como no caso de utilizar interpretação diferente daquela que o TST dá ao referido mandamento. Da argumentação da parte, com a indicação do dispositivo violado, é que se vai verificar se houve ou não a referida violação.

## 259 Adicional noturno. Base de cálculo. Adicional de periculosidade. Integração (inserida em 27.9.2002)

**O adicional de periculosidade deve compor a base de cálculo do adicional noturno, já que também neste horário o trabalhador permanece sob as condições de risco.**

É indiscutível o fato de que o adicional de periculosidade tem natureza salarial, pois é pago pela circunstância de o empregado trabalhar em área de risco, devendo ser remunerado pelo seu mister nessas condições mais gravosas.

Cada adicional deve, porém, ser calculado em separado.

O adicional noturno é calculado sobre a hora diurna (art. 73 da CLT).

O salário-hora normal, para o empregado mensalista, é obtido dividindo-se o salário mensal correspondente à duração do trabalho por 30 vezes o número de horas dessa duração (art. 64 da CLT). Não está escrito no dispositivo que a hora normal é integrada por adicionais, mas depreende-se exatamente o contrário.

A Súmula 191 do TST esclarece que "o adicional de periculosidade incide, apenas, sobre o salário básico, e não sobre este acrescido de outros adicionais".

O § 1º do artigo 457 da CLT não trata do cálculo do adicional noturno, nem dispõe que os adicionais integram o salário. No referido parágrafo, não está dito que os adicionais integram o salário, justamente porque são verbas pagas de forma transitória, enquanto existir o fato gerador, que é o trabalho em condições mais gravosas.

A lei não dispõe que o adicional noturno deve ser calculado tomando por base o adicional de periculosidade recebido pelo empregado.

**260 Agravo de instrumento. Recurso de revista. Procedimento sumaríssimo. Lei nº 9.957/00. Processos em curso** (inserida em 27.9.2002)

**I – É inaplicável o rito sumaríssimo aos processos iniciados antes da vigência da Lei nº 9.957/00.**

**II – No caso de o despacho denegatório de recurso de revista invocar, em processo iniciado antes da Lei nº 9.957/00, o § 6º do art. 896 da CLT (rito sumaríssimo), como óbice ao trânsito do apelo calcado em divergência jurisprudencial ou violação de dispositivo infraconstitucional, o Tribunal superará o obstáculo, apreciando o recurso sob esses fundamentos.**

I – A lei processual entra em vigor na data da sua publicação ou quando a lei assim estabelecer, apanhando os processos que estão em curso. Entretanto, o rito sumaríssimo não pode ser aplicado aos processos que estavam em tramitação antes da vigência da Lei nº 9.957/00, de 12.1.2000. A referida lei entrou em vigor 60 dias depois de publicada no *Diário Oficial da União*. A publicação ocorreu em 13.1.2000. Estão, portanto, excluídos da sua aplicação os processos que se iniciaram antes de 13 de março de 2000. A lei não pode ter efeito retroativo, pois a parte não pode ser surpreendida com a tramitação de um processo sob rito diverso do previsto quando propôs a ação. A parte pode ter prejuízo processual no sentido de não poder recorrer de revista, pois só poderá alegar contrariedade a súmula da jurisprudência uniforme do TST e violação direta da Constituição da República (§ 6º do art. 896 da CLT). Não poderá alegar violação de lei federal.

II – O § 6º do artigo 896 da CLT, que trata do cabimento do recurso de revista em procedimento sumaríssimo, não pode ser invocado em relação a processos iniciados antes da vigência da Lei nº 9.957. O presidente do Tribunal deverá analisar os pressupostos do recurso de revista com base nas letras *a* a *c* do artigo 896 da CLT e não com fundamento no citado § 6º. Caso o presidente do Tribunal indique o § 6º do artigo 896 da CLT como fundamento para denegar seguimento ao recurso de revista, caberá agravo de instrumento.

## 261 **Bancos. Sucessão trabalhista** (inserida em 27.9.2002)

**As obrigações trabalhistas, inclusive as contraídas à época em que os empregados trabalhavam para o banco sucedido, são de responsabilidade do sucessor, uma vez que a este foram transferidos os ativos, as agências, os direitos e deveres contratuais, caracterizando típica sucessão trabalhista.**

A mudança na estrutura jurídica da empresa ou na sua propriedade não altera os direitos já adquiridos pelo empregado (art. 10 da CLT) ou o contrato de trabalho (art. 448 da CLT). A unidade produtiva é transferida de uma pessoa para outra.

Houve muitas aquisições de um banco por outro. Nessa aquisição, são também adquiridos ativos, aplicações financeiras, contas correntes de clientes, agências e empregados. Quem responde é o sucessor, que passa a ser o empregador. Mesmo que a obrigação tenha sido contraída antes da sucessão, é o sucessor que responde por ela.

Não importa se o empregado que ajuizou a ação não trabalhou para a empresa sucessora. Importa efetivamente se houve sucessão.

A Orientação Jurisprudencial 225 do TST traz entendimento diverso em relação à Rede Ferroviária Federal.

## 262 **Coisa julgada. Planos econômicos. Limitação à data-base na fase de execução** (inserida em 27.9.2002)

**Não ofende a coisa julgada a limitação à data-base da categoria, na fase executória, da condenação ao pagamento de diferenças salariais decorrentes de planos econômicos, quando a decisão exequenda silenciar sobre a limitação, uma vez que a limitação decorre de norma cogente. Apenas quando a sentença exequenda houver expressamente afastado a limitação à data-base é que poderá ocorrer ofensa à coisa julgada.**

Na data-base, há a recomposição do salário da categoria. Logo, não pode haver o pagamento de diferenças salariais decorrentes de planos econômicos além da data-base, mesmo que a decisão exequenda silencie sobre a limitação. A lei de política salarial muitas vezes estabelecia essa limitação.

Há exceção: se a sentença que transitou em julgado determina expressamente que não deve haver a limitação na data-base, haverá ofensa à coisa julgada.

**264 Depósito recursal. PIS/PASEP. Ausência de indicação na guia de depósito recursal. Validade** (inserida em 27.9.2002)

**Não é essencial para a validade da comprovação do depósito recursal a indicação do número do PIS/PASEP na guia respectiva.**

A Instrução Normativa nº 15/1998 estabeleceu que em relação ao depósito recursal seria observado o procedimento previsto na Circular nº 149/98 da Caixa Econômica Federal. O item 5, subitem 5.4, exige a indicação do número do PIS/PASEP do trabalhador para efeito da qualificação dos depósitos recursais. Com base nisso, os Tribunais Regionais do Trabalho passaram a não conhecer de recursos pela falta do número do PIS/PASEP.

Essencial para a validade da guia de depósito recursal é o nome do trabalhador, o número de processo e Vara do Trabalho. Não é essencial o número do PIS/PASEP na guia de depósito recursal, segundo o entendimento do TST.

O objetivo do depósito é a garantia do juízo na execução. O valor não vai ficar em conta do FGTS ou do PIS. Fica à disposição do juízo, que expede alvará para o seu levantamento.

A Instrução Normativa nº 18/2000 do TST, que revogou a Instrução Normativa nº 15/1998, não faz a exigência da indicação do número do PIS.

**268 Indenização adicional. Leis nºs 6.708/79 e 7.238/84. Aviso-prévio. Projeção. Estabilidade provisória** (inserida em 27.9.2002)

**Somente após o término do período estabilitário é que se inicia a contagem do prazo do aviso-prévio para efeito das indenizações previstas nos artigos 9º da Lei nº 6.708/79 e 9º da Lei nº 7.238/84.**

O aviso-prévio indenizado integra o tempo de serviço do empregado para todos os fins (§ 1º do art. 487 da CLT).

Se o empregado tem garantia de emprego por algum motivo, legal ou convencional, o prazo do aviso-prévio só se inicia depois do término da garantia de emprego, pois antes disso não se pode dispensar o trabalhador, concedendo aviso-prévio ao empregado.

A Súmula 182 do TST afirma que "o tempo de aviso-prévio, mesmo indenizado, conta-se para efeito da indenização adicional do art. 9º da Lei nº 6.708/79". Do término da garantia de emprego é que começa a fluir o prazo de aviso-prévio para efeito da indenização do artigo 9º da Lei nº 7.238/84.

**269 Justiça gratuita. Requerimento de isenção de despesas processuais. Momento oportuno** (inserida em 27.9.2002)

**O benefício da justiça gratuita pode ser requerido em qualquer tempo ou grau de jurisdição, desde que, na fase recursal, seja o requerimento formulado no prazo alusivo ao recurso.**

Precedentes:

CUSTAS. ISENÇÃO. INSUFICIÊNCIA ECONÔMICA DECLARADA NO CURSO DO PROCESSO. PREVISÃO NA LEI Nº 1.060/50, ARTIGOS 4º e 6º. A interpretação sistemática dos artigos 4º e 6º da Lei nº 1.060/50 evidencia o próprio sentido teleológico da norma, que não deixa dúvida de que os benefícios da assistência judiciária podem ser postulados pela parte a qualquer tempo no curso do processo, por simples afirmação de que se encontra em situação econômica que não lhe permita permanecer na demanda sem prejuízo do próprio sustento e de seus familiares. Realmente, o § 1º do artigo 4º, em reforço ao conteúdo do *caput*, explicita que presume-se pobre, [...], quem afirmar essa condição, tanto assim que prevê a imposição de penalidade para o caso de prova em contrário. Nesse contexto, evidentemente que o Regional, ao não conhecer do recurso ordinário do reclamante, sob o fundamento de deserção, violou a literalidade dos referidos dispositivos, circunstância que afasta a aplicação dos ditames do Enunciado nº 221 do TST. Incólume o artigo 896 da CLT. Recurso de embargos não conhecido (ERR 664.289/2000, j. 20.5.02, Min. Milton de Moura França, *DJ* 14.6.2002, Decisão por maioria).

ROAR 678.061/2000 – Min. José Simpliciano – *DJ* 05.04.2002 – Decisão unânime

AIRO 813.821/2001 – Juíza Conv. Anelia Li Chum – *DJ* 05.04.2002 – Decisão unânime

EDAIRO 475.856/1998 – Min. Ronaldo Lopes Leal – *DJ* 17.08.2001 – Decisão unânime

AIRO 643.622/2000 – Min. Ives Gandra – *DJ* 25.08.2000 – Decisão unânime

RR 589.286/1999, 3ª T. – Juíza Conv. Eneida Melo – *DJ* 09.08.2002 – Decisão unânime

RR 457.565/1998, 5ª T. – Min. Rider de Brito – *DJ* 16.11.2001 – Decisão por maioria

A assistência judiciária gratuita na Justiça do Trabalho é prestada pelo sindicato de trabalhadores, tendo previsão nos artigos 14 e seguintes da Lei nº 5.584/70.

Mostra o § 3º do artigo 790 da CLT que é faculdade do juiz conceder a justiça gratuita desde que o empregado ganhe até dois salários mínimos ou apresente declaração de pobreza. Trata-se de faculdade e não de obrigação do magistrado. Se o legislador entendesse que a isenção das custas seria obrigação, não teria colocado na lei a palavra *faculdade*. O benefício da justiça gratuita, que compreende a isenção das custas, pode ser requerido em qualquer tempo e grau de jurisdição, pois o artigo 6º da Lei nº 1.060/50 mostra que o benefício pode ser requerido no curso do processo, ou seja, em qualquer tempo ou grau de jurisdição.

Há necessidade de que, na fase recursal, o requerimento de concessão da justiça gratuita seja formulado no prazo de 8 dias do recurso. Do contrário, haverá deserção, por falta do pagamento das custas no prazo previsto para a interposição do recurso.

## 270 Programa de incentivo à demissão voluntária. Transação extrajudicial. Parcelas oriundas do extinto contrato de trabalho. Efeitos (inserida em 27.9.2002)

**A transação extrajudicial que importa rescisão do contrato de trabalho ante a adesão do empregado a plano de demissão voluntária implica quitação exclusivamente das parcelas e valores constantes do recibo.**

Clóvis Bevilacqua afirma que transação constitui ato jurídico bilateral, pelo qual as partes, fazendo-se concessões recíprocas, extinguem obrigações litigiosas ou duvidosas.[23]

As verbas pagas no termo de rescisão apenas quitam o valor pago e não as rubricas. A quitação só é dada sobre aquilo que foi pago, como estabelece o artigo 320 do Código Civil. Por óbvio, o que não foi pago não está quitado. Na assistência à rescisão contratual a quitação concerne apenas ao que foi pago e não ao contrato de trabalho, no que diz respeito aos respectivos valores (§ 2º do art. 477 da CLT). Não há que se falar em ato jurídico perfeito (art. 5º, XXXVI, da Constituição), pois a quitação apenas quita o que foi pago e não a relação de emprego.

Houve alteração na redação da Súmula 330 do TST, que teve acrescentado o inciso I: "a quitação não abrange parcelas não consignadas no recibo de quitação e, consequentemente, seus reflexos em outras parcelas, ainda que essas constem desse recibo".

A transação pressupõe incerteza do direito para que possam ser feitas concessões mútuas. Como assevera Washington de Barros Monteiro, "transação pres-

---

23 BEVILACQUA, Clóvis. *Código civil anotado*. Rio de Janeiro: Rio, v. 2, p. 144.

supõe necessariamente incerteza ou contestação entre os interessados acerca de determinada relação jurídica (*res dubia*)".[24]

Silvio Rodrigues leciona que é "indispensável a existência de dúvida sobre certa relação jurídica (*res dubia*), para que se possa falar em transação. Se tal dúvida inexiste, pelo menos no espírito das partes transigentes, a transação perde seu objetivo e o acordo entre os adversários pode se comparar a uma doação ou à remissão de dívidas, mas não ao negócio em exame".[25]

Ensina Maria Helena Diniz que "a reciprocidade de ônus e vantagens constitui o elemento caracterizador da transação, uma vez que sem ele a transação será mera liberalidade".[26]

Não se pode falar em transação quanto ao direito às verbas rescisórias, que são, inclusive, irrenunciáveis pelo trabalhador. Nesse caso, não há *res dubia*, pois as verbas rescisórias são devidas. A transação estará, assim, impedindo o direito às verbas rescisórias, sendo destituída de eficácia (art. 9º da CLT).

Só se poderia falar em renúncia do trabalhador a direitos trabalhistas quando está diante do juiz do trabalho. Quando o empregado está trabalhando na empresa, pode sofrer coação do empregador para abdicar seus direitos trabalhistas. Reza o artigo 9º da CLT que toda vez que se tiver por objetivo desvirtuar, impedir ou fraudar a aplicação dos preceitos trabalhistas, o ato não tem qualquer valor. Tal preceito pode ser aplicado ao caso presente.

A transação interpreta-se restritivamente (art. 843 do Código Civil), assim como os negócios jurídicos benéficos interpretam-se estritamente (art. 114 do Código Civil); porém, a assistência na rescisão do contrato de trabalho não importa transação, pois inexistem *res dubia* e concessões mútuas no pagamento das verbas rescisórias (art. 840 do Código Civil), apenas são saldadas as importâncias devidas ao empregado. Assim, a suposta transação tem de ser interpretada restritivamente, mas não pode implicar renúncia a direitos trabalhistas.

No TST há outros acórdãos adotando essa tese:

> A transação extrajudicial, mediante rescisão do contrato de emprego, em virtude de o empregado aderir a plano de demissão voluntária, implica quitação exclusivamente das parcelas recebidas e discriminadas a título de indenização, não importando quitação total de prestações outras do contrato de emprego, estranhas ao instrumento de rescisão contratual, tampouco eficácia liberatória com efeito de "coisa julgada". Inexistência

---

[24] MONTEIRO, Washington de Barros. *Curso de direito civil*. 18. ed. São Paulo: Saraiva, 1983. v. 4, p. 309.

[25] RODRIGUES, Silvio. *Direito civil*. Parte geral das obrigações. São Paulo: Saraiva, 1980. v. 2, p. 262.

[26] DINIZ, Maria Helena. *Curso de direito civil brasileiro*. São Paulo: Saraiva, 1999. v. 2, p. 313.

de ofensa ao art. 1.030 do Código Civil. Exegese do art. 477, § 2º, da CLT. Recurso de que não se conhece (TST, 1ª T., RR 628.919/00.7, j. 7.3.01, Rel. Min. João Oreste Dalazen, in LTr 65-08/961).

... Quitação. Efeitos – A transação extrajudicial, mediante rescisão do contrato de emprego em virtude de o empregado aderir a Plano de Demissão Voluntária, implica quitação exclusivamente das parcelas recebidas e discriminadas a título de indenização, não importando em quitação total de prestações outras do contrato de emprego, estranhas ao instrumento de rescisão contratual. No âmbito das relações de trabalho, disciplinadas por legislação própria, a quitação é sempre relativa, valendo, apenas, quanto aos valores e parcelas constantes do recibo de quitação, conforme disposições contidas no § 1º do artigo 477 da CLT. Recurso de Revista conhecido e provido (TST, 3ª T., RR 727.749/01.9-15ª R., j. 17.10.01, Rel. Min. Carlos Alberto Reis de Paula, *DJU* 1 9.11.01, p. 808).

## 271 Rurícola. Prescrição. Contrato de emprego extinto. Emenda Constitucional nº 28/2000. Inaplicabilidade

**O prazo prescricional da pretensão do rurícola, cujo contrato de emprego já se extinguira ao sobrevir a Emenda Constitucional nº 28, de 26.5.2000, tenha sido ou não ajuizada a ação trabalhista, prossegue regido pela lei vigente ao tempo da extinção do contrato de emprego.**

A redação original foi estabelecida em 27.9.2002: "Rurícola. Prescrição. Emenda Constitucional nº 28/00. Processo em curso. Inaplicável. Considerando a inexistência de previsão expressa na Emenda Constitucional nº 28/00 quanto à sua aplicação retroativa, há de prevalecer o princípio segundo o qual a prescrição aplicável é aquela vigente à época da propositura da ação." Foi alterada conforme publicação no *Diário de Justiça* de 22.11.2005.

A Emenda Constitucional nº 28 alterou a redação do inciso XXIX do artigo 7º da Lei Magna, que está assim redigido: "ação, quanto aos créditos resultantes da relação de trabalho, com prazo prescricional de cinco anos para os trabalhadores urbanos e rurais, até o limite de dois anos após a extinção do contrato de trabalho".

Previa o artigo 10 da Lei nº 5.889/73 que "a prescrição dos direitos assegurados por esta Lei aos trabalhadores rurais só ocorrerá após 2 (dois) anos de cessação do contrato de trabalho".

Na Assembleia Nacional Constituinte a Subcomissão dos Direitos dos Trabalhadores estabelecia: "não incidência da prescrição no curso do contrato de trabalho até dois anos da sua cessação". Justificava-se a determinação pelo fato de que o empregado que ajuiza ação no curso do contrato de trabalho geralmente é dispensado pelo empregador, devendo a legislação assegurar que durante o pacto laboral não deveria correr o prazo de prescrição, justamente para que o obreiro não venha a ser prejudicado em seus direitos. A Comissão dos Direitos Sociais não tratou do tema. Na Comissão de Sistematização determinava-se: "não incidência da prescrição no curso do contrato de trabalho e até dois anos de sua cessação".

Na redação original da alínea *b*, do artigo 7º da Lei Magna de 1988, o trabalhador tinha prazo de prescrição de dois anos após o término do contrato de trabalho, porém não existia limite de prazo para postular verbas trabalhistas, entendendo-se que a postulação poderia ser feita quanto a todo o período trabalhado pelo empregado.

Havia tratamento diferenciado quanto ao prazo de prescrição do empregado rural pelo fato de este muitas vezes não ter acesso a informações e estar longe da cidade para poder fazer postulação contra o empregador rural. Afirmava-se que o sindicato rural não tem força reivindicativa, sendo considerado um sindicato fraco, daí por que a necessidade de proteção diferenciada para o empregado rural. Esclarecia-se, ainda, que o empregado tem condições de vida precárias no campo, necessitando de proteção especial.

Alice Monteiro de Barros leciona que "o tratamento desigual sobre a matéria, dispensado aos empregadores rurais e urbanos, não mais se justifica na sociedade contemporânea, exatamente porque desviou-se do princípio da igualdade".[27] O trabalhador rural passou a ter maior informação sobre os seus direitos e meios de acesso à própria Justiça do Trabalho. Logo, não se justificava o tratamento desigual, no que diz respeito ao prazo prescricional.

A Emenda Constitucional nº 28 foi publicada em 26 de maio de 2000 com um erro de redação. Foi feita referência a "ação, *quando* a créditos resultantes...". O erro era evidente, devendo ser lido como ação *quanto* a créditos. Mesmo assim, o texto constitucional foi corrigido em 29 de maio de 2000. Dispõe o § 4º do artigo 1º do Decreto-lei nº 4.657/42 que as correções a texto de lei já em vigor consideram-se lei nova. Assim, a Emenda Constitucional nº 28 entrou em vigor em 26 de maio de 2000, quando foi publicada.

Não há dúvida de que o empregado rural terá dois anos para propor a ação contados da data da cessação do contrato de trabalho. Nesse ponto, não houve qualquer alteração, pois a norma constitucional repete aproximadamente a redação do artigo 10 da Lei nº 5.889/73. A questão é: como aplicar a limitação do prazo prescricional a cinco anos, desde que o empregado ajuíze a ação dentro de dois anos a contar da cessação do contrato de trabalho?

---

27 BARROS, Alice Monteiro de. *Curso de direito do trabalho*. Estudos em memória de Célio Goyatá. 3. ed. São Paulo: LTr, 1997. v. 1, p. 228.

Em matéria de direito intertemporal, a lei nova tem aplicação imediata às situações pendentes, não podendo ser retroativa para questões já consumadas. Afirma Paul Roubier que "a base fundamental da ciência dos conflitos de leis no tempo é a distinção entre efeito retroativo e efeito imediato de uma lei. Parece um dado muito simples: o efeito retroativo é a aplicação no passado, o efeito imediato é a aplicação no presente [...] Se a lei pretende ser aplicada sobre fatos consumados, ela é retroativa; se ela pretende ser aplicada sobre situações em curso, será preciso distinguir entre as partes anteriores à data da modificação da legislação e que não poderão ser atingidas sem retroatividade, e as partes posteriores, sobre as quais a lei nova, se aplicável, não terá senão um efeito imediato; enfim, diante de fatos futuros, é claro que a lei não pode jamais ser retroativa. Portanto, retroatividade, vedada pelo direito, é a incidência da lei sobre situações consumadas. Efeito imediato, permitido pelo direito, é a aplicabilidade da lei às situações que se desenvolvem à época da sua vigência e que portanto não estão, nesse momento, consumadas".[28]

Leciona Câmara Leal que "as leis que regem a prescrição são retroativas em relação às prescrições não consumadas, e irretroativas em relação às prescrições já consumadas".[29]

Prescrição iniciada e não consumada não representa direito adquirido, mas mera expectativa de direito, pois poderia ocorrer a sua interrupção ou suspensão. Antes da consumação o prescribente não pode invocar o direito à prescrição.

A nova norma constitucional não pode ser aplicada retroativamente, em relação às situações jurídicas já consumadas. Se a prescrição se iniciou e se consumou sob o império da lei antiga, aplica-se esta, mesmo que os prazos sejam aumentados ou diminuídos. Começando a fluir a prescrição pela lei nova e de acordo com ela terminando, observa-se a referida norma.

O Código Civil não prevê regra sobre direito intertemporal em relação a prescrição. A legislação brasileira não trata do assunto, muito menos a Emenda Constitucional nº 28 se preocupou com o tema.

Nos casos em que a lei aumentar o prazo prescricional, ela tem aplicação imediata, contando-se o prazo já decorrido na vigência da lei anterior.

Antes da Constituição de 1988, não havia a limitação de prazo de cinco anos para o empregado urbano propor a ação, pois prescrevia "em dois anos o direito de pleitear a reparação de qualquer ato infringente de dispositivo" contido na CLT (art. 11 da CLT). O TST, examinando a questão, decidiu que "a norma constitucional que ampliou a prescrição da ação trabalhista para 5 (cinco) anos

---

[28] ROUBIER, Paul. *Le droit transitoire*, 2. ed. Paris: Dalloz et Sirey, 1960. p. 178.

[29] LEAL, Antônio Luís da Câmara. *Da prescrição e da decadência*. Rio de Janeiro: Forense, 1982. p. 89.

é de aplicação imediata, não atingindo pretensões já alcançadas pela prescrição bienal, quando da promulgação da Constituição de 1988" (Súmula 308). Dessa forma, prescrição já consumada em 4 de outubro de 1988 não poderia ser modificada com aumento de prazo, pois do contrário a lei teria efeito retroativo.

Nas hipóteses em que a lei nova reduz prazo de prescrição é preciso serem feitas algumas considerações, devendo ser estudadas a legislação estrangeira e o entendimento dos autores.

A Lei de Introdução ao Código Civil alemão, no artigo 169, 2ª alínea, determina que "se o prazo de prescrição, conforme o Código Civil, é mais curto que as leis anteriores, computa-se o prazo mais curto a partir da entrada em vigor do Código Civil. Se, entretanto, o prazo mais longo determinado pelas leis anteriores expira mais cedo que o mais curto, determinado pelo Código Civil, a prescrição se completa com o fim do prazo mais longo".

Luiz Carpenter analisa o caso em que o prazo de prescrição previsto na lei nova é mais curto do que o previsto na lei antiga. "Se, contado o prazo da lei nova, do dia em que sob a vigência da lei antiga nasceu a prescrição, esta se completar em dia posterior à vigência da lei nova, esse dia será o último do prazo, que ficará dessa maneira encurtado, qualquer que seja o tempo que pela lei antiga podia correr." "Se contado o prazo da lei nova, do dia em que sob a vigência da lei antiga nasceu a prescrição, esta se completar no dia da vigência da lei nova, ou em dia anterior, então é claro que esse dia não poderá ser o último do prazo, porque isso seria causar uma surpresa à boa-fé do prescribente e castigá-lo com uma pena que ele nada fez para merecer. Nesse caso a lei nova fará ao prescribente a concessão maior possível, a qual vem a ser a seguinte, o prazo da prescrição será o da lei nova, mas só se contará do dia da vigência dessa lei, e nem correrá todo se dentro dele terminar o prazo da lei antiga, porque então o prazo da lei nova findará no mesmo dia em que findar o da lei antiga." Afirma que seu raciocínio toma por base o artigo 169 da Lei de Introdução ao Código Civil alemão.[30]

Câmara Leal declara que "estabelecendo a nova lei um prazo mais curto de prescrição, essa começará a correr da data da nova lei, salvo se a prescrição iniciada na vigência da lei antiga viesse a completar-se em menos tempo, segundo essa lei, que, nesse caso, continuaria a regê-la relativamente ao prazo".[31]

Carlos Maximiliano leciona que "prevalece o lapso mais breve, estabelecido pela norma recente, a partir da entrada da mesma em vigor; não se conta o tempo transcorrido antes; porém, se ao sobrevir o novo diploma faltava, para se consumar a prescrição, trato menor do que o fixado pelos preceitos atuais, prefere-se o prazo determinado na lei anterior".[32] Outra solução seria a aplicação das

---

30 CARPENTER, Luiz Frederico. *Da prescrição*. 3. ed. Rio de Janeiro: Nacional de Direito, 1958. v. II, p. 742.

31 LEAL, Câmara. *Da prescrição e da decadência*, p. 90.

32 MAXIMILIANO, Carlos. *Direito intertemporal*. Rio de Janeiro: Freitas Bastos, 1946. p. 250.

Disposições Transitórias do Código Suíço, no art. 19, que "resolvem a dificuldade, mandando contar o tempo decorrido sob uma e outra norma, proporcionalmente: por exemplo, em havendo o decurso de dez anos, quando o prazo era de vinte e foi limitado a cinco; como se completou a metade do período fixado outrora, deve fluir a metade, também, de novo trato, isto é, dois anos e meio".[33] Entretanto, não há previsão legal para se aplicar no direito brasileiro a proporcionalidade mencionada pelo citado jurista.

Eduardo Espínola menciona que se o prazo de prescrição "é diminuído, conta-se o prazo da nova lei, a partir do dia em que foi publicada, salvo se o mais longo da lei antiga se completar antes, computado o período já decorrido na vigência da mesma lei".[34]

Esclarece Paul Roubier que a lei nova que encurta o prazo de prescrição em curso não pode ser aplicada, sob pena de produzir efeito retroativo. O prazo novo poderia ter-se escoado sob a vigência da lei antiga e então a prescrição se teria consumado durante a vigência dessa lei, o que contraria o princípio da irretroatividade. O melhor sistema consiste em fazer fluir o prazo encurtado resultante da lei nova a partir da data da vigência desta lei. "Todavia, se o prazo fixado pela lei antiga devia findar antes do novo prazo descontado a partir da lei nova, manter-se-ia a aplicação da lei antiga; há aí um caso de sobrevivência tácita desta lei, porque seria contraditório que uma lei, cujo fim é o de reduzir o prazo de prescrição, resultasse em o prolongar".[35]

Maria Helena Diniz afirma que "a nova lei sobre prazo prescricional aplica-se desde logo se o aumentar, embora deva ser computado o lapso temporal já decorrido na vigência da norma revogada. Se o encurtar, o novo prazo de prescrição começará a correr por inteiro a partir da lei revogadora. Se o prazo prescricional já se ultimou, a nova lei que o alterar não o atingirá".[36]

Ensina Wilson de Souza Campos Batalha que "constituem princípios gerais de Direito intertemporal que a lei nova que alonga os prazos de prescrição atinge as prescrições não consumadas, computando-se o tempo decorrido na vigência da lei antiga: ao contrário, a lei nova que reduz o prazo de prescrição aplica-se às situações em curso, computando-se o prazo mais exíguo a partir de seu início de vigência, salvo se terminar antes o prazo mais longo fixado pela lei antiga, computado o tempo decorrido da vigência desta".[37] Adverte que "embora possa a lei nova disciplinar a prescrição e a decadência, incidindo imediatamente sobre as situações jurídicas em curso de formação ou de extinção, seria retroativa a lei

---

[33] MAXIMILIANO, Carlos. *Direito intertemporal*, p. 249.

[34] ESPÍNOLA, Eduardo. *Sistema de direito civil brasileiro*. 3. ed. 1938. v. I, p. 242.

[35] ROUBIER, Paul, *Le droit transitoire*, Paris, 1960. p. 224-225 e 300.

[36] DINIZ, Maria Helena. *Lei de introdução ao Código Civil Brasileiro interpretada*. 6. ed. São Paulo: Saraiva. 2000. p. 200.

[37] BATALHA, Wilson de Souza Campos; RODRIGUES NETTO, Silvia Marina L. Batalha. *Prescrição e decadência no direito do trabalho*. São Paulo: LTr, 1996. p. 57.

que, reduzindo o prazo prescricional ou preclusivo (*id est*, extintivo), acarretasse, na data de seu início de vigência, a prescrição ou a decadência de direitos, cujos prazos se haviam iniciado na data de vigência da lei anterior e que apenas se consumariam com o decurso do período mais amplo por esta fixado: cortar-se-iam de um jacto os prazos em curso e imediatamente seria consumada a prescrição ou decadência, o que repugnaria ao mais elementar sentido de justiça".[38]

Savigny declara que se a lei nova reduz o prazo, computa-se o prazo reduzido a partir de seu início de vigência, desconsiderando-se o tempo já escoado.[39]

Batalha afirma que "Savigny não previa a solução mais adequada: aplica-se o prazo reduzido previsto pela lei nova a partir de seu início de vigência, salvo se findar antes o prazo mais longo previsto pela lei antiga computado o tempo fluído antes da lei nova. Efetivamente, sendo intuito da lei nova reduzir o prazo, não poderia aplicar-se de maneira a alongar o prazo (tempo decorrido na vigência da lei antiga mais período mais breve computado, porém, a partir do início de vigência da lei nova)".[40] Menciona que "se, computado o prazo previsto pela lei nova, a partir da data do início de vigência desta, se consumar antes de terminado o prazo maior previsto pela lei anterior, aplicar-se-á o prazo menor previsto pela lei nova, contando-se dito prazo a partir da data de vigência da lei nova".[41]

Sujeitar às regras da lei nova o tempo transcorrido durante a vigência da lei antiga significaria atribuir a esse tempo valor que não lhe era conferido antes.[42] Em certos casos poderia ocorrer de a prescrição ter fluido integralmente na vigência da lei velha e, quando promulgada a lei nova, o direito de ação estaria integralmente prescrito. Seriam aplicadas duas diferentes legislações (a nova e a velha), ao mesmo tempo, para reger a mesma relação jurídica.

Poderia ser aplicado por analogia o artigo 916 da CLT, em que os prazos de prescrição fixados pela CLT começarão a correr da data da vigência desta, quando menores do que os previstos pela legislação anterior. É a observância analógica de regra transitória estabelecida em 10 de novembro de 1943, quando entrou em vigor a CLT.

O STF entendeu que "a lei que encurta o prazo de prescrição se aplica a partir do termo inicial e não do seu advento" (*RTJ*, v. 37, p. 693).

Menciona a Súmula 445 do STF que "a Lei nº 2.437, de 7.3.55, que reduz prazo prescricional, é aplicável às prescrições em curso na data de sua vigência, salvo quanto aos processos então pendentes". A referida lei entrou em vigor em 1º de janeiro de 1956.

---

38 BATALHA, Wilson de Souza Campos. *Direito intertemporal*. Rio de Janeiro: Forense, 1980. p. 243.

39 SAVIGNY. *Traité de droit romain*, 1851, VIII, p. 418/26.

40 BATALHA, Wilson de Souza Campos. *Direito intertemporal*, p. 245.

41 BATALHA, Wilson de Souza Campos. *Direito intertemporal*, p. 244.

42 FERRARA, Francesco. *Tratatto di diritto civile italiano*. Roma: Athenaeum, 1921. p. 275.

Esclarece Eduardo Gabriel Saad que se a reclamação do rural "foi levada a juízo logo após a extinção do contrato de trabalho, prescreveram as verbas não compreendidas no período de cinco anos que antecedeu a ruptura do vínculo empregatício.

A regra, seguida na doutrina e na jurisprudência, é a de que o novo prazo prescricional é inaplicável às situações já consumadas, em que a obrigação já se extinguiu de conformidade com o preceituado na lei anterior".[43]

A norma constitucional não está reduzindo prazo prescricional que estava em curso para o empregado rural. Está criando prazo prescricional de cinco anos onde não existia prazo prescricional. O trabalhador não tinha nenhuma verba prescrita em 25 de maio de 2000. A violação do seu direito, a *actio nata*, só surge em 26 de maio de 2000, quando teria ocorrido a lesão. Assim, a lei nova não pode ser retroativa, só podendo ser observada a partir da sua vigência.

Batalha ensina que "se a lei nova declara prescritíveis direitos que eram imprescritíveis na vigência da lei anterior, tais direitos passam a ser sujeitos à prescrição, computado o respectivo prazo, porém, a partir da data de início de vigência da lei nova".[44]

Miguel Serpa Lopes afirma que "sendo de destacar a opinião de Gabba no sentido de que a nova prescrição é restritamente aplicável a fatos posteriores à sua criação, quer se trate de usucapião, quer se trate de prescrição".[45]

O tempo transcorrido antes da vigência da Emenda Constitucional nº 28 não será contado para efeito da verificação do prazo prescricional do rurícola. Com isso, a lei nova não estará sendo aplicada de forma retroativa.

Arion Sayão Romita alega que "o trabalhador rural poderá propor ação até 26.5.2005 para postular a reparação de direitos violados durante a vigência do contrato de trabalho, porque a norma anterior não previa qualquer prazo prescricional e o prazo de cinco anos, fixado pela emenda constitucional, começou a fluir em 26.5.2000, data da respectiva vigência. Até a data mencionada (26.5.2000), não correrá prazo prescricional, pois este período continua sob o império da norma pretérita. A aceitação de prescrição consumada antes de 26.5.2005 teria como consequência atribuir efeito retroativo à nova lei, o que não se coaduna com o ordenamento jurídico brasileiro".[46]

A Emenda Constitucional nº 28 não pode ser observada em relação a contratos que cessaram antes de 26 de maio de 2000. Nesse caso, deve ser aplicada a lei vigente na data da cessação do pacto laboral, que não previa a limitação de

---

[43] SAAD, Eduardo Gabriel. Resenha LTr 16. *Suplemento Trabalhista* 131/00, p. 723.

[44] BATALHA, Wilson de Souza Campos. *Direito intertemporal*, p. 248.

[45] LOPES, Miguel Serpa. *Curso de direito civil*. 9. ed. Rio de Janeiro: Freitas Bastos, 2000. v. 1, p. 208.

[46] ROMITA, Arion Sayão. Prescrição dos créditos trabalhistas do rurícola. *Repertório IOB de Jurisprudência* nº 21/2000, texto 2/16.645, p. 420.

prazo prescricional em cinco anos. Entender em sentido contrário seria dar efeito retroativo à norma constitucional. O prazo de cinco anos só poderia ser aplicado a contar da vigência da Emenda Constitucional nº 28 em 26 de maio de 2000, isto é, sendo observado em 26 de maio de 2005.[47]

Américo Plá Rodriguez narra situação que ocorreu no Uruguai, em que o artigo 14 da Lei nº 14.188 estabeleceu prazo de prescrição de um ano para a cobrança de salários e de indenização de despedida, a contar do momento em que o salário deveria ser pago. Por se tratar de um prazo curto e em relação a contratos que ainda estariam em vigor, entendeu-se que a lei somente vigorava para os créditos trabalhistas posteriormente à data de entrada em vigor da lei, ou seja, 3 de outubro de 1974.[48]

Com a nova determinação do inciso XXIX do artigo 7º da Lei Maior, há a derrogação do inciso II do artigo 11 da CLT, no ponto em que não há limite de prazo para o empregado rural reclamar verbas trabalhistas. O mesmo ocorre em relação ao artigo 10 da Lei nº 5.889/73, que, ao meu ver, tinha sido revogado pelo inciso II do artigo 11 da CLT.

Os contratos de trabalho rurais celebrados a partir da vigência da Emenda Constitucional nº 28 terão a observância do prazo prescricional por ela estabelecido.

Para o trabalhador rural dispensado na vigência da redação original do inciso XXIX do artigo 7º da Constituição, aplica-se a alínea *b* do referido dispositivo.

A nova norma constitucional acabou sendo menos favorável ao empregado rural e mais favorável ao empregador rural, ao estabelecer o prazo prescricional de cinco anos a contar da propositura da ação, desde que observado o prazo de dois anos a contar da cessação do contrato de trabalho.

## 272 Salário-mínimo. Servidor. Salário-base inferior. Diferenças. Indevidas (inserida em 27.9.2002)

**A verificação do respeito ao direito ao salário-mínimo não se apura pelo confronto isolado do salário-base com o mínimo legal, mas deste com a soma de todas as parcelas de natureza salarial recebidas pelo empregado diretamente do empregador.**

O salário é a remuneração recebida diretamente pelo empregado do empregador em decorrência do contrato de trabalho.

---

47 No mesmo sentido: NOGUEIRA, Eliana dos Santos Alves e FORNER, Aldimar de Aguiar. A prescrição dos direitos do trabalhador rural ante a Emenda Constitucional nº 28. *Suplemento Trabalhista LTr* 166/00, p. 899.

48 PLÁ RODRIGUEZ. Américo. *Princípios de direito do trabalho*. 3. ed. São Paulo: LTr, 1993. p. 123/124.

O § 1º do artigo 457 da CLT dispõe que os abonos, gratificações, diárias, comissões e percentagens integram o salário. Logo, para a composição do salário-mínimo de empregado público também devem ser incluídas as gratificações, abonos ou outras parcelas de natureza salarial para efeito de verificar o salário-mínimo.

Não se pode tomar apenas o salário-base para efeito de verificar se o salário-mínimo está sendo respeitado.

## 274 Turno ininterrupto de revezamento. Ferroviário. Horas extras. Devidas (inserida em 27.9.2002)

**O ferroviário submetido a escalas variadas, com alternância de turnos, faz jus à jornada especial prevista no art. 7º, XIV, da CF/1988.**

O inciso XIV do artigo 7º da Constituição dispõe "jornada de seis horas de trabalho para o trabalho realizado em turnos ininterruptos de revezamento, salvo negociação coletiva".

*Turno* é palavra de origem espanhola que significa turma de trabalho, que não se confunde com jornada ou horário ininterrupto. O substantivo *turno* refere-se, portanto, às divisões dos horários de trabalho, dizendo respeito ao trabalhador, ao que este faz, tendo em vista a onerosidade do trabalho desenvolvido pelo obreiro, inclusive por questões higiênicas, e o fato de o trabalho em turnos ser prejudicial à saúde do empregado, principalmente porque em uma semana labora pela manhã, noutra à tarde e na seguinte à noite. O trabalho por turno é aquele em que grupos de trabalhadores se sucedem no posto de trabalho, cumprindo horários que permitam o funcionamento ininterrupto da empresa. O operário fica privado do contato familiar, de hábitos alimentares, do repouso à noite, do contato com a sociedade e até de poder continuar sua educação ou aprimorá-la. O substantivo *revezamento* trata dos trabalhadores escalados para prestar serviços em diferentes períodos de trabalho (manhã, tarde ou noite), em forma de rodízio. É a troca de posição dos trabalhadores, a substituição de um empregado por outro no posto de trabalho. Os trabalhadores têm diferentes horários de trabalho e trabalham em diferentes dias da semana. Ininterrupto é o contínuo, não interrompido. O adjetivo *ininterrupto* refere-se, portanto, ao turno, e não ao revezamento, pois ininterrupto está qualificando o substantivo *turno*. A ininterruptividade vai dizer respeito à forma como a empresa opera, no sentido de que uma turma termina a jornada e imediatamente é substituída por outra, e também de o trabalhador prestar serviços, por exemplo, nos três horários anteriormente mencionados. Por turno ininterrupto de revezamento deve-se entender o trabalho realizado pelos empregados que se sucedem no posto de serviço, na utilização dos equipamentos, de maneira escalonada, para períodos distintos de trabalho.

A Constituição menciona que o turno diz respeito a empregado urbano e rural. Não faz distinção em relação ao ferroviário. Se a Constituição não distingue, não cabe ao intérprete fazê-lo. Caso este trabalhe em turnos ininterruptos de revezamento, uma semana das 6 às 14 horas, outra das 14 às 22 horas e outra das 22 às 6 horas, sua jornada é de 6 horas, pois a alternância nos turnos prejudica a saúde do empregado, que em determinada semana dorme de dia e trabalha à noite e vice-versa.

O artigo 239 da CLT permite que o pessoal da categoria *c* trabalhe até 12 horas. Entretanto, se trabalharem em turnos ininterruptos de revezamento, a jornada será de 6 horas.

**275 Turno ininterrupto de revezamento. Horista. Horas extras e adicional. Devidos** (inserida em 27.9.2002)

**Inexistindo instrumento coletivo fixando jornada diversa, o empregado horista submetido a turno ininterrupto de revezamento faz jus ao pagamento das horas extraordinárias laboradas além da 6ª, bem como ao respectivo adicional.**

O empregado que trabalha em turnos ininterruptos de revezamento tem jornada de 6 horas, salvo negociação coletiva (art. 7º, XIV, da Constituição). Se trabalha além da sexta hora, deve receber a hora e mais o adicional, se for empregado mensalista.

Se o empregado é horista, todas as horas trabalhadas já lhe são pagas no fim do mês. Não se justifica o pagamento da hora e mais o adicional. Deveria ser devido apenas o adicional. O TST, porém, entende em sentido contrário.

Nos casos do comissionista puro, é devido apenas o adicional de horas extras (S. 340 do TST). Nos casos dos empregados que recebem por produção, também (Orientação Jurisprudencial 235 da SBDI-1 do TST).

**276 Ação declaratória. Complementação de aposentadoria** (*DJ* 11.8.2003)

**É incabível ação declaratória visando a declarar direito à complementação de aposentadoria, se ainda não atendidos os requisitos necessários à aquisição do direito, seja por via regulamentar, ou por acordo coletivo.**

A complementação de aposentadoria não tem exatamente previsão em lei. Decorre de norma coletiva ou de norma interna do empregador.

Se os requisitos previstos na norma ainda não foram atendidos pelo empregado, não há que se falar em ação declaratória, pois ainda não há nada a ser declarado. Não se pode estabelecer decisão judicial interpretativa para situação que pode ou não ocorrer no futuro. Do contrário, a decisão seria condicional.

A Justiça do Trabalho não decide em razão de conjecturas futuras, nem é órgão que exerce consultoria. Decide de acordo com o caso concreto.

## 277 Ação de cumprimento fundada em decisão normativa que sofreu posterior reforma, quando já transitada em julgado a sentença condenatória. Coisa julgada. Não configuração (*DJ* 11.8.2003)

**A coisa julgada produzida na ação de cumprimento é atípica, pois dependente de condição resolutiva, ou seja, da não modificação da decisão normativa por eventual recurso. Assim, modificada a sentença normativa pelo TST, com a consequente extinção do processo, sem julgamento do mérito, deve-se extinguir a execução em andamento, uma vez que a norma sobre a qual se apoiava o título exequendo deixou de existir no mundo jurídico.**

Precedentes:

VIOLAÇÃO DO ART. 896 DA CLT. SENTENÇA NORMATIVA. COISA JULGADA.

A possibilidade de extinção da execução da Ação de Cumprimento mostra-se absolutamente razoável, uma vez que está consignado nos autos que a causa da modificação da Sentença normativa foi a incompetência funcional absoluta, que implica necessariamente em vício de origem, contaminando mortalmente o processo coletivo. Consequentemente, a execução fundada em título que se concluiu ser inexistente, por vício de origem, por razões de simples lógica, não pode ter originado coisa julgada típica, não podendo subsistir a execução decorrente, por ausência de suporte jurídico. Portanto, reformada a sentença normativa em grau recursal, nesta hipótese, constituiria verdadeira ilegalidade o prosseguimento da execução. Ressalte-se que as vantagens ainda não foram pagas, tanto que se busca a satisfação por execução em ação de cumprimento. Entendimento da maioria desta E. SDI. Recurso de Embargos não conhecido (ERR 467.330/1998, j. 4.11.02, Min. Luciano de Castilho, *DJ* 22.11.2002 Decisão por maioria).

ERR 590.738/1999 – Min. Milton de Moura França – *DJ* 28.06.2002 – Decisão por maioria

ERR 392.155/1997 – Min. Carlos Alberto Reis de Paula – *DJ* 19.04.2002 – Decisão por maioria

ERR 405.753/1997 – Min. Milton de Moura França – *DJ* 09.11.2001 – Decisão por maioria

ERR 519.984/1998 Red. – Min. Milton de Moura França – *DJ* 06.09.2001 – Decisão por maioria

ERR 348.758/1997 – Min. Carlos Alberto Reis de Paula – *DJ* 16.02.2001 – Decisão unânime

ERR 350.081/1997 – Juiz Conv. Levi Ceregato – *DJ* 03.09.1999 – Decisão unânime

RR 590.738/1999, 1ª T. – Min. Ronaldo Lopes Leal – *DJ* 24.08.2001 – Decisão por maioria

RR 291.021/1996, 3ª T. – Min. Francisco Fausto – *DJ* 10.09.1999 – Decisão unânime

RE 331.099-2-SP-2ª T. – STF Min. Maurício Corrêa – *DJ* 03.10.2003 – Decisão unânime

Não se exige o trânsito em julgado da decisão proferida em sentença normativa para que ela possa ser objeto de ação de cumprimento (Súmula 246 do TST). O § 3º do artigo 6º da Lei nº 4.725/65 dispõe que "o provimento do recurso não importará restituição dos salários ou vantagens pagos, em execução do julgado".

Não penso que a coisa julgada produzida na ação de cumprimento é atípica. É coisa julgada como qualquer outra decisão. Uma vez transitada em julgado a decisão, somente por ação rescisória ela pode ser modificada.

O TST tem entendimento em sentido contrário, pois se a sentença normativa foi modificada no TST, não pode ser executada, devendo a execução ser extinta.

## 278 Adicional de insalubridade. Perícia. Local de trabalho desativado (*DJ* 11.8.2003)

**A realização de perícia é obrigatória para a verificação de insalubridade. Quando não for possível sua realização, como em caso de fechamento da empresa, poderá o julgador utilizar-se de outros meios de prova.**

A prova de um certo fato que foi produzida num processo pode ser copiada para outro, mediante certidão. É o que ocorreria em relação a um documento, aos depoimentos testemunhais ou pessoais, ao exame pericial etc. A essa prova transferida de um processo para outro dá-se o nome de prova emprestada.

Há necessidade de que a prova emprestada seja juntada nos autos, sujeita, portanto, ao contraditório, ao debate entre as partes, para depois ser avaliada pelo juiz.

Muitas vezes, a parte não tem como fazer prova a respeito de um certo fato, a não ser mediante a juntada de prova emprestada de outro processo. Caberá ao juiz analisar, de acordo com o seu livre convencimento (art. 131 do CPC), a respeito da validade da referida prova.

É certo que nem toda prova precisa ser feita diante do juiz que irá julgar a questão. Existem exceções de que a prova é produzida apenas perante o juízo que vai julgar o processo. Exemplos: a hipótese do juiz de segundo grau, que analisa a prova produzida perante o juiz de primeiro grau; da carta precatória ou rogatória.

No processo do trabalho não vigora o princípio da identidade física do juiz, ou seja, o juiz que colheu a prova não é obrigado a julgar o processo.

A prova produzida entre terceiros tem pouca eficácia num processo de outras partes.

A prova das mesmas partes de um processo que é produzida em outro, entre as mesmas partes, tem plena validade se disser respeito aos mesmos fatos. Não se pode dizer que não tem valor.

Deverá ser analisada a prova emprestada com certas restrições. É verdade que os princípios da economia e da celeridade processual recomendam sua aplicação, contudo há necessidade de o juiz observá-la com certas cautelas, principalmente quando não há a possibilidade de tal prova ser repetida num segundo processo.

É o que ocorreria se a testemunha já houvesse falecido, ou se o local onde se pretende fazer prova pericial de insalubridade ou periculosidade não é mais o mesmo, em razão de algumas mudanças que lá ocorreram.

Seria possível utilizar de prova emprestada relativa a acidente do trabalho, de acordo com perícia feita no Cível. Constatado o acidente do trabalho, não há mais que se falar sobre sua existência perante a empresa. Tal prova emprestada do Cível valerá no processo do trabalho quanto à questão do acidente do trabalho, até porque o juízo Cível é o competente para analisar postulação de acidente do trabalho feito pelo segurado contra o INSS.

Somente os atos decisórios são considerados nulos em caso de incompetência do juízo (§ 2º do art. 113 do CPC). Assim, a prova emprestada pode ser utilizada em processo proveniente de juízo incompetente.

Para se utilizar a prova emprestada, o ideal é que ela diga respeito às mesmas partes e tenha por objeto os mesmos fatos.

É impossível o perito fazer a avaliação da insalubridade ou periculosidade no local de trabalho do autor, se o referido lugar está desativado. A perícia seria realizada por presunção. O § 2º do artigo 195 da CLT dispõe que deve ser realizada perícia para a constatação de insalubridade ou periculosidade. Se o local de trabalho está desativado, não foi possível realizar a perícia para a constatação dos elementos que eram adversos à saúde do trabalhador. Não se pode admitir a prova emprestada, pois a questão relativa a insalubridade ou periculosidade é personalíssima, necessitando de prova própria e investigação pelo perito no local de trabalho, que é o exame pericial no local de trabalho do empregado. Nesse sentido a seguinte ementa:

> Inexistindo meios de realização da perícia no local de trabalho dos reclamantes porque desativada a empresa com suas atividades encerradas, é indevido o pagamento do adicional de insalubridade, não sendo concludente a prova apresentada, pois não pode confirmar a verificação de agentes insalubres "*in loco*" (TST, 4ª T., RR 102.906/94.5, Rel. Galba Velloso, Ac. 2.963/94, conforme Carrion, Valentin – Nova jurisprudência em Direito do Trabalho. São Paulo: Saraiva, 1995, 1º semestre, p. 319, ementa 2.195).

Na hipótese, *v. g.*, de que a empresa fechou ou transfere o estabelecimento onde trabalhava o empregado, é possível que as partes consigam um laudo em outro processo mostrando como era o ambiente de trabalho. Entretanto, para que este laudo seja aceito, mister se faz que a empresa seja a mesma, o local de trabalho seja o mesmo, os empregados envolvidos trabalhem no mesmo setor ou seção, exerçam a mesma função, trabalhem na mesma máquina, as condições de trabalho sejam as mesmas e o período trabalhado seja o mesmo.

Há jurisprudência nesse sentido:

> Recurso de revista. Adicional de periculosidade. Art. 195, § 2º, da CLT. Prova emprestada. Local de trabalho desativado. O art. 195 da CLT não proíbe a utilização de prova emprestada para a caracterização e a classificação da periculosidade. A desativação do local de trabalho justifica a utilização de laudo pericial emprestado desde que se trate da mesma empresa, do mesmo serviço, do mesmo local e do mesmo período de atividade. Fixados tais parâmetros, não há como invalidar o laudo que, mesmo indiretamente, avaliou as reais condições de trabalho do reclamante. Recurso de revista não conhecido (TST – RR 1.979/1996.463.02.00.9-2ª R. – 6ª T. – Rel. Min. Aloysio Corrêa da Veiga – *DJU* 1 25.8.2006).

Exceção também poderá ser se ambas as partes concordarem com a prova emprestada.

Dispõe o inciso III do parágrafo único do artigo 420 do CPC que o juiz indeferirá a perícia quando a verificação for impraticável. É o exemplo de que o local de trabalho do empregado foi desativado. Não há como ser feita a perícia.

Em certos casos, o TST não conheceu do recurso de revista quanto à prova emprestada, em razão de que a matéria é de fato:

> Agravo de instrumento. Recurso de revista. Adicional de periculosidade. Matéria fática. Laudo produzido nos autos e prova emprestada. Princípio do livre convencimento motivado. Art. 131 do CPC. Decisão calcada em prova técnica que concluiu pela existência de labor em área de risco e, consequentemente, pelo deferimento do adicional de periculosidade não dá ensejo a recurso de revista, por ser imprescindível a incursão no conjunto fático-probatório, vedada pela Sumula 126/TST. A circunstância de terem sido analisados tanto o laudo técnico produzido nos autos como

também a prova emprestada decorre do princípio da persuasão racional ou do livre convencimento motivado do julgador, pelo qual, a partir do caso concreto que lhe é posto, e após a apresentação de provas e argumentos pelas partes, tem ele liberdade para decidir acerca de seu conteúdo da forma que considerar mais adequada conforme seu convencimento e dentro dos limites impostos pela lei e pela Constituição, desde que motive sua decisão (art. 131/CPC). Agravo de instrumento desprovido (TST – AIRR 4161/2002-906-06-40.6-6ª R. – 6ª T. – Rel. Min. Mauricio Godinho Delgado – *DJU* 17.10.2008).

1. Nulidade do julgado por negativa de prestação jurisdicional. Para que se configure a nulidade de decisão por negativa de prestação jurisdicional, é imprescindível que se demonstre haver o julgador recusado a se manifestar sobre questões relevantes à solução da controvérsia. Se o Regional emite pronunciamento explícito sobre a validade da prova emprestada, quando já desativado o local de trabalho, não se configura a negativa de jurisdição devida à parte. 2. Adicional de insalubridade. Local de trabalho desativado. Prova emprestada. Nos termos do Enunciado nº 296 do Tribunal Superior do Trabalho, é necessário que os arestos colacionados ao confronto de teses contemplem a mesma situação fática motivadora da decisão recorrida. 3. Adicional de insalubridade. Limitação ao tempo de exposição ao agente insalubre. Não havendo emissão de tese pelo Regional no tocante à limitação do adicional de insalubridade ao tempo de exposição ao risco ou de seus reflexos, fica afastada a pretensão de ofensa a dispositivo legal, bem como de dissenso pretoriano. 4. Recurso de Revista não conhecido (Ac. um. da 1ª T. do TST – RR 490.563/98.5-3ª R. – Rel. Min. Emmanoel Pereira – *DJU* 1 24.9.2004).

Caberá ao juiz verificar em cada caso a validade da prova emprestada no processo, de acordo com o princípio da livre convicção motivada do magistrado, observados os critérios anteriormente especificados.

Em princípio, não será possível trazer prova emprestada quando o local de trabalho do empregado estiver desativado, exceto se a empresa for a mesma, o local de trabalho for o mesmo, os empregados envolvidos trabalhem no mesmo setor ou seção, exerçam a mesma função, trabalhem na mesma máquina, as condições de trabalho forem as mesmas e o período trabalhado for o mesmo.

## 279 Adicional de periculosidade. Eletricitários. Base de cálculo. Lei nº 7.369/85, art. 1º. Interpretação (*DJ* 11.08.2003)

**O adicional de periculosidade dos eletricitários deverá ser calculado sobre o conjunto de parcelas de natureza salarial.**

O artigo 1º da Lei nº 7.369/85 era claro no sentido de que o adicional de periculosidade no setor de energia elétrica era calculado sobre "o salário que perceber". Logo, não é calculado sobre o conjunto de parcelas de natureza salarial. Não há previsão legal estabelecendo que o cálculo do adicional de periculosidade deve ser feito sobre o conjunto de verbas de natureza salarial, salvo se houver previsão nesse sentido na norma coletiva.

É calculado o adicional de periculosidade com fundamento no salário-base, sem os acréscimos resultantes de gratificações, prêmios ou participações nos lucros das empresas (§ 1º do artigo 193 da CLT).

A Súmula 191 do TST esclarece que "o adicional de periculosidade incide, apenas, sobre o salário básico, e não sobre este acrescido de outros adicionais. Em relação aos eletricitários, o cálculo do adicional de periculosidade deverá ser efetuado sobre a totalidade das parcelas de natureza salarial". Diante da nova redação da Súmula 191 do TST, a orientação jurisprudencial deveria ser cancelada.

A Lei nº 7.369/85 foi revogada pela Lei nº 12.740/12.

## 282 Agravo de instrumento. Juízo de admissibilidade "ad quem" (*DJ* 11.8.2003)

**No julgamento de Agravo de Instrumento, ao afastar o óbice apontado pelo TRT para o processamento do recurso de revista, pode o juízo "ad quem" prosseguir no exame dos demais pressupostos extrínsecos e intrínsecos do recurso de revista, mesmo que não apreciados pelo TRT.**

O Ministro relator no TST não está vinculado ao juízo de admissibilidade do presidente do Tribunal Regional do Trabalho. Afastado o óbice apresentado pelo presidente do TRT para o conhecimento do recurso de revista no exame do agravo de instrumento, pode o ministro relator verificar outros pressupostos extrínsecos ou intrínsecos do recurso de revista e até negar seguimento ao recurso de revista por esses motivos, ainda que não tenham sido apreciados pelo presidente do Tribunal Regional do Trabalho.

Pressupostos extrínsecos são tempestividade, representação, depósito recursal, custas. Pressupostos intrínsecos são as hipóteses descritas no artigo 896 da CLT.

A Súmula 285 do TST mostra que "o fato de o juízo primeiro de admissibilidade do recurso de revista entendê-lo cabível apenas quanto à parte das matérias veiculadas não impede a apreciação integral pela Turma do Tribunal Superior do Trabalho, sendo imprópria a interposição de agravo de instrumento".

## 283 Agravo de instrumento. Peças essenciais. Traslado realizado pelo agravado. Validade (*DJ* 11.8.2003)

**É válido o traslado de peças essenciais efetuado pelo agravado, pois a regular formação do agravo incumbe às partes e não somente ao agravante.**

Precedentes:

AGRAVO DE INSTRUMENTO. PEÇAS ESSENCIAIS. TRASLADO REALIZADO PELO AGRAVADO. VALIDADE. O fato de as cópias das procurações outorgadas pelos Agravados terem sido juntadas somente com a contraminuta não pode ser motivo para que elas sejam desconsideradas, a ponto de ensejar o não conhecimento do Agravo, sob o argumento de deficiência de traslado. O próprio art. 897 da CLT, na sua atual redação, deixa assente que incumbe às partes – e não somente ao agravante – promover a formação do instrumento do agravo, de modo a possibilitar o julgamento de ambos os recursos. Embargos conhecidos e providos (EAIRR 662.713/2000, j. 11.12.2001, Min. Luciano de Castilho, *DJ* 8.2.2002).

EAIRR 673.382/2000 – Min. Milton de Moura França – *DJ* 21.09.2001 – Decisão unânime

A formação do agravo de instrumento incumbe à parte e não ao funcionário da Justiça do Trabalho.

O § 5º do artigo 897 da CLT dispõe que a formação do instrumento de agravo incumbe às partes, de modo a possibilitar, caso provido, o imediato julgamento do recurso denegado. Nada impede, portanto, que nas contrarrazões o agravado junte as procurações ou outras peças importantes para a compreensão do caso dos autos.

**284 Agravo de instrumento. Traslado. Ausência de certidão de publicação. Etiqueta adesiva imprestável para aferição da tempestividade** (*DJ* 11.8.2003)

**A etiqueta adesiva na qual consta a expressão "no prazo" não se presta à aferição de tempestividade do recurso, pois sua finalidade é tão somente servir de controle processual interno do TRT e sequer contém a assinatura do funcionário responsável por sua elaboração.**

O recurso será tempestivo se for protocolado no prazo, de acordo com chancela de protocolo em que se indica o dia e horário do protocolo. A etiqueta adesiva que consta que o recurso está no prazo nada quer dizer. Ela não contém sequer assinatura. Serve apenas como controle interno do TRT.

**285 Agravo de instrumento. Traslado. Carimbo do protocolo do recurso ilegível. Inservível** (*DJ* 11.8.2003)

**O carimbo do protocolo da petição recursal constitui elemento indispensável para aferição da tempestividade do apelo, razão pela qual deverá estar legível, pois um dado ilegível é o mesmo que a inexistência do dado.**

O que mostra a tempestividade do recurso é o carimbo do protocolo. Se o traslado da petição de recursal traz de forma ilegível o referido protocolo, não é possível dizer que o recurso é tempestivo. Logo, não pode ser conhecido.

**286 Agravo de instrumento. Traslado. Mandato tácito. Ata de audiência. Configuração**

**I – A juntada da ata de audiência, em que está consignada a presença do advogado, desde que não estivesse atuando com mandato expresso, torna dispensável a procuração deste, porque demonstrada a existência de mandato tácito.**

**II – Configurada a existência de mandato tácito fica suprida a irregularidade detectada no mandato expresso.**

O mandato tácito é caracterizado pelo fato de o advogado ter comparecido em alguma audiência em nome do cliente. Se essa ata é juntada nas peças de formação do agravo de instrumento, fica também configurado o mandato tácito e ele vale para fins do próprio agravo de instrumento. Não há nesse caso necessidade de juntada da procuração do cliente.

**287 Autenticação. Documentos distintos. Despacho denegatório do recurso de revista e certidão de publicação** (*DJ* 11.8.2003)

**Distintos os documentos contidos no verso e anverso, é necessária a autenticação de ambos os lados da cópia.**

Se os documentos contidos no verso e anverso vão ser copiados, há necessidade de autenticação de ambos os documentos e não apenas de um, pois eles são distintos. A exceção diz respeito ao fato de o advogado dar por autênticos ambos os referidos documentos. É o que pode ocorrer se o despacho do recurso de revista está no anverso e a certidão de publicação no verso. Ambos têm de estar autenticados.

**294 Embargos à SDI contra decisão em recurso de revista não conhecido quanto aos pressupostos intrínsecos. Necessária a indicação expressa de ofensa ao art. 896 da CLT** (*DJ* 11.8.2003)

**Para a admissibilidade e conhecimento de embargos, interpostos contra decisão mediante a qual não foi conhecido o recurso de revista pela análise dos pressupostos intrínsecos, necessário que a parte embargante aponte expressamente a violação ao art. 896 da CLT.**

O inciso II do artigo 894 da CLT dispõe que os embargos para a SBDI-1 só cabem por divergência jurisprudencial. Não cabem mais por violação a dispositivo de lei federal, especialmente por violação ao artigo 896 da CLT.

O Regimento Interno do TST admite a interposição de agravo regimental contra despacho do relator que nega seguimento a recurso.

**295 Embargos. Revista não conhecida por má aplicação de súmula ou de orientação jurisprudencial. Exame do mérito pela SDI** (*DJ* 11.8.2003)

**A SDI, ao conhecer dos Embargos por violação do art. 896 – por má aplicação de súmula ou de orientação jurisprudencial pela Turma –, julgará desde logo o mérito, caso conclua que a revista merecia conhecimento e que a matéria de fundo se encontra pacificada neste Tribunal.**

Se a turma ou o relator não conhecem do recurso de revista com fundamento em súmula ou em orientação jurisprudencial e não é esse o caso, a SDI, ao conhecer do recurso de embargos por divergência jurisprudencial com súmula ou orientação jurisprudencial, julgará desde logo o mérito, no caso de entender que a revista merecia conhecimento e a jurisprudência sobre o tema já era pacífica no TST.

O procedimento tem fundamento analógico no § 3º do artigo 515 do CPC, que permite desde logo ao tribunal julgar o mérito da pretensão contida no recurso.

**296 Equiparação salarial. Atendente e auxiliar de enfermagem. Impossibilidade** (*DJ* 11.8.2003)

**Sendo regulamentada a profissão de auxiliar de enfermagem, cujo exercício pressupõe habilitação técnica, realizada pelo Conselho Regional de Enfermagem, impossível a equiparação salarial do simples atendente com o auxiliar de enfermagem.**

A Lei nº 7.498, de 25.6.1986, regula a profissão de enfermagem. Há necessidade de que o auxiliar de enfermagem tenha habilitação técnica, o que é feito no Conselho Regional de Enfermagem. O atendente de enfermagem não tem essa habilitação técnica. Logo, não pode haver equiparação salarial com o auxiliar de enfermagem.

O § 1º do artigo 461 da CLT exige que na equiparação salarial os envolvidos tenham a mesma perfeição técnica.

**297 Equiparação salarial. Servidor público da administração direta, autárquica e fundacional. Art. 37, XIII, da CF/1988** (*DJ* 11.8.2003)

**O art. 37, inciso XIII, da CF/1988, veda a equiparação de qualquer natureza para o efeito de remuneração do pessoal do serviço público, sendo juridicamente impossível a aplicação da norma infraconstitucional prevista no art. 461 da CLT quando se pleiteia equiparação salarial entre servidores públicos, independentemente de terem sido contratados pela CLT.**

O inciso XIII do artigo 37 da Constituição veda "a vinculação ou equiparação de quaisquer espécies remuneratórias para efeito de remuneração de pessoal do serviço público". Não permite a equiparação salarial entre servidores públicos. O empregado público é espécie de servidor público. Logo, também não se pode falar em equiparação salarial entre empregados públicos.

A orientação mostra que é vedada a equiparação salarial de empregados públicos da Administração Pública direta e das autarquias e fundações.

As sociedades de economia mista e as empresas públicas que explorem atividade econômica devem observar as regras do Direito do Trabalho (art. 173, § 1º, II, da Constituição). Nesse caso, é possível haver equiparação salarial entre os seus funcionários. A Orientação Jurisprudencial 353 do TST faz referência à sociedade de economia mista.

**300 Execução trabalhista. Correção monetária. Juros. Lei nº 8.177/91, art. 39, e Lei nº 10.192/01, art. 15** (Nova redação – *DJ* 20.4.2005)

**Não viola norma constitucional (art. 5º, II e XXXVI) a determinação de aplicação da TRD, como fator de correção monetária dos débitos trabalhistas, cumulada com juros de mora, previstos no artigo 39 da Lei nº 8.177/91 e convalidado pelo artigo 15 da Lei nº 10.192/01.**

A redação original foi publicada no *Diário de Justiça* de 11.8.2003: "Execução trabalhista. Correção monetária. Juros. Lei nº 8.177/91, art. 39 e Lei nº 10.192/01, art. 15. Não viola norma constitucional (art. 5º, II e XXXVI) a determinação de aplicação da TRD, como fator de correção monetária dos débitos trabalhistas, cumulada com juros de mora."

O artigo 39 da Lei nº 8.177 dispõe que os juros de mora são equivalentes à TRD.

Não há violação ao inciso II do artigo 5º da Constituição, pois foi respeitado o artigo 39 da Lei nº 8.177/91. Se houvesse, seria reflexa a violação ao dispositivo constitucional, indireta e não literal e direta.

Pontes de Miranda afirma que "se fôssemos aceitar a indistinção não haveria nenhuma ilegalidade; todas as questões de irregularidade da legislação ou dos atos dos poderes públicos seriam questões constitucionais".[49]

Esclarece a Súmula 636 do STF que não cabe recurso extraordinário por contrariedade ao princípio constitucional da legalidade quando a sua verificação pressuponha rever a interpretação dada a normas infraconstitucionais pela decisão recorrida.

O STF entendeu que não poderia ser aplicada a TR como fator de cálculo da correção monetária para fins de financiamento de casa própria.

O artigo 15 da Lei nº 10.192, de 14.2.1991, determina que "permanecem em vigor as disposições legais relativas à correção monetária dos débitos trabalhistas, de débitos resultantes de decisão judicial".

Não há violação a direito adquirido, ato jurídico perfeito ou coisa julgada (art. 5º, XXXVI, da Constituição), pois geralmente as decisões estabelecem que os juros e a correção monetária serão feitos "na forma da lei". Está sendo observada a lei.

## 302 FGTS. Índice de correção. Débitos trabalhistas (*DJ* 11.8.2003)

**Os créditos referentes ao FGTS, decorrentes de condenação judicial, serão corrigidos pelos mesmos índices aplicáveis aos débitos trabalhistas.**

Os créditos de depósitos do FGTS decorrentes de decisão judicial terão a correção monetária dos créditos trabalhistas, pois decorre da previsão do artigo 39 da Lei nº 8.177/91. Não serão, portanto, observadas tabelas de correção monetária da Caixa Econômica Federal, que, dependendo da época, poderão ser mais favoráveis ao empregado.

## 304 Honorários advocatícios. Assistência judiciária. Declaração de pobreza. Comprovação (*DJ* 11.8.2003)

**Atendidos os requisitos da Lei nº 5.584/70 (art. 14, § 2º), para a concessão da assistência judiciária, basta a simples afirmação do declarante ou de seu advogado, na petição inicial, para se considerar configurada a sua situação econômica (art. 4º, § 1º, da Lei nº 7.510/86, que deu nova redação à Lei nº 1.060/50).**

O artigo 14 da Lei nº 5.584/70 dispõe que a assistência judiciária gratuita será prestada ao empregado pelo sindicato da respectiva categoria profissional.

[49] MIRANDA, Pontes de. *Comentários à Constituição de 1967 com a Emenda nº 1, de 1969*. 2. ed. São Paulo: Revista dos Tribunais, 1970, t. I, p. 298.

O TST entende que basta o empregado declarar que é pobre na acepção jurídica, de que não tem condições de postular em juízo sem prejuízo do seu sustento próprio ou de sua família. Determina o artigo 4º da Lei nº 1.060/50 que a parte gozará dos benefícios da assistência judiciária, mediante simples afirmação, na própria petição inicial, de que não está em condições de pagar as custas no processo e os honorários de advogado, sem prejuízo próprio ou de sua família. O artigo 1º da Lei nº 7.115/83 dispõe que a declaração destinada a fazer prova de pobreza, quando firmada pelo próprio interessado ou por procurador bastante, e sob as penas da lei, presume-se verdadeira. O procurador pode também fazer a declaração.

**305 Honorários advocatícios. Requisitos. Justiça do Trabalho** (*DJ* 11.8.2003)

**Na Justiça do Trabalho, o deferimento de honorários advocatícios sujeita-se à constatação da ocorrência concomitante de dois requisitos: o benefício da justiça gratuita e a assistência por sindicato.**

A jurisprudência do TST é pacífica no sentido de entender indevidos os honorários de advogado se não forem atendidos os requisitos do artigo 14 da Lei nº 5.584/70 (Súmula 219, I e 329).

Nas relações entre empregado e empregador, o deferimento dos honorários de advogado exige a constatação de dois requisitos: (a) o empregado gozar dos benefícios da justiça gratuita e (b) estar assistido pelo sindicato da sua categoria profissional. São requisitos cumulativos e não alternativos.

A Instrução Normativa nº 27 do TST estabelece que são devidos honorários de advogado quando a relação discutida nos autos não for entre empregador e empregado. Nesse caso, aplica-se o artigo 20 do CPC.

**308 Jornada de trabalho. Alteração. Retorno à jornada inicialmente contratada. Servidor público** (*DJ* 11.8.2003)

**O retorno do servidor público (administração direta, autárquica e fundacional) à jornada inicialmente contratada não se insere nas vedações do art. 468 da CLT, sendo a sua jornada definida em lei e no contrato de trabalho firmado entre as partes.**

A jornada de trabalho do servidor público é fixada na lei e no contrato de trabalho firmado entre as partes.

O TST entende que o interesse da Administração Pública se sobrepõe ao do particular.

Entretanto, se o servidor é empregado público, a Administração tem de observar o artigo 468 da CLT. Se houver prejuízo ao empregado, haverá nulidade.

## 310 Litisconsortes. Procuradores distintos. Prazo em dobro. Art. 191 do CPC. Inaplicável ao processo do trabalho (*DJ* 11.8.2003)

**A regra contida no art. 191 do CPC é inaplicável ao processo do trabalho, em decorrência da sua incompatibilidade com o princípio da celeridade inerente ao processo trabalhista.**

O Decreto-lei nº 779/79 estabelece as hipóteses em que os prazos são em dobro ou em quádruplo. Não traz exceção para a hipótese em que os litisconsortes têm procuradores distintos. Logo, o prazo não é em dobro para os referidos procuradores de litisconsortes distintos (art. 191 do CPC), pois não existe omissão na legislação processual trabalhista.

O TST ainda entende que o artigo 191 do CPC é incompatível com o processo do trabalho diante do princípio da celeridade do processo trabalhista.

## 315 Motorista. Empresa. Atividade predominantemente rural. Enquadramento como trabalhador rural (*DJ* 11.8.2003)

**É considerado trabalhador rural o motorista que trabalha no âmbito de empresa cuja atividade é preponderantemente rural, considerando que, de modo geral, não enfrenta o trânsito das estradas e cidades.**

Motorista é categoria diferenciada. Entretanto, se ele trabalha para empresa rural e no âmbito rural, é empregado rural, regido pela Lei nº 5.889/73. O importante é que ele preste serviços para empresa que tenha atividade rural, ou seja, que tenha uma atividade agroeconômica.

A orientação analisou muitos casos de prescrição de trabalhadores rurais, pois o motorista seria rural, não importando pertencer a categoria diferenciada. Na sua maioria do Estado do Rio Grande do Sul.

O motorista de usina de açúcar, que transporta o caminhão, pegando subprodutos da cana, é empregado rural.

## 316 Portuários. Adicional de risco. Lei nº 4.860/65 (*DJ* 11.8.2003)

**O adicional de risco dos portuários, previsto no art. 14 da Lei nº 4.860/65, deve ser proporcional ao tempo efetivo no serviço conside-**

**rado sob risco e apenas concedido àqueles que prestam serviços na área portuária.**

Dispõe o artigo 14 da Lei nº 4.860/65 que, "a fim de remunerar os riscos relativos à insalubridade, periculosidade e outros porventura existentes, fica instituído o adicional de risco de 40% (quarenta por cento) que incidirá sobre o valor do salário-hora ordinário do período diurno e substituirá todos aqueles que, com sentido ou caráter idêntico, vinham sendo pagos". O § 2º do mesmo artigo prevê que o adicional somente será devido "durante o tempo efetivo no serviço considerado sob risco".

O artigo 19 da Lei nº 4.860/65 reza que "as disposições desta Lei são aplicáveis a todos os servidores ou empregados pertencentes às Administrações dos Portos organizados sujeitos a qualquer regime de exploração".

A norma legal não dispõe que o adicional é devido a qualquer trabalhador.

Entretanto, pode-se dizer que o artigo 19 da Lei nº 4.860/65 foi revogado pelo inciso XXXIV do artigo 7º da Lei Maior, que prevê os mesmos direitos para o trabalhador avulso em relação aos trabalhadores com vínculo empregatício permanente. Não pode, portanto, haver discriminação.

Dispõe o artigo 18 da Lei nº 8.630/93 que "no caso de vir a ser celebrado contrato, acordo ou convenção coletiva de trabalho entre trabalhadores e tomadores de serviços, este precederá o órgão gestor a que se refere o *caput* deste artigo e dispensará a sua intervenção nas relações entre capital e trabalho no porto".

Determina o artigo 29 da Lei nº 8.630 que "a remuneração, a definição das funções, a composição dos termos e demais condições de trabalho portuário avulso serão objeto de negociação entre as entidades representativas dos trabalhadores portuários avulsos e dos operadores portuários avulsos".

### 318 Representação irregular. Autarquia (*DJ* 11.8.2003)

**Os Estados e os Municípios não têm legitimidade para recorrer em nome das autarquias detentoras de personalidade jurídica própria, devendo ser representadas pelos procuradores que fazem parte de seus quadros ou por advogados constituídos.**

Se os Estados e Municípios têm autarquias com personalidade jurídica própria, que têm inclusive autonomia financeira, elas têm de ser representadas por procuradores de seus quadros ou por advogados constituídos por elas próprias. Os Estados e Municípios não têm legitimidade para recorrer em nome de autarquias.

**319 Representação regular. Estagiário. Habilitação posterior (*DJ* 11.8.2003)**

**Válidos são os atos praticados por estagiário se, entre o substabelecimento e a interposição do recurso, sobreveio a habilitação, do então estagiário, para atuar como advogado.**

O § 2º do artigo 3º da Lei nº 8.906/94 prevê que o estagiário regularmente inscrito pode praticar atos previstos no artigo 1º da referida lei, desde que "em conjunto com um advogado e sob a responsabilidade deste".

Se na data da interposição do recurso a pessoa ainda era estagiária, não poderia assinar o recurso e ele não deveria ser conhecido.

Caso tenha havido substabelecimento e na data da interposição do recurso, o antigo estagiário já era advogado, não há nenhuma irregularidade. O recurso deve ser conhecido.

**321 Vínculo empregatício com a administração pública. Período anterior à CF/1988**

**Salvo os casos de trabalho temporário e de serviço de vigilância, previstos nas Leis nºs 6.019, de 03.01.74, e 7.102, de 20.06.83, é ilegal a contratação de trabalhadores por empresa interposta, formando-se o vínculo empregatício diretamente com o tomador dos serviços, inclusive ente público, em relação ao período anterior à vigência da CF/88.**

A redação original foi determinada em 11.8.2003: "Vínculo empregatício com a Administração Pública. Período anterior à CF/1988. Súmula nº 256. Aplicável. É aplicável a Súmula nº 256 para as hipóteses de vínculo empregatício com a Administração Pública, em relação ao período anterior à vigência da CF/1988." A nova redação foi publicada no *Diário de Justiça* de 20.4.2005.

A redação da orientação jurisprudencial é semelhante à da Súmula 256 do TST, que foi cancelada pela Resolução nº 121/03.

A terceirização é lícita no trabalho temporário, em decorrência da previsão da Lei nº 6.019/74, e da vigilância e segurança, conforme Lei nº 7.102/83. Nos demais casos, o TST considera ilegal a contratação por empresa interposta, formando-se o vínculo de emprego diretamente com o tomador dos serviços. Entretanto, há outras empresas que prestam serviços, como de limpeza e conservação, que não têm regulamentação feita por lei, e suas atividades são consideradas lícitas, tanto que pagam ISS.

No período anterior ao da vigência da Constituição de 1988, a necessidade de se prestar concurso para emprego público não estava prevista na Lei Maior, como ocorre hoje com o inciso II do artigo 37 da Constituição. A previsão era apenas para cargo público. Era possível, portanto, o reconhecimento do vínculo de emprego com a Administração Pública.

### 322 Acordo coletivo de trabalho. Cláusula de termo aditivo prorrogando o acordo para prazo indeterminado. Inválida (*DJ* 9.12.2003)

**Nos termos do art. 614, § 3º, da CLT, é de 2 anos o prazo máximo de vigência dos acordos e das convenções coletivas. Assim sendo, é inválida, naquilo que ultrapassa o prazo total de 2 anos, a cláusula de termo aditivo que prorroga a vigência do instrumento coletivo originário por prazo indeterminado.**

O prazo máximo de vigência de convenção ou acordo coletivo é de dois anos (§ 3º do art. 614 da CLT).

A cláusula de norma coletiva não pode ter vigência por prazo indeterminado, pois viola o § 3º do artigo 614 da CLT. A cláusula do termo aditivo que ultrapassa o prazo de dois anos é considerada inválida.

Nada impede que as partes da convenção ou acordo coletivo firmem outra norma coletiva, mas não podem entabular termo aditivo que ultrapasse o prazo de dois anos para a vigência da convenção ou acordo coletivo.

### 323 Acordo de compensação de jornada. "semana espanhola". Validade (*DJ* 9.12.2003)

**É válido o sistema de compensação de horário quando a jornada adotada é a denominada "semana espanhola", que alterna a prestação de 48 horas em uma semana e 40 horas em outra, não violando os arts. 59, § 2º, da CLT e 7º, XIII, da CF/1988 o seu ajuste mediante acordo ou convenção coletiva de trabalho.**

Semana espanhola é o sistema de trabalho de 12 × 36 horas, em que a pessoa trabalha 12 horas em dias alternados. É comum o sistema nos hospitais. Numa semana se trabalha quatro dias (48 horas) e na outra três dias (36 horas).

O inciso XIII do artigo 7º da Constituição permite que seja feita compensação da jornada por meio de acordo ou convenção coletiva. Entendo que o acordo é coletivo e não individual, pois o adjetivo *coletiva* tem de concordar com o substantivo *convenção*. O inciso I da Súmula 85 do TST mostra que o acordo pode ser individual e não precisa ser coletivo.

A alternância do módulo semanal de 48 horas numa semana e 40 em outra importa a média de 44 horas, não violando o inciso XIII do artigo 7º da Constituição ou o § 2º do artigo 59 da CLT, principalmente quando é feito por meio de convenção ou acordo coletivo.

### 324 Adicional de periculosidade. Sistema elétrico de potência. Decreto nº 93.412/86, art. 2º, § 1º (*DJ* 9.12.2003)

**É assegurado o adicional de periculosidade apenas aos empregados que trabalham em sistema elétrico de potência em condições de risco, ou que o façam com equipamentos e instalações elétricas similares, que ofereçam risco equivalente, ainda que em unidade consumidora de energia elétrica.**

Não são apenas os funcionários de empresa que produz energia elétrica que têm direito ao adicional, mas os de todas as empresas em que existam condições que impliquem perigo de vida pelo contato com equipamentos energizados.

Na verdade, a Lei nº 7.369/85 não fez nenhuma distinção entre empresas concessionárias de distribuição, transmissão ou geradoras de energia elétrica e empresas consumidoras de energia elétrica. O que importa é se o obreiro labora nas condições descritas no anexo ao Decreto nº 93.412/86.

Dispõe o artigo 2º do Decreto nº 93.412/86 que para a concessão do adicional devem-se observar as atividades constantes do quadro anexo à citada norma, "independentemente do cargo, categoria ou ramo de empresa". A lei não determina que o adicional somente é devido aos empregados de empresas produtoras de energia elétrica. Se a lei não distingue, não cabe ao intérprete fazê-lo. O que deve ser realçado é se o trabalhador presta serviços nas hipóteses previstas no anexo ao Decreto nº 93.412/86.

Se o empregado trabalha com equipamentos ou instalações elétricas em situação de risco, com contato físico e exposição aos efeitos da eletricidade, possibilitando a "incapacitação, invalidez permanente ou morte" (§ 2º do art. 2º do Decreto nº 93.412/86), não há como deixar de ser pago o adicional de periculosidade. Despiciendo, então, afirmar-se que o adicional de periculosidade só se aplica aos eletricitários. Deve ser pago, também, aos eletricistas, desde que exerçam suas atividades nas áreas de risco descritas no anexo ao Decreto nº 93.412/86, até porque os equipamentos (*v. g.*, sistema elétrico de potência) e as áreas descritas no mencionado anexo (*v. g.*, cabine do sistema elétrico de potência) existem, também, nas empresas consumidoras de energia elétrica.

Havendo habitualidade na prestação de serviços em áreas sujeitas à energização, é devido o adicional de periculosidade.

**325 Aumento salarial concedido pela empresa. Compensação no ano seguinte em antecipação sem a participação do sindicato profissional. Impossibilidade** (*DJ* 9.12.2003)

**O aumento real, concedido pela empresa a todos os seus empregados, somente pode ser reduzido mediante a participação efetiva do sindicato profissional no ajuste, nos termos do art. 7º, VI, da CF/1988.**

Se a empresa concede aumento real aos seus funcionários, em razão do seu livre arbítrio, não pode posteriormente querer compensar o aumento por ocasião da data-base. Do contrário, não seria aumento real, mas mera antecipação.

A redução de salários só pode ser feita mediante convenção ou acordo coletivo (art. 7º, VI, da Constituição), ou seja, com a participação do sindicato dos empregados.

**331 Justiça gratuita. Declaração de insuficiência econômica. Mandato. Poderes específicos desnecessários** (*DJ* 9.12.2003)

**Desnecessária a outorga de poderes especiais ao patrono da causa para firmar declaração de insuficiência econômica, destinada à concessão dos benefícios da justiça gratuita.**

Mostra o § 3º do artigo 790 da CLT que é faculdade do juiz conceder a justiça gratuita a quem perceber salário igual ou inferior ao dobro do salário-mínimo ou declarar que não tem condições de pagar as custas do processo sem prejuízo do seu sustento próprio ou de sua família.

O artigo 4º da Lei nº 1.060/50 prevê que a parte gozará dos benefícios da assistência judiciária, mediante simples afirmação, na própria petição inicial, de que não está em condições de pagar as custas no processo e os honorários de advogado, sem prejuízo próprio ou de sua família. O artigo 1º da Lei nº 7.115/83 dispõe que a declaração de pobreza presume-se verdadeira desde que firmada sob as penas da lei, pelo próprio interessado ou por procurador bastante. Logo, o procurador deve ter autorização na procuração para fazer declaração em nome do cliente. Não pode declarar aquilo que não tem poderes para tanto.

**332 Motorista. Horas extras. Atividade externa. Controle de jornada por tacógrafo. Resolução nº 816/1986 do Contran** (*DJ* 9.12.2003)

**O tacógrafo, por si só, sem a existência de outros elementos, não serve para controlar a jornada de trabalho de empregado que exerce atividade externa.**

Em ações trabalhistas, tem sido feito pedido de juntada de tacógrafos para comprovar a jornada de trabalho do empregado sujeito a atividade externa, no caso o motorista.

O tacógrafo é um aparelho colocado em veículos maiores, como ônibus e caminhões, que mostra o andamento do veículo, quantos quilômetros rodou, qual a velocidade do veículo etc. Não serve para controlar a jornada de trabalho do motorista.

A jornada de trabalho do motorista pode ser verificada de acordo com outras provas, como por testemunhas; pelo fato de o empregado ter de rodar certo número de quilômetros por dia e isso só é possível em mais de 8 horas.

**334 Remessa "ex officio". Recurso de revista. Inexistência de recurso ordinário voluntário de ente público. Incabível** (*DJ* 9.12.2003)

**Incabível recurso de revista de ente público que não interpôs recurso ordinário voluntário da decisão de primeira instância, ressalvada a hipótese de ter sido agravada, na segunda instância, a condenação imposta.**

A remessa de ofício não é exatamente um recurso, pois o juiz não recorre da sua sentença, nem teria interesse nesse sentido. Serve para o tribunal reexaminar determinados aspectos legais da condenação que foi imposta ao ente público.

Em 28.10.2003, o Tribunal Pleno decidiu, por maioria, ser incabível recurso de revista de ente público que não interpôs recurso ordinário voluntário (E-RR 522601/1998, Tribunal Pleno).

Se o ente público não interpôs recurso ordinário da sentença, se conformou com a decisão e não pode depois pretender interpor recurso de revista. Houve, portanto, preclusão. A exceção diz respeito ao fato de que a decisão agravou a condenação para o ente público. Nesse caso, ele tem interesse em recorrer da condenação que lhe foi imposta.

**335 Contrato nulo. Administração pública. Efeitos. Conhecimento do recurso por violação do art. 37, II e § 2º, da CF/1988** (*DJ* 4.5.2004)

**A nulidade da contratação sem concurso público, após a CF/1988, bem como a limitação de seus efeitos, somente poderá ser declarada por ofensa ao art. 37, II, se invocado concomitantemente o seu § 2º, todos da CF/1988.**

O inciso II do artigo 37 da Constituição dispõe que a investidura em cargo ou emprego público depende de aprovação prévia em concurso público de provas ou de provas e títulos, de acordo com a natureza e a complexidade do cargo ou emprego, na forma prevista em lei, ressalvadas as nomeações para cargo em comissão declarado em lei de livre nomeação e exoneração. O § 2º do mesmo artigo determina que a não observância da necessidade de concurso público implica nulidade do ato e punição da autoridade responsável.

O TST entende que se houver indicação de violação ao inciso II do artigo 37 da Constituição, há necessidade de indicação ao mesmo tempo de violação ao seu § 2º, pois é este que faz referência à nulidade do ato e não o primeiro.

**336 Embargos interpostos anteriormente à vigência da Lei nº 11.496/07. Recurso não conhecido com base em orientação jurisprudencial. Desnecessário o exame das violações de lei e da Constituição alegadas na revista.**

**Estando a decisão recorrida em conformidade com orientação jurisprudencial, desnecessário o exame das divergências e das violações de lei e da Constituição alegadas em embargos interpostos antes da vigência da Lei nº 11.496/07, salvo nas hipóteses em que a orientação jurisprudencial não fizer qualquer citação do dispositivo constitucional.**

A redação original foi publicada no *DJ* 4.5.2004: "Embargos. Recurso não conhecido com base em orientação jurisprudencial. Desnecessário o exame das violações legais e constitucionais alegadas na revista. Estando a decisão recorrida em conformidade com orientação jurisprudencial, denecessário o exame das divergências e das violações legais e constitucionais alegadas, salvo nas hipóteses em que a orientação jurisprudencial não fizer qualquer citação do dispositivo constitucional".

O Tribunal Pleno alterou a redação na sessão realizada em 6.2.2012, conforme Resolução nº 178/12, divulgada no DEJT de 13, 14 e 15.2.2012.

A orientação jurisprudencial é a jurisprudência, notória, iterativa e atual do TST (S. 333 do TST). Logo, pode ser usada para negar seguimento a recurso de embargos. É desnecessário o exame das violações legais e constitucionais alegadas no recurso de revista desde que os dispositivos constem da orientação jurisprudencial. Do contrário, caberá o recurso de embargos, segundo o entendimento do TST, se não houver citação na orientação jurisprudencial dos dispositivos constitucionais debatidos.

Os embargos a que se refere a orientação jurisprudencial são os anteriores à Lei nº 11.496/97, que deu nova redação ao artigo 894 da CLT. O precedente específico que alterou a redação da orientação jurisprudencial não foi divulgado no DEJT.

O inciso II do artigo 894 da CLT mostra que os embargos só são admitidos por divergência jurisprudencial e não por violação de dispositivo de lei federal ou da Constituição.

### 338 Ministério Público do Trabalho. Legitimidade para recorrer. Sociedade de economia mista e empresa pública. Contrato nulo (*DJ* 4.5.2004)

**Há interesse do Ministério Público do Trabalho para recorrer contra decisão que declara a existência de vínculo empregatício com sociedade de economia mista ou empresa pública, após a CF/1988, sem a prévia aprovação em concurso público.**

Ao Ministério Público cabe a defesa da ordem jurídica, do regime democrático e dos interesses sociais e individuais indisponíveis (art. 127 da Constituição).

O interesse do Ministério Público do Trabalho em recorrer contra decisão que declara a existência de vínculo empregatício com sociedade de economia mista ou empresa pública, após a Constituição de 1988, sem a prévia aprovação em concurso público, é o fato de que o órgão é fiscal da lei (*custos legis*). O reconhecimento do vínculo com tais empresas sem aprovação em concurso público viola o inciso II do artigo 37 da Constituição. Logo, o Ministério Público do Trabalho tem legitimidade para recorrer.

A Orientação Jurisprudencial 237 do TST afirma que o Ministério Público não tem legitimidade para recorrer na defesa de interesse patrimonial privado, inclusive de empresas públicas e sociedades de economia mista.

### 339 Teto remuneratório. Empresa pública e sociedade de economia mista. Art. 37, XI, da CF/1988 (anterior à Emenda Constitucional nº 19/1998)

**As empresas públicas e as sociedades de economia mista estão submetidas à observância do teto remuneratório previsto no inciso XI do art. 37 da CF/1988, sendo aplicável, inclusive, ao período anterior à alteração introduzida pela Emenda Constitucional nº 19/1998.**

A redação original foi publicada no *Diário de Justiça* de 4.5.2004: "Teto remuneratório. Empresa pública e sociedade de economia mista. Art. 37, XI, da CF/1988 (anterior à Emenda Constitucional nº 19/1998). As empresas públicas e as sociedades de economia mista estão submetidas à observância do teto remuneratório previsto no inciso XI do art. 37 da CF/1988." A nova redação foi publicada no *Diário de Justiça* de 20.4.2005.

O artigo 37 da Constituição é aplicado à Administração Pública direta e indireta, o que inclui as empresas públicas e as sociedades de economia mista. Diz respeito a todos os servidores públicos, inclusive os empregados públicos, tanto que o inciso II do mesmo artigo faz referência a cargo ou emprego público. O § 9º do mesmo artigo, incluído pela Emenda Constitucional nº 19, determinou que "o disposto no inciso XI aplica-se às empresas públicas e às sociedades de economia mista, e suas subsidiárias, que receberem recursos da União, dos Estados, do Distrito Federal ou dos Municípios para pagamento de despesas de pessoal ou de custeio em geral". As empresas públicas e as sociedades de economia mista também estão submetidas à observância do teto remuneratório previsto no inciso XI do artigo 37 da Constituição, sendo aplicável, inclusive, ao período anterior à alteração introduzida pela Emenda Constitucional nº 19/1998. A redação atual do inciso XI do artigo 37 da Constituição é decorrente da Emenda Constitucional 41/03.

## 341 FGTS. Multa de 40%. Diferenças decorrentes dos expurgos inflacionários. Responsabilidade pelo pagamento (*DJ* 22.6.2004)

**É de responsabilidade do empregador o pagamento da diferença da multa de 40% sobre os depósitos do FGTS, decorrente da atualização monetária em face dos expurgos inflacionários.**

O STF reconheceu o direito dos trabalhadores aos expurgos inflacionários de 20,37%, em janeiro de 1989 e 44,80%, em abril de 1990 (RE 226.855-7-RS, j. 31.8.00, Rel. Min. Moreira Alves, *DJU* 13.10.00). Essas diferenças não foram creditadas na conta vinculada do FGTS dos trabalhadores em decorrência dos Planos Verão e Collor I. Houve, portanto, responsabilidade do agente do Poder Público, que não creditou os expurgos inflacionários na conta do FGTS dos trabalhadores.

O STJ editou a Súmula 252, esclarecendo que "os saldos das contas do FGTS, pela legislação infraconstitucional, são corrigidos em 42,72% (IPC) quanto às perdas de janeiro de 1988 e 44,80% (IPC) quanto às de abril de 1990, acolhidos pelo STJ os índices de 18,02 (LBC) quanto às perdas de junho de 1987, de 5,38% (BTN) para maio de 1990 e 7,00% (TR) para fevereiro de 1991, de acordo com o entendimento do STF (RE 226.855-7-RS)".

O Congresso Nacional aprovou a Lei Complementar nº 110, de 29.6.2001, visando angariar recursos para o pagamento das diferenças reconhecidas pelo STF. Foram instituídas duas contribuições com esse objetivo: uma aumentando em 0,5% a contribuição mensal da empresa do FGTS e a outra que representa um acréscimo de mais 10% à indenização da dispensa do empregado, tendo o empregador de pagar 50% sobre os depósitos do FGTS.

O artigo 4º da Lei Complementar nº 110 autorizou a Caixa Econômica Federal a creditar na conta do FGTS dos trabalhadores a atualização monetária de 16,64%, referente ao período de 1º.12.1988 a 28.2.1989, e 4,8%, referentes ao mês de abril de 1990.

Poderia ser afirmado que a diferença da indenização de 40% sobre os depósitos do FGTS ficaria a cargo da Caixa Econômica Federal, que é responsável pela atualização monetária. De fato, a Caixa Econômica Federal é responsável pela correção dos valores do FGTS, pois é o agente operador dos respectivos recursos. Por isso, os trabalhadores ajuizaram ações contra ela, visando ao pagamento das diferenças dos expurgos inflacionários.

O empregador não está sendo responsabilizado pela diferença da atualização monetária do FGTS, que é de responsabilidade da Caixa Econômica Federal (agente operador). Quem paga, contudo, a indenização de 40% sobre os depósitos do FGTS não é a Caixa Econômica Federal, mas o empregador. Assim, eventual diferença da referida indenização ficará a cargo do empregador (§ 1º do artigo 18 da Lei nº 8.036/90), porque é ele quem dispensa o empregado.

Quem causa o prejuízo ao empregado pelo fato de não aplicar o porcentual de 40% sobre o saldo da conta do FGTS é o empregador e não a Caixa Econômica Federal. Logo, o empregador é o responsável pela diferença de 40% decorrente da correção monetária da conta do FGTS.

Se a Caixa Econômica Federal causou prejuízos ao empregador, por não ter corrigido corretamente a conta do FGTS, ele deverá acioná-la por responsabilidade civil (art. 186 do Código Civil), pleiteando a indenização correspondente, mas a indenização de 40% sobre os depósitos do FGTS é de competência da empresa.

## 343 Penhora. Sucessão. Art. 100 da CF/1988. Execução (*DJ* 22.6.2004)

**É válida a penhora em bens de pessoa jurídica de direito privado, realizada anteriormente à sucessão pela União ou por Estado-membro, não podendo a execução prosseguir mediante precatório. A decisão que a mantém não viola o art. 100 da CF/1988.**

O exemplo é o caso da Rede Ferroviária Federal que foi liquidada extrajudicialmente e foi sucedida pela União. Houve cessão de créditos da Rede Ferroviária Federal para o BNDES em 29.4.1998, que, por sua vez, foram cedidos à União.

A União sucedeu a Rede, comprometendo-se a promover o saneamento financeiro da empresa, o que não ocorreu, em franco prejuízo aos credores da Justiça Obreira que, mais uma vez, ficaram impedidos de terem satisfeitos os direitos há muito já reconhecidos.

A MRS Logística arrendou os bens operacionais da Rede Ferroviária. O crédito penhorado é proveniente do referido patrimônio.

O crédito trabalhista é privilegiado (art. 186 do CTN). Tem natureza alimentar. Prefere sobre outros créditos. Não pode ser preterido sucessivamente, como ocorreu.

A fraude à execução foi corretamente reconhecida (art. 592, II, do CPC), já que a cessão foi lesiva ao patrimônio do devedor que não honrou com suas dívidas. Houve fraude à execução trabalhista, pois foi onerado o patrimônio da executada (art. 592, V, do CPC).

Também irrefutável a aplicação dos artigos 10 e 448 da CLT, já que a União assume a sua participação na administração da RFFSA, sociedade de economia mista, na qual é acionista majoritária, colocando-se como responsável pela recomposição dos fluxos de caixa da RFFSA. A sucessão no Direito do Trabalho ocorre de fato. Não depende, portanto, do término da liquidação extrajudicial da Rede.

Se já havia penhora antes da sucessão pela União, ela é valida e não é o caso de expedição de precatório (art. 100 da Constituição). Representa um ato jurídico perfeito que não pode ser modificado por situação posterior. Não há, portanto, violação ao artigo 100 da Constituição.

## 344 FGTS. Multa de 40%. Diferenças decorrentes dos expurgos inflacionários. Prescrição. Termo inicial

**O termo inicial do prazo prescricional para o empregado pleitear em juízo diferenças da multa do FGTS, decorrentes dos expurgos inflacionários, deu-se com a vigência da Lei Complementar nº 110, em 29.06.01, salvo comprovado trânsito em julgado de decisão proferida em ação proposta anteriormente na Justiça Federal, que reconheça o direito à atualização do saldo da conta vinculada.**

A redação original foi publicada no *Diário de Justiça* 10.11.2004: "o termo inicial do prazo prescricional para o empregado pleitear em juízo diferenças da multa do FGTS, decorrentes dos expurgos inflacionários, deu-se com a edição da Lei Complementar nº 110, de 29-6-2001, que reconheceu o direito à atualização do saldo das contas vinculadas".

Em decorrência do Incidente de Uniformização de Jurisprudência RR 1577/2003-019-03-00.8, foi dada nova redação à Orientação Jurisprudencial 344 da SBDI-1 do TST em 18.11.2005: "o termo inicial do prazo prescricional para o empregado pleitear em juízo diferenças da multa do FGTS, decorrentes dos expurgos inflacionários, deu-se com a vigência da Lei Complementar nº 110, de 30.6.01, salvo comprovado trânsito em julgado de decisão proferida em ação proposta anteriormente na Justiça Federal, que reconheça o direito à atualização do saldo da conta vinculada". Foi publicada no *Diário de Justiça* de 22.11.2005.

Prescrição vem do latim *prae scriptio*. Tem o sentido do escrito posto antes, o que foi escrito antes do começo. Significa a perda da pretensão ao direito pelo decurso do prazo.

Para que ocorra a prescrição, mister se faz a existência dos seguintes pressupostos: (a) existência de uma ação exercitável pelo titular de um direito; (b) inércia desse titular em relação ao uso da ação durante certo tempo; (c) ausência de um ato ou um fato a que a lei atribua função impeditiva (suspensiva ou interruptiva) do curso do prazo prescricional.

A Orientação Jurisprudencial 344 da SBDI-1 do TST parte da ideia da *actio nata*. O prazo de prescrição é contado a partir do momento em que o empregado toma conhecimento do direito que foi violado ou então de quando o direito é reconhecido. Para o TST o direito teria sido reconhecido pela Lei Complementar nº 110/01.

Se se aplicasse a regra literalmente do momento em que o empregado toma conhecimento do direito, deveria a prescrição ser contada a partir da decisão do STF que reconheceu o direito à correção monetária do FGTS pela falta de aplicação dos índices expurgados de 20,37%, em janeiro de 1989 e 44,80%, em abril de 1990 (RE 226.855-7-RS, j. 31.8.00, Rel. Min. Moreira Alves, *DJU* 13.10.00).

No Direito do Trabalho, o prazo de prescrição a ser observado é o previsto no inciso XXIX do artigo 7º da Constituição. Reza o referido dispositivo: "ação, quanto aos créditos resultantes das relações de trabalho, com prazo prescricional de cinco anos para os trabalhadores urbanos e rurais, até o limite de dois anos após a extinção do contrato de trabalho". O citado comando constitucional não faz qualquer distinção quanto ao prazo prescricional, nem indica matéria específica, apenas menciona que é um crédito resultante da relação de trabalho. As diferenças da indenização de 40% são créditos resultantes da relação de trabalho. Logo, o prazo é de dois anos a contar da cessação do contrato de trabalho e não da data em que o empregado toma conhecimento do direito à correção monetária do FGTS decorrente dos expurgos inflacionários.

A Súmula 362 do TST mostra que "extinto o contrato de trabalho, é de dois anos o prazo prescricional para reclamar em juízo o não recolhimento da contribuição do Fundo de Garantia do Tempo de Serviço". *Mutatis mutandis*, em relação à indenização de 40% o prazo é o mesmo.

Não se trata da aplicação do prazo de 30 anos para a cobrança das contribuições do FGTS, como menciona a Súmula 210 do STJ. Isso, de fato, deve ser feito na Justiça Federal. A diferença da indenização de 40% na dispensa do empregado, em razão da atualização monetária incorreta da conta do FGTS, tem o prazo de prescrição regulado no inciso XXIX do artigo 7º da Lei Maior, de dois anos a contar da cessação do contrato de trabalho.

A Lei Complementar nº 110, de 29.6.2001, apenas assegurou recursos para o pagamento da correção monetária dos expurgos inflacionários do FGTS. Não reconheceu direito. O direito nasceu a partir da dispensa do trabalhador. Daí começa a correr o prazo de prescrição. Absurda a alegação que com a Lei Complementar nº 110 nasce um novo prazo prescricional, pois este já estava sepultado depois de dois anos após a extinção do contrato de trabalho. A referida norma não teve o condão de prolongar o prazo de dois anos de prescrição previsto na Constituição. Logo, o prazo prescricional é contado da dispensa do trabalhador e não da vigência da referida lei.

Afirma Caio Mario da Silva Pereira que "a doutrina alemã dá-nos uma palavra e uma regra: inicia o prazo de prescrição ao mesmo tempo que nasce para alguém uma pretensão acionável (*Anspruch*), ou seja, no momento em que o sujeito pode, pela ação, exercer o direito contra quem assuma posição contrária. Em aplicação prática, se ao direito corresponde uma prestação positiva, o seu não cumprimento atribui ao sujeito ativo a ação, por via da qual visará a compelir o devedor a executá-la, iniciando-se, pois, com sua pretensão, a causa extintiva do direito. Geralmente, confundem-se o termo inicial da prescrição com uma lesão ao direito. Mas corretamente dir-se-á que ela tem início quando se erige uma situação de fato contrária ao direito".[50] O direito às diferenças de correção monetária do FGTS nasceu quando elas deveriam ser creditadas nas épocas próprias. O direito de reivindicar diferenças da indenização de 40% surgiu com a dispensa sem justa causa do trabalhador.

O prazo de 30 anos prescrito no § 5º do artigo 23 da Lei nº 8.036/90 e reconhecido na Súmula 362 do TST trata de FGTS e não de indenização de 40% sobre os depósitos do FGTS.

O pagamento do crédito das diferenças de correção monetária constitui simples ato de satisfação de um direito preexistente.[51] O direito à correção monetária do FGTS surgiu em fevereiro de 1989 ou em abril de 1990, dependendo do índice. Com a dispensa sem justa causa, a indenização de 40% sobre os depósitos do FGTS se tornou devida, inclusive sendo calculada sobre os expurgos inflacionários.

As decisões judiciais, que vinculam apenas as partes, não criaram o direito à correção monetária do FGTS, mas apenas reconheceram um direito já existente. Os empregadores não foram parte nos processos na Justiça Federal, mas a Caixa Econômica Federal. Logo, a prescrição não é contada da decisão da Justiça Federal que transitou em julgado, mas do término do contrato de trabalho.

O prazo de prescrição não é contado de cada depósito na conta do FGTS do trabalhador das diferenças de expurgos inflacionários, mas do término do contrato de trabalho.

A exigibilidade da pretensão já existia quando da dispensa do empregado. Se não foi exercida dentro dos dois anos a contar da dispensa, houve prescrição total.

A Orientação Jurisprudencial nº 243 da SDI-1 do TST mostra que "Prescrição total. Planos Econômicos. Aplicável a prescrição total sobre o direito de reclamar diferenças salariais resultantes de planos econômicos."

---

[50] PEREIRA, Caio Mario da Silva. *Instituições de direito civil*. Rio de Janeiro: Forense, 1990. v. I, p. 483.

[51] LOPES, Miguel Serpa. *Curso de direito civil*. Rio de Janeiro: Freitas Bastos, 1989. v. II, p. 163.

Prescrição é uma matéria que compreende questão de segurança jurídica. O empregador não pode ser obrigado a pagar a diferença da indenização de 40% sobre os depósitos do FGTS de empregados que já saíram da empresa há mais de dois anos do término do contrato de trabalho. Em alguns casos, tenho visto ações de empregados postulando diferenças da indenização de 40%, mas foram dispensados há 10, 14 anos. Nesses casos, já houve a prescrição total.

A matéria é constitucional. Quem vai dar a última palavra sobre a prescrição contida no inciso XXIX do artigo 7º da Constituição é o STF. Entendo que o TST vem negando vigência ao referido dispositivo ao aplicar a Orientação Jurisprudencial 344 da SBDI-1 do TST.

O empregado não tinha nenhum impedimento de postular em juízo a diferença de 40% de indenização a partir da sua dispensa da empresa.

Se o prazo já estava vencido, pois o empregado propôs a ação muito mais de dois anos após a cessação do contrato de trabalho, a prescrição já ocorreu. O direito foi violado por ocasião da dispensa do trabalhador. Nesse momento, nasceu o direito de postular a diferença e também se iniciou o prazo prescricional (art. 189 do Código Civil de 2002). Não existia condição suspensiva para que não corresse o prazo de prescrição (art. 199, I, do Código Civil de 2002). Se o prazo estava vencido, correu integralmente a prescrição, como se depreende do inciso II do artigo 199 do Código Civil de 2002, que tinha idêntica previsão no inciso II do artigo 170 do Código Civil de 1916.

Na verdade, não se trata de multa de 40%, pois não representa penalidade. Trata-se de indenização.

## 345 Adicional de periculosidade. Radiação ionizante ou substância radioativa. Devido (*DJ* 22.6.2005)

**A exposição do empregado à radiação ionizante ou à substância radioativa enseja a percepção do adicional de periculosidade, pois a regulamentação ministerial (Portarias do Ministério do Trabalho nºs 3.393, de 17.12.1987, e 518, de 07.04.2003), ao reputar perigosa a atividade, reveste-se de plena eficácia, porquanto expedida por força de delegação legislativa contida no art. 200, "caput", e inciso VI, da CLT. No período de 12.12.2002 a 06.04.2003, enquanto vigeu a Portaria nº 496 do Ministério do Trabalho, o empregado faz jus ao adicional de insalubridade.**

---

A Portaria nº 51, de 13.4.1939, no item IX afirma que há insalubridade em grau máximo para o emprego de raios X em diagnósticos e terapêutica.

A Portaria nº 518, de 4.4.2003, confere ao empregado o direito ao adicional de periculosidade quando o trabalhador preste serviços em contato com substâncias ionizantes ou com radioatividade.

A periculosidade em relação a trabalho com inflamáveis foi estabelecida pela Lei nº 2.573, de 15.8.1955.

A Lei nº 5.880, de 24.5.1973, estende o adicional previsto na Lei nº 2.573 para contato com explosivos.

A Lei nº 6.514, de 22.12.1977, deu nova redação ao artigo 193 da CLT, prevendo que o trabalho com inflamáveis e explosivos dá direito ao adicional de periculosidade.

A Lei nº 7.369, de 20.9.1985, concede o direito ao adicional de periculosidade as pessoas que trabalham com energia elétrica em sistemas elétricos de potência.

A Portaria nº 3.393, de 17.12.1987, prescrevia que o trabalho com substâncias ionizantes e radiação conferiam ao empregado o direito ao adicional de periculosidade.

O artigo 1º da Portaria nº 496, de 11.12.2002, revogou a Portaria nº 3.393/87, que tratava de substâncias ionizantes e radiação como fator perigoso. Um dos fundamentos para revogar a segunda norma administrativa foi "que a caracterização dessas atividades como perigosas, nos termos da Portaria nº 3.393, de dezembro de 1987, não encontra amparo no art. 193, *caput*, da Consolidação das Leis do Trabalho".

O artigo 2º da Portaria nº 518, de 4.4.2003, prevê novamente o direito ao adicional de periculosidade em relação a atividades descritas no quadro anexo, que são as atividades e operações com substâncias ionizantes ou radioativas. O artigo 4º da referida portaria revogou a Portaria nº 496/02.

A Convenção nº 115 da OIT, que trata da proteção dos trabalhadores contra as radiações ionizantes, foi aprovada pelo Decreto Legislativo nº 2, de 7.4.1964, e promulgada pelo Decreto nº 62.151, de 19 de janeiro de 1968. Não versa sobre adicional de periculosidade para trabalho com radiações ionizantes.

Não há dúvida que as substâncias ionizantes e radioativas fazem mal à saúde do trabalhador. O objetivo da Portaria nº 518 é resguardar a saúde do empregado, mas não tem previsão em lei.

Dispõe o inciso VI do artigo 200 da CLT que cabe ao Ministério do Trabalho estabelecer disposições complementares às normas de que trata o capítulo de Segurança e Medicina do Trabalho da CLT, sobre proteção do trabalhador exposto a substâncias químicas nocivas, radiações ionizantes e não ionizantes. Prevê o parágrafo único do mesmo artigo que, "tratando-se de radiações ionizantes e explosivos as normas a que se refere este artigo serão expedidas de acordo com as resoluções a respeito adotadas pelo órgão técnico".

Apenas em três casos é devido o adicional de periculosidade. Por contato com: (a) inflamáveis (art. 193 da CLT); (b) explosivos (art. 193 da CLT); (c) energia elétrica (Lei nº 7.369/85 c/c o Decreto nº 93.412/86).

A lei não estabelece previsão de pagamento de adicional de periculosidade em relação a contato com substâncias ionizantes ou radiativas.

O inciso VI do artigo 200 da CLT e seu parágrafo único não estabelecem o direito ao adicional de periculosidade ou a qualquer outro adicional. Logo, ele não pode ser estabelecido por portaria, que não tem natureza de lei, nem é norma emitida pelo Poder Legislativo.

O pagamento do adicional de periculosidade só pode ser determinado por lei, diante do princípio da legalidade (art. 5º, II, da Constituição) e do fato que é de competência da União regular a matéria (art. 22, I, da Lei Maior) e não de norma administrativa, de portaria.

A norma administrativa tem por objetivo esclarecer o conteúdo da lei, regulamentá-la.

Leciona Hely Lopes Meirelles, citando Medeiros Silva, "que 'a função do regulamento não é reproduzir, copiando-se, literalmente, os termos da lei. Seria um ato inútil se assim fosse entendido. Deve, ao contrário, evidenciar e tornar explícito tudo aquilo que a lei encerra. Assim, se uma faculdade ou atribuição está implícita no texto legal, o regulamento não exorbitará, se lhe der uma forma articulada e explícita'. Como ato inferior à lei, o regulamento não pode contrariá-la ou ir além do que ela permite. No que o regulamento infringe ou extravasa da lei é írrito e nulo. Quando o regulamento visa explicar a lei (regulamento de execução), terá de se cingir ao que a lei contém".[52] No referido trecho, Hely Lopes Meirelles faz referência ao regulamento, que é o decreto, mas a lição serve como uma luva para qualquer outra norma administrativa. A função da norma administrativa é esclarecer o conteúdo da lei e não dispor sobre regra não descrita na lei.

Dispõe o inciso II do parágrafo único do artigo 87 da Constituição que compete ao Ministro de Estado expedir instruções para a execução das leis, decretos e regulamentos.

A portaria do Ministro do Trabalho deve estar de acordo com a lei. Se ela excede os limites da lei, regulamenta demais e não tem qualquer valor.

Mostra o artigo 114 da Lei nº 8.112/90 que "a administração deverá rever seus atos, a qualquer tempo, quando eivados de ilegalidade".

Um dos fundamentos da Portaria nº 496 era o fato de "incumbir à Administração Pública a revisão dos atos administrativos ilegais ou inconvenientes". O mesmo pode ser feito em relação à Portaria nº 518, pois ela é ilegal, excedendo os limites da lei. Deve ser cancelada.

Afirma Hely Lopes Meirelles que "na Administração Pública não há liberdade, nem vontade pessoal. Enquanto na administração particular é lícito fazer

---

[52] MEIRELLES, Hely Lopes. *Direito administrativo brasileiro*. 21. ed. São Paulo: Malheiros, 1996. p. 164.

tudo o que a lei não proíbe, na Administração Pública só é permitido fazer o que a lei autoriza".[53]

O artigo 37 da Constituição dispõe que a Administração Pública deve agir de acordo com o princípio da legalidade. Logo, descabido o estabelecimento de adicional de periculosidade que não tem previsão em lei.

Não pode ser feita a interpretação literal da lei. O inciso VI do artigo 200 e seu parágrafo único da CLT têm de ser interpretados sistematicamente com o artigo 193 da CLT. Não podem ser interpretados isoladamente.

Afirma Carlos Maximiliano que "não se encontra um princípio isolado, em ciência alguma; acha-se cada um em conexão íntima com outros. O Direito objetivo não é um conglomerado caótico de preceitos; constitui vasta unidade, organismo regular, sistema, conjunto harmônico de normas coordenadas, em interdependência metódica, embora fixada cada uma no seu lugar próprio. De princípios jurídicos mais ou menos gerais deduzem corolários; uns e outros se condicionam e restringem reciprocamente, embora se desenvolvam de modo que constituam elementos autônomos operando em campos diversos.

Cada preceito, portanto, é membro de um grande todo; por isso do exame em conjunto resulta bastante luz para o caso em apreço".[54]

A interpretação sistemática da CLT mostra que, se o artigo 193 da CLT não prevê o pagamento do adicional de periculosidade para substâncias ionizantes ou radiativas, a norma administrativa não pode fazê-lo.

O artigo 2º da Lei nº 6.189/74 estabelece a competência da Comissão Nacional de Energia Nuclear para expedir regulamentos e normas de segurança e proteção sobre radiações ionizantes. A competência não é do Ministério do Trabalho, mas da Comissão Nacional de Energia Nuclear.

Somente depois que o órgão técnico CNEN determinar limites técnicos, é que o Ministério do Trabalho e Emprego poderá regulamentar a questão sob o ponto de vista da saúde ocupacional.

Reza o inciso II do artigo 9º do Decreto nº 2.210, de 22 de abril de 1997:

> "Art. 9º À Secretaria de Segurança e Saúde do Trabalho do Ministério do Trabalho compete, na forma da legislação em vigor, a coordenação setorial no que diz respeito à segurança e a saúde do trabalho, cabendo em especial:
>
> I – estabelecer normas e instruções para os trabalhadores da área nuclear, considerando os aspectos da rádio proteção."

Entretanto, para que o adicional de periculosidade seja devido pelo contato com substâncias ionizantes ou radioativas, é preciso haver previsão na lei. Não pode a norma administrativa conceder o adicional sem previsão legal.

---

[53] MEIRELLES, Hely Lopes. Op. cit., p. 82.

[54] MAXIMILIANO, Carlos. *Hermenêutica e aplicação do direito*. 8. ed. Rio de Janeiro: Freitas Bastos, 1965. p. 140.

O contato com substâncias ionizantes ou radioativas é prejudicial à saúde do trabalhador. Assim, o certo seria o pagamento do adicional de insalubridade e não de periculosidade.

Se a atividade com substâncias ionizantes já é insalubre, como mostra a Portaria nº 4, de 11 de abril de 1994, não podem ser recebidos os dois adicionais ao mesmo tempo (§ 2º do art. 193 da CLT).

É preciso mudar a lei para que haja o pagamento do adicional de periculosidade em relação ao trabalho com substâncias ionizantes ou radioativas.

Enquanto a lei não estabelecer o direito ao adicional de periculosidade pelo contato com substâncias ionizantes ou radioativas, não faz jus o trabalhador a tal adicional.

Outra decisão do TST, acolhendo o direito ao adicional, é a que está abaixo:

> "Recurso de Revista. Adicional de periculosidade. Serviços de radiologia. Portaria nº 3.393/87 do Ministério do Trabalho. Legalidade. Provimento. A Portaria nº 3.393/87 do Ministério do Trabalho considera como perigosas as atividades de operação com aparelhos de raio-x, com irradiadores de radiação gama, beta ou radiação de nêutrons, aí incluídos os serviços relacionados a diagnósticos médicos e odontológicos. Sua legalidade vem embasada nas disposições do art. 200 da CLT, que trata de medidas especiais de proteção à saúde e segurança do trabalhador, conferindo competência ao Ministério do Trabalho para estabelecer disposições complementares ligadas às peculiaridades de cada atividade ou setor de trabalho, não necessariamente contempladas pelos demais artigos consolidados, em especial àquelas que versassem sobre exposição a radiações ionizantes (*caput*, inciso VI e parágrafo único do art. 200 da CLT). Tem-se, desta maneira, que o art. 193 da CLT, ao definir as atividades a serem consideradas como perigosas, não esgota todas as suas possibilidades, cabendo ao órgão ministerial regular a questão, indicando outras atividades que também ensejariam o pagamento do adicional de periculosidade aos trabalhadores responsáveis pela sua consecução. Revista conhecida e provida para deferir o pagamento do adicional de periculosidade e seus reflexos" (TST, 1ª T., RR 508.294/98-4ª R, j. 1º.10.03, Rel. juíza Maria de Assis Calsing, *DJU* 1 17.10.03, p. 536).

## 346 Abono previsto em norma coletiva. Natureza indenizatória. Concessão apenas aos empregados em atividade. Extensão aos inativos. Impossibilidade (*DJ* 25.4.2007)

**A decisão que estende aos inativos a concessão de abono de natureza jurídica indenizatória, previsto em norma coletiva apenas para os empregados em atividade, a ser pago de uma única vez, e confere natureza salarial à parcela, afronta o art. 7º, XXVI, da CF/88.**

Se o abono tem natureza indenizatória e é pago uma única vez, não pode ser estendido aos inativos, pois visa indenizar algo. Ele é devido apenas aos empregados ativos e não aos aposentados.

Não se pode dar natureza salarial ao abono, se as partes estipularam na norma coletiva outra coisa. Do contrário, seria violar a vontade das partes e o inciso XXVI do artigo 7º da Constituição.

**347 Adicional de periculosidade. Sistema elétrico de potência. Lei nº 7.369, de 20.09.1985, regulamentada pelo Decreto nº 93.412, de 14.10.1986. Extensão do direito aos cabistas, instaladores e reparadores de linhas e aparelhos em empresa de telefonia** (*DJ* 25.04.2007)

**É devido o adicional de periculosidade aos empregados cabistas, instaladores e reparadores de linhas e aparelhos de empresas de telefonia, desde que, no exercício de suas funções, fiquem expostos a condições de risco equivalente ao do trabalho exercido em contato com sistema elétrico de potência.**

Os empregados cabistas, instaladores e reparadores de linhas e aparelhos de empresas de telefonia têm contato com cabos e instalações elétricas de potência, inclusive aqueles que fazem instalações de TV a cabo. Ficam expostos ao risco de contato com sistema elétrico de potência. Assim, é devido também o adicional de periculosidade a tais empregados. Não importa que não são empregados de empresa de energia elétrica, pois a Lei nº 7.639/85 não faz distinção nesse sentido.

**348 Honorários advocatícios. Base de cálculo. Valor líquido. Lei nº 1.060, de 5.2.1950** (*DJ* 25.4.2007)

**Os honorários advocatícios, arbitrados nos termos do art. 11, § 1º, da Lei nº 1.060, de 05.02.1950, devem incidir sobre o valor líquido da condenação, apurado na fase de liquidação de sentença, sem a dedução dos descontos fiscais e previdenciários.**

Dispõe o § 1º do artigo 11 da Lei nº 1.060/50 que os honorários de advogado serão arbitrados pelo juiz até o máximo de 15% sobre o líquido apurado na execução da sentença.

A Lei nº 5.584/70 não trata do porcentual dos honorários de advogado na assistência judiciária nem qual é a base de cálculo. Assim, deve ser observado o § 1º do artigo 11 da Lei nº 1.060/50.

O valor líquido é o total menos os próprios honorários. Não se incluem no valor líquido os descontos do imposto de renda e da contribuição previdenciária.

**349 Mandato. Juntada de nova procuração. Ausência de ressalva. Efeitos** (*DJ* 25.4.2007)

**A juntada de nova procuração aos autos, sem ressalva de poderes conferidos ao antigo patrono, implica revogação tácita do mandato anterior.**

---

Se a parte junta nova procuração aos autos, sem ressalvar os poderes conferidos ao antigo advogado, importa presunção de que houve revogação tácita do mandato anterior. A revogação não é expressa, pois não foi declarada dessa forma, mas é tácita, por ser incompatível com a situação anterior.

O mesmo ocorre na juntada de substabelecimento sem reservas de poderes, em que passa a atuar o novo advogado, presumindo-se que o advogado que substabeleceu não vai mais continuar na causa e não tem mais quaisquer poderes.

A revogação se dá com a juntada da procuração nos autos e não a contar da sua outorga. O advogado não pode saber quando o seu cliente outorga poderes a outros advogados. Há necessidade do cliente comunicar ao advogado que lhe destituiu os poderes. O artigo 687 do Código Civil afirma que "tanto que for comunicada ao mandatário a nomeação de outro, para o mesmo negócio, considerar-se-á revogado o mandato anterior". A comunicação não pode ser a mera outorga de poderes, mas a ciência pelo advogado.

**350 Ministério Público do Trabalho. Nulidade do contrato de trabalho não suscitada pelo ente público no momento da defesa. Arguição em parecer. Possibilidade** (alterada em decorrência do julgamento do processo TST IUJERR 526538/1999.2)

**Res. 162/2009, *DEJT* divulgado em 23, 24 e 25.11.2009**

**O Ministério do Trabalho pode arguir, em parecer, na primeira vez que tenha de se manifestar no processo, a nulidade do contrato de trabalho em favor de ente público, ainda que a parte não a tenha suscitado, a qual será apreciada, sendo vedada, no entanto, qualquer dilação probatória.**

---

A redação inicial do verbete era: "Não se conhece de arguição de nulidade do contrato de trabalho em favor de ente público, suscitada pelo Ministério Público do Trabalho, mediante parecer, quando a parte não a suscitou em defesa."

A redação atual é decorrente da Resolução nº 162/09.

O parecer do Ministério Público do Trabalho nada devolve à apreciação do juízo *ad quem*. É apenas um opinativo, que não tem qualquer efeito vinculante para o juiz.

São as razões do recurso que devolvem ao juízo *ad quem* a matéria debatida e não o parecer do Ministério Público do Trabalho.

Se a parte não suscitou a matéria, ela não foi devolvida à apreciação do tribunal. O Ministério Público do Trabalho não pode suscitar a matéria pela primeira vez, sob pena de supressão de instância.

## 353 Equiparação salarial. Sociedade de economia mista. Art. 37, XIII, da CF/1988. Possibilidade (*DJ* 14.3.2008)

**À sociedade de economia mista não se aplica a vedação à equiparação prevista no art. 37, XIII, da CF/1988, pois, ao contratar empregados sob o regime da CLT, equipara-se a empregador privado, conforme disposto no art. 173, § 1º, II, da CF/1988.**

A sociedade de economia mista e a empresa pública que exploram atividade econômica devem observar as regras do Direito do Trabalho (art. 173, § 1º, II, da Constituição). Logo, devem observar também as regras relativas à igualdade salarial e de equiparação salarial, contida esta no artigo 461 da CLT.

## 355 Intervalo interjornadas. Inobservância. Horas extras. Período pago como sobrejornada. Art. 66 da CLT. Aplicação analógica do § 4º do art. 71 da CLT (*DJ* 14.3.2008)

**O desrespeito ao intervalo mínimo interjornadas previsto no art. 66 da CLT acarreta, por analogia, os mesmos efeitos previstos no § 4º do art. 71 da CLT e na Súmula nº 110 do TST, devendo-se pagar a integralidade das horas que foram subtraídas do intervalo, acrescidas do respectivo adicional.**

Dispõe o artigo 66 da CLT que entre duas jornadas de trabalho haverá um período mínimo de 11 horas consecutivas para descanso. Esse período, portanto, não poderia ser fracionado, pois é mínimo.

Reza o artigo 67 da CLT que será assegurado a todo empregado um descanso semanal de 24 horas consecutivas, o qual, salvo motivo de conveniência pública ou necessidade imperiosa do serviço, deverá coincidir com o domingo, no todo ou em parte.

O período aqui tratado é chamado de intervalo *interjornada*, entre jornadas, e não dentro da própria jornada, que tem previsão no artigo 71 da CLT.

Tem o intervalo em comentário por objetivo o descanso do trabalhador, para que o organismo refaça suas energias. O cansaço implica menor produtividade e pode levar o trabalhador ao *stress*. É sabido que nos períodos em que o empregado trabalha em horas extras, após a jornada normal, é que acontece a maioria dos acidentes do trabalho, pois o empregado já está cansado.

Entre duas jornadas de trabalho, deve haver um descanso de 11 horas consecutivas. O período inicia-se quando o empregado cessa o trabalho. Deve-se computar também o repouso semanal remunerado de 24 horas. Assim, se o empregado terminar o serviço no sábado, somente depois de 35 horas poderá retornar ao trabalho na segunda-feira, isto é, 11 horas mais 24 do repouso semanal remunerado. Se o empregado saiu da empresa no sábado às 12 horas, só poderá voltar a trabalhar no domingo após às 23 horas.

Estando o empregado a prestar horas extras, o intervalo de 11 horas somente é contado após o término da prestação da hora extra e não da jornada normal de trabalho.

As 11 horas devem ser consecutivas, não podendo ser interrompidas. Se houver interrupção do intervalo, deve-se considerar novo período de 11 horas a contar do término do trabalho.

Para intervalos intrajornadas, há previsão do artigo 71 da CLT, que prevê a concessão de intervalos para repouso e alimentação dentro da jornada de trabalho do empregado e não após a jornada.

A natureza da regra do artigo 66 da CLT é de intervalo, de período de descanso e não de hora extra.

A inobservância do artigo 66 da Consolidação das Leis do Trabalho importa apenas infração administrativa, sendo devida a multa do artigo 75 da CLT, e não pagamento de hora extra.

As horas extras são devidas além de oito diárias e 44 semanais (art. 7º, XIII, da Constituição) e não por desrespeito ao artigo 66 da CLT. Do contrário, haveria pagamento mais de uma vez das horas extras. Não há como pagar horas extras se elas não são prestadas.

Não há previsão legal para que o intervalo inferior a 11 horas seja remunerado como período extraordinário.

O empregado não estava à disposição do empregador (art. 4º da CLT) para se falar em horas, pois inclusive não estava trabalhando no período de 11 horas, mas fora da empresa.

Se o empregado já prestou horas extras no período de 11 horas, elas já foram remuneradas e não podem ser pagas novamente, sob pena de *bis in idem*.

A Súmula 88 do TST previa que o desrespeito ao intervalo mínimo entre dois turnos de trabalho, sem importar em excesso na jornada efetivamente trabalhada, não dá direito a qualquer ressarcimento ao obreiro, por tratar-se apenas de infração sujeita a penalidade administrativa (art. 71 da CLT). Esse verbete foi cancelado pela Resolução Administrativa nº 42 do TST, de 1995. Tratava, porém, do intervalo de uma hora do artigo 71 da CLT e não do intervalo descrito no artigo 66 da CLT. Foi cancelado em razão da nova previsão do § 4º do artigo 71 da CLT.

A Súmula 110 do TST esclarece que no regime de revezamento, as horas trabalhadas em seguida ao repouso semanal de 24 horas, com prejuízo do intervalo mínimo de 11 horas consecutivas para descanso entre jornadas, devem ser remuneradas como extraordinárias, inclusive com o respectivo adicional. Entretanto, o verbete trata apenas do regime de revezamento. Pode, contudo, o TST entender que a regra aplica-se ao intervalo do artigo 66 da CLT, pois a orientação é semelhante.

A norma contida no artigo 66 da CLT é de ordem pública, visando deferir um descanso mínimo ao trabalhador entre uma e outra jornada de trabalho. Não pode ser diminuído o intervalo por previsão contida em norma coletiva.

O TST adotou o entendimento de que a violação ao artigo 66 da CLT importa em pagamento de horas extras.

**356 Programa de Incentivo à Demissão Voluntária (PDV). Créditos trabalhistas reconhecidos em juízo. Compensação. Impossibilidade** (*DJ* 14.3.2008)

**Os créditos tipicamente trabalhistas reconhecidos em juízo não são suscetíveis de compensação com a indenização paga em decorrência de adesão do trabalhador a Programa de Incentivo à Demissão Voluntária (PDV).**

A indenização paga a título de adesão ao Programa de Demissão Voluntária (PDV) não poderá ser compensada, pois não tem a mesma natureza das verbas deferidas. Trata-se de pagamento que foi feito por mera liberalidade da empresa. Não pode, portanto, ser compensada com as verbas deferidas pela autora.

A compensação deve ser feita entre verbas que tenham a mesma natureza.

Não há enriquecimento ilícito do empregado.

Não se está retornando ao *status quo ante*, pois, do contrário, deveria ser restabelecido o vínculo de emprego, com direito do trabalhador a reintegração.

O TST já afirmou que

> "se assim fosse, o acordo entre as partes equivaleria a duplo prejuízo: a demissão, que se abranda com o incentivo financeiro outorgado, e a renúncia a direitos trabalhistas, que não foram objeto do ajuste" (TST, 2ª T., RR 412.099, Rel. Min. Aloysio Corrêa da Veiga, *DJU* 14.12.2001).

**358 Salário-mínimo e piso salarial proporcional à jornada reduzida. Possibilidade** (*DJ* 14.3.2008)

**Havendo contratação para cumprimento de jornada reduzida, inferior à previsão constitucional de oito horas diárias ou quarenta e quatro semanais, é lícito o pagamento do piso salarial ou do salário-mínimo proporcional ao tempo trabalhado.**

O salário-mínimo ou o piso salarial da categoria são estabelecidos para quem trabalha 8 horas por dia e 44 horas semanais.

A legislação permite o salário-mínimo proporcional, à razão de 1/30 por dia ou de 1/220 para o cálculo horário. Logo, se o empregado é contratado para trabalhar jornada inferior a 8 horas ou ao módulo semanal de 44 horas, pode perceber salário-mínimo proporcional ou o piso salarial proporcional previsto para a categoria.

**359 Substituição processual. Sindicato. Legitimidade. Prescrição. Interrupção** (*DJ* 14.3.2008)

**A ação movida por sindicato, na qualidade de substituto processual, interrompe a prescrição, ainda que tenha sido considerado parte ilegítima "ad causam".**

Dispõe o artigo 6º do CPC que ninguém poderá postular direito alheio, em nome próprio, salvo quando autorizado por lei.

A substituição processual trabalhista se desenvolveu de forma diversa da prevista no processo civil. No processo do trabalho, o substituto processual é uma pessoa jurídica: o sindicato. No processo civil, geralmente o substituto é uma pessoa física.

O sindicato substitui os empregados. Logo, também haverá a interrupção do prazo de prescrição (art. 202, I, do Código Civil), pois a ação foi proposta em benefício dos substituídos.

A citação válida interrompe o prazo prescricional, mesmo que o processo seja extinto sem julgamento de mérito, por arquivamento (Súmula nº 268 do TST). A Súmula 268 do TST mostra que ação trabalhista, ainda que arquivada, interrompe a prescrição.

**360 Turno ininterrupto de revezamento. Dois turnos. Horário diurno e noturno. Caracterização** (*DJ* 14.3.2008)

**Faz jus à jornada especial prevista no art. 7º, XIV, da CF/1988 o trabalhador que exerce suas atividades em sistema de alternância de turnos,**

**ainda que em dois turnos de trabalho, que compreendam, no todo ou em parte, o horário diurno e o noturno, pois submetido à alternância de horário prejudicial à saúde, sendo irrelevante que a atividade da empresa se desenvolva de forma ininterrupta.**

Os turnos ininterruptos de revezamento têm jornada de 6 horas, salvo negociação coletiva (art. 7º, XIV, da Constituição). A jornada é menor pelo fato de prejudicar o relógio biológico do empregado, pois em uma semana dorme pela manhã, noutra à noite etc.

Para se caracterizar o turno ininterrupto de revezamento é necessário, em princípio, que o empregado trabalhe nos três turnos: das 6 às 14, das 14 às 22 horas e das 22 às 6 horas, alternadamente. Entretanto, pode se caracterizar o turno também se o empregado trabalha das 6 às 18 horas e das 18 às 6 horas, pois está verificada a alternância em turnos de revezamento.

O TST entende que mesmo que o empregado não trabalhe em todo o horário, haverá a caracterização do turno.

**361 Aposentadoria espontânea. Unicidade do contrato de trabalho. Multa de 40% do FGTS sobre todo o período** (*DJ* 20, 21 e 23.5.2008)

**A aposentadoria espontânea não é causa de extinção do contrato de trabalho se o empregado permanece prestando serviços ao empregador após a jubilação. Assim, por ocasião da sua dispensa imotivada, o empregado tem direito à multa de 40% do FGTS sobre a totalidade dos depósitos efetuados no curso do pacto laboral.**

A Lei nº 8.213/91 determinou na alínea *b* do inciso I do artigo 49 que não há necessidade do desligamento do emprego para o requerimento da aposentadoria, estando o empregado autorizado a continuar trabalhando na empresa. Lembre-se que desligar tem o sentido de separar algo que estava unido e também de desagregar-se do serviço. Rescisão, entretanto, diz respeito ao desfazimento do vínculo de emprego. Verifica-se também que o § 2º, do artigo 18 da Lei nº 8.213, menciona que o aposentado pode permanecer em atividade sujeita ao Regime Geral da Previdência Social ou a ela retornar. Assim, o empregado não precisa desligar-se da empresa para requerer a aposentadoria, pois a tramitação desta, no INSS, pode demorar alguns meses, não ficando o obreiro desamparado quanto aos seus rendimentos, podendo continuar a laborar na empresa.

Enquanto a Lei nº 6.950 exigia o desligamento do emprego para a concessão da aposentadoria, *a* alínea *b*, do inciso I, do artigo 49 da Lei nº 8.213 não o faz, permitindo que o trabalhador permaneça no posto de trabalho enquanto aguarda o deferimento do requerimento da aposentadoria.

Deve-se ressaltar, porém, que a continuidade na prestação de serviços na empresa, após o requerimento do empregado solicitando aposentadoria, dependerá da aceitação do empregador, porque o contrato de trabalho tem por requisito a bilateralidade. A empresa não está obrigada a concordar com a permanência do empregado prestando serviços após o requerimento de sua aposentadoria. Se as partes ajustarem a continuidade dos serviços, não haverá qualquer óbice.

A Lei nº 6.204, de 29 de abril de 1975, deu nova redação ao artigo 453 da CLT: "no tempo de serviço do empregado, quando readmitido, serão computados os períodos, ainda que não contínuos, em que tiver trabalhado anteriormente na empresa, salvo se houver sido despedido por falta grave, recebido indenização legal ou se aposentado espontaneamente". A leitura do citado artigo 453 da CLT evidencia que não é preciso o afastamento do emprego para o requerimento da aposentadoria e a extinção do contrato de trabalho. Posteriormente, a Súmula 21 do TST foi cancelada porque ficou superada pela redação do artigo 453 da CLT, de acordo com a Lei nº 6.204. Nota-se que a Lei nº 8.213 não revogou o artigo 453 da CLT, apenas este impede o cômputo do tempo anterior à aposentadoria espontânea do empregado para fins indenizatórios. Mesmo que não haja o desligamento do emprego, há a extinção automática do contrato de trabalho com a aposentadoria, dando início a novo contrato de trabalho se o empregado permanecer na empresa.

A aposentadoria continua a ser uma forma de cessação do contrato de trabalho, pois o segurado, ao se aposentar, deixa de receber salário para receber uma prestação previdenciária. Vários doutrinadores se posicionaram nesse sentido, na vigência da Lei nº 8.213, como Octavio Bueno Magano (*Manual de direito do trabalho*: direito individual do trabalho. 4. ed. São Paulo: LTr, 1993, v. 2, p. 327), Arnaldo Sussekind e Luz Inácio Barbosa Carvalho (*Pareceres de direito do trabalho e previdência social*. São Paulo: LTr, 1992, v. VII, p. 268), Amauri Mascaro Nascimento (*Pareceres de direito do trabalho*. São Paulo: LTr, 1993, p. 48). Caso o empregado continue prestando serviços na empresa, inicia-se novo pacto laboral.

Adotando-se a ideia do antigo abono de permanência em serviço (art. 87 da Lei nº 8.213), revogado pela Lei nº 8.870/94, se o empregado se aposentar, não mais pode contar com o emprego. Se quiser mantê-lo, poderia, em vez de requerer a aposentadoria, optar pelo abono de permanência em serviço, o que também mostra que com a aposentadoria há a extinção do contrato de trabalho. Há que se ressaltar, porém, que não se confunde continuidade do aposentado na empresa com continuidade do contrato de trabalho, pois existe autorização legal para o trabalhador continuar prestando serviço à empresa. As aposentadorias (por tempo de contribuição e por idade) são definitivas, importando na cessação do contrato de trabalho, enquanto na aposentadoria por invalidez isso não ocorre, pois esta não é definitiva, apenas suspende o contrato de trabalho.

O artigo 33 da Lei nº 8.213 mostra que a renda mensal do benefício de prestação continuada substitui o rendimento do trabalho do segurado. Isso implica dizer que o benefício acarreta a extinção do vínculo de emprego, pois os proventos irão substituir o salário do obreiro.

O artigo 453 da CLT também indica indiretamente que a aposentadoria espontânea rescinde o contrato de trabalho, pois o trabalhador não poderá contar o tempo de serviço anterior na empresa.

Dispõe, ainda, o artigo 51 da Lei nº 8.213 que "a aposentadoria por idade pode ser requerida pela empresa, desde que o segurado tenha cumprido o período de carência e completado 70 anos de idade, se do sexo masculino, ou 65 anos, se do sexo feminino, sendo compulsória". A parte final do mesmo artigo prevê a cessação do contrato de trabalho pela aposentadoria, mas nada impede também que seja feito novo contrato de trabalho, permanecendo o empregado na empresa no aguardo da tramitação da aposentadoria.

O inciso II do § 3º do artigo 1º da Lei nº 4.090/62 é claro no sentido de que a aposentadoria é causa de cessação da relação de emprego.

Pela rescisão do contrato de trabalho decorrente da aposentadoria espontânea, o empregado tem direito: ao levantamento do FGTS (art. 20, III, da Lei nº 8.036/90).

No Direito comparado, são encontradas legislações que consagram a cessação do contrato de trabalho pela aposentadoria do empregado, embora algumas delas não mencionem a possibilidade de o empregado continuar a trabalhar na empresa.

Na Espanha, o Estatuto dos Trabalhadores dispõe que o contrato de trabalho se extinguirá com a aposentadoria do trabalhador (art. 49, *f*).

Em Portugal, a *reforma* do trabalhador por velhice ou invalidez importa a caducidade do contrato de trabalho (art. 343, *c*, do Código do Trabalho), com a cessação automática do pacto laboral. Ensina Antonio Lemos de Monteiro Fernandes que a preocupação do legislador foi "de libertar efetivamente postos de trabalho a partir de certo momento – o da obtenção da reforma – preocupação surgida no contexto de uma grave crise de desemprego".[55]

Na Argentina, quando o trabalhador possa requerer o benefício previdenciário, pelo porcentual máximo, tem o empregador a obrigação de manter o emprego pelo prazo máximo de um ano. Concedido o benefício ou vencido o prazo mencionado, o contrato de trabalho fica extinto (art. 252 da Ley do Contrato de Trabajo, com a redação determinada pela Ley 21.659).

Na Grã-Bretanha, o trabalhador, para fazer jus à "pensão por velhice", deve efetivamente estar afastado de qualquer atividade e ter 65 anos (homem) e 60 (mulher). Após os 70 anos, é autorizada a admissão em novo emprego.

---

55 FERNANDES, Antonio Lemos de Monteiro. *Direito do trabalho*. 8. ed. Coimbra: Almedina, 1992. p. 438.

Na França, a aposentadoria por vontade do empregado importa na rescisão do contrato de trabalho.

Na Bélgica, o aposentado é proibido de exercer atividade profissional, sob pena de ter suspenso o seu benefício.

Na Alemanha, a aposentadoria não faz cessar o contrato de trabalho, mas, geralmente, as convenções coletivas determinam a cessação do contrato de trabalho, observada determinada idade.

Na Itália, a *pensione di vecchiaia* é concedida aos 60 anos aos homens e aos 55 anos às mulheres, os quais podem continuar a trabalhar por mais cinco anos, para fazer jus aos montantes máximos do benefício.

Não se pode dizer que a indenização de 40% do FGTS é devida na cessação do contrato de trabalho por aposentadoria espontânea, pois esta implica a impossibilidade da soma de tempos descontínuos do empregado na empresa e o empregador não o dispensou, mas houve pedido de aposentadoria, que se equipara a pedido de demissão do obreiro. Quando do segundo desligamento da empresa, a indenização de 40% do FGTS deverá ser calculada apenas sobre os depósitos do segundo contrato de trabalho e não sobre o primeiro, pois o próprio artigo 453 da CLT indica que a aposentadoria espontânea do empregado impede a soma do tempo de serviço anteriormente prestado na empresa. Não faz jus o empregado à indenização de 40% do FGTS sobre os depósitos anteriores à data da sua aposentadoria.

A decisão do TST foi estabelecida em razão de que o STF entendeu que a aposentadoria não rescinde o contrato de trabalho (ADIn 1.721-3, j. 11.10.06). Em razão disso, o TST cancelou a Súmula 295 e a Orientação Jurisprudencial 177.

## 362 Contrato nulo. Efeitos. FGTS. Medida Provisória 2.164-41, de 24.08.2001, e art. 19-A da Lei nº 8.036, de 11.05.1990. Irretroatividade (*DJ* 20, 21 e 23.5.2008)

**Não afronta o princípio da irretroatividade da lei a aplicação do art. 19-A da Lei nº 8.036, de 11.05.1990, aos contratos declarados nulos celebrados antes da vigência da Medida Provisória nº 2.164-41, de 24.08.2001.**

O artigo 19-A da Lei nº 8.036, acrescentado pela Medida Provisória nº 2.164-41/2001, instituiu a incidência do FGTS sobre os salários pagos ao trabalhador, mesmo que tenha sido contratado sem concurso público e seu contrato seja declarado nulo.

O TST entende que a incidência do FGTS, estabelecida pela Medida Provisória nº 2.164-41/2001 não implica efeito retroativo de norma legal, pois a norma legal veio apenas positivar a jurisprudência construída em razão da vedação do enriquecimento sem causa do empregador, ainda que de natureza estatal, tendo em vista a previsão do valor social do trabalho como fundamento da República (art. 1º, IV, da Constituição de 1988). A Administração Pública tem de observar o princípio da moralidade na admissão de seus funcionários mediante concurso público.

Entretanto, o FGTS tem natureza de tributo e não pode ser aplicado de forma retroativa, sem lei que estabeleça a incidência da referida contribuição. Viola, portanto, o princípio da anterioridade tributária (art. 150, III, *a*, da Constituição).

**363 Descontos previdenciários e fiscais. Condenação do empregador em razão do inadimplemento de verbas remuneratórias. Responsabilidade do empregado pelo pagamento. Abrangência** (*DJ* 20, 21 e 23.5.2008)

**A responsabilidade pelo recolhimento das contribuições social e fiscal, resultante de condenação judicial referente a verbas remuneratórias, é do empregador e incide sobre o total da condenação. Contudo, a culpa do empregador pelo inadimplemento das verbas remuneratórias não exime a responsabilidade do empregado pelos pagamentos do imposto de renda devido e da contribuição previdenciária que recaia sobre sua quota-parte.**

Determina o artigo 46 da Lei nº 8.541/92 que "o imposto sobre a renda incidente sobre os rendimentos pagos em cumprimento de decisão judicial será retido na fonte pela pessoa física ou jurídica obrigada ao pagamento, no momento em que, por qualquer forma, o rendimento se torne disponível para o beneficiário". Reza o § 2º da mesma norma que "quando se tratar de rendimento sujeito a aplicação da tabela progressiva, deverá ser utilizada a tabela vigente no mês de pagamento". O fato gerador do imposto de renda é o pagamento e não o mês da competência. Assim, somente quando houver pagamento poderá haver o desconto da parte do empregado.

Dispõe o item II da Súmula 368 do TST que "é do empregador a responsabilidade pelo recolhimento das contribuições previdenciárias e fiscais, resultante de crédito do empregado oriundo de condenação judicial, devendo ser calculadas, em relação à incidência dos descontos fiscais, mês a mês, nos termos do art. 12-A da Lei nº 7.713, de 22-12-1988".

O desconto é decorrente de lei e pode ser feito em relação à parte do empregado da contribuição previdenciária. Decorre de norma de ordem pública.

**364 Estabilidade. Art. 19 do ADCT. Servidor público de fundação regido pela CLT** (*DJ* 20, 21 e 23.5.2008)

**Fundação instituída por lei e que recebe dotação ou subvenção do Poder Público para realizar atividades de interesse do Estado, ainda que**

**tenha personalidade jurídica de direito privado, ostenta natureza de fundação pública. Assim, seus servidores regidos pela CLT são beneficiários da estabilidade excepcional prevista no art. 19 do ADCT.**

Maria Sylvia Zanella Di Pietro leciona que a fundação tem natureza pública quando "é instituída pelo poder público com patrimônio, total ou parcialmente público, dotado de personalidade jurídica, de direito público ou privado, e, destinado, por lei, ao desempenho de atividades do Estado na ordem social, com capacidade de autoadministração e mediante controle da Administração Pública, nos limites da lei".[56] Destaca as suas características: (a) dotação patrimonial; (b) personalidade jurídica; (c) desempenho de atividade atribuída ao Estado no âmbito social; (d) capacidade autoadministrativa; (e) sujeição ao controle administrativo ou tutela por parte da Administração direta (p. 320).

A fundação pública é criada por lei, que prevê autorização para instituir fundação. Sua finalidade é social. Fica isenta de tributos e terá as mesmas prerrogativas da Fazenda Estadual. Tem personalidade jurídica própria, autonomia técnica, administrativa e financeira. Recebe subvenção do poder público para realizar atividades de interesse do Estado. Mesmo que seja mencionado que a fundação tem natureza privada, sua natureza é pública.

Prevê o artigo 19 do ADCT que os servidores da União, dos Estados, do Distrito Federal e dos Municípios, da administração direta, autárquica e das fundações públicas gozam da estabilidade, desde que fossem admitidos no sistema da CLT cinco anos antes da vigência da Constituição de 1988. Os empregados das fundações que atendam os requisitos acima mencionados gozam da estabilidade.

## 365 Estabilidade provisória. Membro de Conselho Fiscal de Sindicato. Inexistência (*DJ* 20, 21 e 23.5.2008)

**Membro de conselho fiscal de sindicato não tem direito à estabilidade prevista nos arts. 543, § 3º, da CLT e 8º, VIII, da CF/1988, porquanto não representa ou atua na defesa de direitos da categoria respectiva, tendo sua competência limitada à fiscalização da gestão financeira do sindicato (art. 522, § 2º, da CLT).**

O membro pertencente ao Conselho Fiscal do sindicato não tem direito a garantia de emprego prevista no § 3º do artigo 543 da CLT, que prevê a garantia desde o registro da candidatura até um ano após o término do mandato.

A justificativa é que o membro do Conselho Fiscal apenas fiscaliza as contas do sindicato e não discute com o empregador direitos do empregado. Ele

[56] DI PIETRO, Maria Sylvia Zanella. *Direito administrativo*. 5. ed. São Paulo: Atlas, 1995. p. 320.

não representa nem atua na defesa dos trabalhadores da classe. O membro do Conselho Fiscal não é "eleito para cargo de administração sindical" previsto no artigo 543 da CLT.

**366 Estagiário. Desvirtuamento do contrato de estágio. Reconhecimento do vínculo empregatício com a administração pública direta ou indireta. Período posterior à Constituição Federal de 1988. Impossibilidade** (*DJ* 20, 21 e 23.5.2008)

**Ainda que desvirtuada a finalidade do contrato de estágio celebrado na vigência da Constituição Federal de 1988, é inviável o reconhecimento do vínculo empregatício com ente da Administração Pública direta ou indireta, por força do art. 37, II, da CF/1988, bem como o deferimento de indenização pecuniária, exceto em relação às parcelas previstas na Súmula nº 363 do TST, se requeridas.**

Os artigos 3º e 15 da Lei nº 11.788/08 estabelecem que o descumprimento de seus requisitos implica o reconhecimento de vínculo de emprego com o tomador.

Mesmo que desvirtuado o contrato de estágio, agora previsto na Lei nº 11.788/08, não se configura o vínculo de emprego com a Administração Pública direta ou indireta se o trabalhador não presta concurso público, diante da exigência do inciso II do artigo 37 da Constituição.

Para a validade do ato jurídico é preciso a observância da forma prescrita em lei (arts. 82 e 145, III, do Código Civil), que compreende a necessidade de prestar concurso público.

A Administração Pública está adstrita ao princípio da legalidade, devendo observar a regra constitucional. Não se trata de interpretar o contrato realidade, mas a norma constitucional, que está acima das regras ordinárias da CLT e dos princípios do Direito do Trabalho. Não se observa no caso o princípio do "in dubio pro misero", pois em matéria de prova vige o ônus da prova.

Se a Administração estava proibida de contratar pessoas sem concurso público, o trabalhador também deveria ter conhecimento que, para ser admitido, deveria prestar concurso, pois não pode alegar a ignorância da lei (art. 3º do Decreto-lei nº 4.657/42).

A Súmula 363 do TST mostra o mesmo entendimento: "A contratação de servidor público, após a Constituição Federal de 1988, sem prévia aprovação em concurso público, encontra óbice no seu art. 37, II e § 2º." É a mesma orientação do inciso II da Súmula 331 do TST.

O estagiário tem direito ao pagamento da contraprestação pactuada, em relação ao número de horas trabalhadas, respeitado o valor da hora do salário-mínimo, pois não lhe pode ser devolvida a energia da prestação dos serviços, e dos valores referentes aos depósitos do FGTS (art. 19-A da Lei nº 8.036 e Sumula 363 do TST).

**367 Aviso-prévio de 60 dias. Elastecimento por norma coletiva. Projeção. Reflexos nas parcelas trabalhistas** (*DJe* divulgado em 3, 4 e 5.12.2008)

**O prazo de aviso-prévio de 60 dias, concedido por meio de norma coletiva que silencia sobre alcance de seus efeitos jurídicos, computa-se integralmente como tempo de serviço, nos termos do § 1º do art. 487 da CLT, repercutindo nas verbas rescisórias.**

O aviso-prévio integra o contrato de trabalho para todos os fins (§ 1º do art. 487 da CLT). Se o prazo do aviso-prévio é de 60 dias por força de norma coletiva, também integra o contrato de trabalho para todos os fins, tendo reflexos também em férias e 13º salário. Sobre o aviso-prévio de 60 dias também incide o FGTS, segundo a orientação da Súmula 305 do TST.

**368 Descontos previdenciários. Acordo homologado em juízo. Inexistência de vínculo empregatício. Parcelas indenizatórias. Ausência de discriminação. Incidência sobre o valor total** (*DJe* divulgado em 3, 4 e 5.12.2008)

**É devida a incidência das contribuições para a Previdência Social sobre o valor total do acordo homologado em juízo, independentemente do reconhecimento de vínculo de emprego, desde que não haja discriminação das parcelas sujeitas à incidência da contribuição previdenciária, conforme parágrafo único do art. 43 da Lei nº 8.212, de 24.07.1991, e do art. 195, I, "a", da CF/1988.**

A alínea *a* do inciso I do artigo 195 da Constituição prevê que a contribuição previdenciária incide sobre a remuneração paga ou creditada aos segurados que lhe prestarem serviços. Isso significa mesmo em relação aos trabalhadores que prestarem serviços à empresa sem vínculo empregatício. A não discriminação dos títulos nos acordos homologados pelo juízo determina a sua incidência sobre o valor total do acordo, segundo dispõe o parágrafo 1º do artigo 43 da Lei nº 8.212/91.

**369 Estabilidade provisória. Delegado sindical. Inaplicável** (*DJe* divulgado em 3, 4 e 5.12.2008)

**O delegado sindical não é beneficiário da estabilidade provisória prevista no art. 8º, VIII, da CF/1988, a qual é dirigida, exclusivamente, àqueles que exerçam ou ocupem cargos de direção nos sindicatos, submetidos a processo eletivo.**

O delegado sindical não tem direito a garantia de emprego prevista no inciso VIII do artigo 8º da Constituição e no § 3º do artigo 543 da CLT, pois sua eleição não é prevista para cargo estabelecido em lei. Assim, não goza de garantia de emprego do dirigente sindical.

Dispõe o § 4º do artigo 543 da CLT que considera-se cargo de direção ou de representação sindical aquele cujo exercício ou indicação decorre de eleição prevista em lei. Reza o artigo 523 da CLT que os delegados sindicais serão designados pela diretoria entre os associados radicados no território da correspondente delegacia. O delegado sindical não exerce cargo de direção ou representação sindical, pois não é eleito pela categoria profissional, mas designado pela diretoria do Sindicato.

370 **FGTS. Multa de 40%. Diferenças dos expurgos inflacionários. Prescrição. Interrupção decorrente de protestos judiciais** (*DJe* divulgado em 3, 4 e 5.12.2008)

**O ajuizamento de protesto judicial dentro do biênio posterior à Lei Complementar nº 110, de 29.06.2001, interrompe a prescrição, sendo irrelevante o transcurso de mais de dois anos da propositura de outra medida acautelatória, com o mesmo objetivo, ocorrida antes da vigência da referida lei, pois ainda não iniciado o prazo prescricional, conforme disposto na Orientação Jurisprudencial nº 344 da SBDI-1.**

A apresentação de protesto judicial interrompe o prazo de prescrição (art. 202, II, do Código Civil).

A Orientação Jurisprudencial 344 da SBDI-1 do TST mostra que o termo inicial do prazo prescricional para o empregado pleitear em juízo diferenças da indenização de 40% sobre os depósitos do FGTS, decorrentes dos expurgos inflacionários, deu-se com a vigência da Lei Complementar nº 110, em 29.6.2001, salvo comprovado trânsito em julgado de decisão proferida em ação proposta anteriormente na Justiça Federal, que reconheça o direito à atualização do saldo da conta vinculada. Assim, se o protesto judicial é apresentado dentro de dois anos da vigência da Lei Complementar nº 110, houve a interrupção do prazo de prescrição. O TST entende que é irrelevante o transcurso de mais de dois anos da propositura de outra medida acautelatória, com o mesmo objetivo, ocorrida antes da vigência da referida Lei Complementar nº 110, pois ainda não iniciado o prazo prescricional.

Para mim, o prazo de prescrição de dois anos é contado a partir do término do contrato de trabalho, pois é essa a previsão do inciso XXIX do artigo 7º da Constituição.

**371 Irregularidade de representação. Substabelecimento não datado. Inaplicabilidade do art. 654, § 1º, do Código Civil** (*DJe* divulgado em 3, 4 e 5.12.2008)

**Não caracteriza a irregularidade de representação a ausência da data da outorga de poderes, pois, no mandato judicial, ao contrário do mandato civil, não é condição de validade do negócio jurídico. Assim, a data a ser considerada é aquela em que o instrumento for juntado aos autos, conforme preceitua o art. 370, IV, do CPC. Inaplicável o art. 654, § 1º, do Código Civil.**

O inciso IV do artigo 370 do CPC mostra que a data a ser considerada do instrumento de mandato é da apresentação em juízo. Assim, se ele não tem data, esta é considerada da data da apresentação em juízo do mandato judicial.

Os poderes outorgados ao advogado são mais importantes do que a data da outorga da procuração. Não é, portanto, condição de validade do negócio jurídico, ao contrário do mandato civil previsto no § 1º do artigo 654 do Código Civil. A data a ser considerada é o dia da juntada do instrumento de mandato aos autos.

**372 Minutos que antecedem e sucedem a jornada de trabalho. Lei nº 10.243, de 27.6.2001. Norma coletiva. Flexibilização. Impossibilidade** (*DJe* divulgado em 3, 4 e 5.12.2008)

**A partir da vigência da Lei nº 10.243, de 27.06.2001, que acrescentou o § 1º ao art. 58 da CLT, não mais prevalece cláusula prevista em convenção ou acordo coletivo que elastece o limite de 5 minutos que antecedem e sucedem a jornada de trabalho para fins de apuração das horas extras.**

A Lei nº 10.243, de 27.6.2001, acrescentou o § 1º ao artigo 58 da CLT. A partir da vigência da referida lei, não mais prevalece cláusula prevista em convenção ou acordo coletivo que elastece o limite de cinco minutos que antecedem e sucedem a jornada de trabalho para fins de apuração das horas extras. A matéria passa a ter previsão em lei e não precisa ser prevista em norma coletiva. Prevalece a norma legal, que tem natureza de ordem pública e é mais benéfica ao empregado, pois algumas normas coletivas previam o período de 15 minutos para marcar o controle de ponto. A norma coletiva não pode prevalecer sobre direitos assegurados por preceito de lei.

**373 Representação. Pessoa jurídica. Procuração. Invalidade. Identificação do outorgante e de seu representante. (redação alterada na sessão do Tribunal Pleno realizada em 16.11.2010 – IUJ-85600-06.2007.5.15.0000) – Res. 170/2010, *DEJT* 19, 22 e 23.11.2010**

**É inválido o instrumento de mandato firmado em nome de pessoa jurídica que não contenha, pelo menos, o nome da entidade outorgante e do signátario da procuração, pois estes dados constituem elementos que os individualizam.**

**A redação original foi divulgada no DEJT de 10, 11 e 12.3.2009: "Irregularidade de representação. Pessoa jurídica. Procuração inválida. Ausência de identificação do outorgante e de seu representante. Art. 654, § 1º, do Código Civil. Não se reveste de validade o instrumento de mandato firmado em nome de pessoa jurídica em que não haja a sua identificação e a de seu representante legal, o que, a teor do art. 654, § 1º, do Código Civil, acarreta, para a parte que o apresenta, os efeitos processuais da inexistência de poderes nos autos".**

**A redação atual é decorrente da Resolução nº 170/2010, publicada no *DEJT* de 19, 22 e 23/11/10.**

O § 1º do artigo 654 do Código Civil dispõe que o instrumento particular de mandato deve conter a indicação do lugar onde foi passado, a qualificação do outorgante e do outorgado, a data e o objetivo da outorga com a designação e a extensão dos poderes conferidos. O referido parágrafo não dispõe que a pessoa jurídica tem de identificar seu representante legal na procuração. A mera assinatura do subscritor da procuração, sem a sua identificação, não dá para saber quem é a pessoa que assinou e se tem poderes para representar a pessoa jurídica. A apresentação desse tipo de procuração importa dizer que a parte não está representada em juízo.

**374 Agravo de instrumento. Representação processual. Regularidade. Procuração ou substabelecimento com cláusula limitativa de poderes ao âmbito do Tribunal Regional do Trabalho.**

**É regular a representação processual do subscritor do agravo de instrumento ou do recurso de revista que detém mandato com poderes de representação limitados ao âmbito do Tribunal Regional do Trabalho, pois, embora a apreciação desse recurso seja realizada pelo Tribunal Superior do Trabalho, a sua interposição é ato praticado perante o Tribunal Regional do Trabalho, circunstância que legitima a atuação do advogado no feito.**

O recurso de revista é apresentado perante o Tribunal Regional do Trabalho e suas razões são dirigidas para o TST, que o julga por intermédio de uma de suas turmas. O Presidente do TRT despacha o recurso de revista interposto pela parte.

Se o advogado tem mandato para atuar até o TRT, a interposição de recurso de revista pelo advogado no TRT implica que sua representação é regular e deve ser considerada pelo TST, embora ele não possa atuar no TST para outros fins.

## 375 Auxílio-doença. Aposentadoria por invalidez. Suspensão do contrato de trabalho. Prescrição. Contagem (*DEJT* divulgado em 19, 20 e 22.4.2010)

**A suspensão do contrato de trabalho, em virtude da percepção do auxílio-doença ou da aposentadoria por invalidez, não impede a fluência da prescrição quinquenal, ressalvada a hipótese de absoluta impossibilidade de acesso ao Judiciário.**

A suspensão é a cessação temporária e total da execução e dos efeitos do contrato de trabalho. Na interrupção há a cessação temporária e parcial dos efeitos do contrato de trabalho, porém há a produção de efeitos.

Na suspensão, o empregado não trabalha temporariamente, porém nenhum efeito produz no seu contrato de trabalho. São suspensas as obrigações e os direitos. O contrato de trabalho ainda existe, apenas seus efeitos não são observados. Na interrupção, apesar do obreiro não prestar serviços, são produzidos efeitos em seu contrato de trabalho.

O empregado em gozo de auxílio-doença tem os efeitos do seu contrato de trabalho suspensos.

Na concessão do auxílio-doença acidentário há a interrupção dos efeitos do seu contrato de trabalho, pois o empregador tem de depositar o FGTS (§ 5º do art. 15 da Lei nº 8.036/90).

O empregador deve pagar os salários dos 15 primeiros dias de afastamento do empregado (§ 3º do art. 60 da Lei nº 8.213/91). Depois disso, o INSS paga o benefício previdenciário.

Prescrição é a perda da pretensão ao direito pelo decurso de prazo estabelecido na lei.

Inicialmente, o TST entendia que haveria a suspensão do fluxo do prazo prescricional se os efeitos do contrato de trabalho estavam suspensos:

> Suspenso o contrato de trabalho, em virtude de o empregado haver sido acometido de doença profissional (leucopenia) com percepção de auxílio-doença, opera-se a correlata suspensão igualmente do fluxo do prazo prescricional para ajuizamento de ação trabalhista. Omissa a lei, razoável

> a invocação analógica do artigo 170, inciso I, do Código Civil brasileiro, segundo o qual não flui a prescrição "pendendo condição suspensiva". Daí se infere a regra absolutamente prudente de que se o titular do direito subjetivo material lesado está impossibilitado de agir, para tornar efeito seu direito (E-RR74.192, Rel. Min. João Oreste Dalazen, *DJ* 13.12.2002).

O ideal seria que durante a vigência do contrato de trabalho não corresse prazo de prescrição, diante do estado de inferioridade da parte que tem direito ao crédito, por a plena liberdade só ser adquirida com o fim do liame empregatício,[57] pois o empregado pode ser dispensado pelo empregador pelo fato de ajuizar a ação trabalhista. A Corte de Cassação italiana não admite a contagem da prescrição durante a vigência do pacto laboral, quando o empregado não goza de nenhuma garantia que o torne livre de ajuizar ação contra o empregador.[58] Em 10 de junho de 1966 a Corte Constitucional italiana considerou inconstitucionais os artigos 2.945, nº 4; 2.955, e 2.956, nº 2 do Código Civil italiano, que permitiam correr a prescrição no curso do contrato de trabalho, salvo se o empregado gozar de estabilidade, por violar os artigos 3º, 4º e 36 da Constituição. Afirma Arnaldo Sussekind que "os Tribunais do Trabalho têm observado essa norma esteados na noção jurídica de que, quando o contrato não se executa, não é possível computar-se para qualquer efeito o tempo relativo a essa inexecução".[59]

Prevê o inciso XXIX do artigo 7º da Constituição: "ação, quanto aos créditos resultantes das relações de trabalho, com prazo prescricional de cinco anos para os trabalhadores urbanos e rurais, até o limite de dois anos após a extinção do contrato de trabalho". Não dispõe o referido artigo que há suspensão ou interrupção do prazo de prescrição.

A CLT não dispõe que durante o período em que o empregado está afastado por doença há suspensão ou interrupção do prazo prescricional. Ela repete no artigo 11 o conteúdo do inciso XXIX do artigo 7º da Constituição. A lei, portanto, não prevê que no período em que o empregado está afastado por doença há a suspensão do prazo de prescrição.

Reza o inciso I do artigo 199 do Código Civil que não corre igualmente a prescrição: "pendendo condição suspensiva". Na condição suspensiva há cláusula estatuída pelas partes para subordinar os efeitos do negócio jurídico a evento futuro e incerto. Exemplo de condição suspensiva é: enquanto você não se casar não lhe darei um automóvel. Não existe exatamente condição suspensiva no afastamento do empregado para gozar de auxílio-doença ou auxílio-doença acidentário. Não há nenhum impedimento para que o empregado ajuíze ação na Justiça do Trabalho e postule o que entende devido.

---

57 PERA, Giuseppe. *Compendio di diritto del lavoro*. Milano: Giuffré, 1996. p. 256.

58 VITUCCI, Paolo. *La prescrizione*: Milano: Giuffré, 1990. p. 123.

59 SUSSEKIND, Arnaldo. *Instituições de direito do trabalho*. São Paulo: LTr, 1991, v. 1, p. 462.

A pretensão da parte surge com a lesão e nesse momento passa a fluir o prazo prescricional para postular a reparação.

O TST está adotando o entendimento de que durante o afastamento do empregado para o gozo do benefício de auxílio-doença não há previsão de suspensão do prazo de prescrição:

> EMBARGOS – AFASTAMENTO DO EMPREGADO EM FACE DE AUXÍLIO--DOENÇA – SUSPENSÃO DO CONTRATO DE TRABALHO – AUSÊNCIA DE INTERRUPÇÃO DO PRAZO PRESCRICIONAL – A col. SBDI-1 do TST firmou posicionamento entendendo que não há que se cogitar em suspensão ou interrupção do prazo prescricional em hipóteses como a dos autos. Com efeito, manifesta-se esse Colegiado que a causa suspensiva da prescrição, ora invocada, não está contemplada na lei e o art. 199 do Código Civil não comporta interpretação extensiva ou analógica para a inclusão de outras causas de suspensão. Precedentes: E-RR 3.319/1999-070-02-00, Rel. Min. Carlos Alberto, *DJ* 27.4.2007; E-RR 789/2002-920-20-00.8, Rel. Designada Ministra Maria Cristina Irigoyen Peduzzi, *DJ* 4.5.2007 (SBDI-1, E-RR 424/2001-069-09-00, *DJ* 20.6.08).

*Absoluta impossibilidade de acesso ao Judiciário* pode ser a hipótese em que o empregado fica doente por longo tempo, internado no hospital, sem ter alta médica, não tendo condições sequer de outorgar procuração ao advogado.

**376 Contribuição previdenciária. Acordo homologado em juízo após o trânsito em julgado da sentença condenatória. Incidência sobre o valor homologado** (DEJT divulgado em 19, 20 e 22.4.2010)

**É devida a contribuição previdenciária sobre o valor do acordo celebrado e homologado após o trânsito em julgado de decisão judicial, respeitada a proporcionalidade de valores entre as parcelas de natureza salarial e indenizatória deferidas na decisão condenatória e as parcelas objeto do acordo.**

A sentença transita em julgado em relação às verbas salariais que são devidas e, portanto, quanto à incidência da contribuição previdenciária.

O fato gerador da contribuição previdenciária não pode ser modificado pela vontade das partes, mas somente pode ser determinado pela lei (art. 97, III, do CTN). A sentença que transitou em julgado reconheceu as verbas de natureza salarial. Logo, sobre estas incide a contribuição previdenciária.

Não se pode, portanto, admitir as verbas fixadas no acordo para efeito da incidência da contribuição previdenciária, pois o fato gerador da contribuição previdenciária já ocorreu com o reconhecimento das verbas salariais pela sentença que transitou em julgado.

**377 Embargos de declaração. Decisão denegatória de recurso de revista exarado por presidente do TRT. Descabimento. Não interrupção do prazo recursal** (*DEJT* divulgado em 19, 20 e 22.4.2010)

**Não cabem embargos de declaração interpostos contra decisão de admissibilidade do recurso de revista, não tendo o efeito de interromper qualquer prazo recursal.**

O inciso I do artigo 535 do CPC dispõe que os embargos de declaração cabem de sentença ou acórdão. A mesma referência faz o artigo 897-A da CLT. Logo, não cabem de despacho.

A decisão do presidente do TRT que despacha o recurso de revista não tem natureza de sentença ou de acórdão. Assim, dessa decisão não cabem embargos de declaração.

O fato de o Presidente do TRT considerar cabíveis os embargos de declaração opostos, não vincula o TST ao mesmo entendimento, pois o TST não está vinculado ao despacho de admissibilidade do Presidente do TRT ao receber o recurso de revista da parte.

Se o presidente do TRT nega seguimento ao recurso de revista, cabe agravo de instrumento (art. 897, *b*, da CLT) para destrancá-lo.

A Súmula 421 do TST trata de embargos de declaração em relação a despacho monocrático do relator que tenha conteúdo decisório definitivo e conclusivo da lide e não do Presidente do TRT.

Pode-se dizer que o Presidente do TRT nada decide, apenas exerce um primeiro juízo de admissibilidade do recurso.

Se o remédio utilizado é incabível, flui normalmente o prazo para a interposição do recurso, não tendo havido a interrupção do prazo recursal.

**378 Embargos. Interposição contra decisão monocrática. Não cabimento** (*DEJT* divulgado em 19, 20 e 22.4.2010)

**Não encontra amparo no art. 894 da CLT, quer na redação anterior quer na redação posterior à Lei nº 11.496, de 22.06.2007, recurso de embargos interposto à decisão monocrática exarada nos moldes dos arts. 557 do CPC e 896, § 5º, da CLT, pois o comando legal restringe seu cabimento à pretensão de reforma de decisão colegiada proferida por Turma do Tribunal Superior do Trabalho.**

Dispõe o artigo 557 do CPC que "O relator negará seguimento a recurso manifestamente inadmissível, improcedente, prejudicado ou em confronto com súmula ou com jurisprudência dominante do respectivo tribunal, do Supremo

Tribunal Federal, ou de Tribunal Superior. § 1º-A Se a decisão recorrida estiver em manifesto confronto com súmula ou com jurisprudência dominante do Supremo Tribunal Federal, ou de Tribunal Superior, o relator poderá dar provimento ao recurso. § 1º Da decisão caberá agravo, no prazo de cinco dias, ao órgão competente para o julgamento do recurso, e, se não houver retratação, o relator apresentará o processo em mesa, proferindo voto; provido o agravo, o Recurso terá seguimento. § 2º Quando manifestamente inadmissível ou infundado o agravo, o tribunal condenará o agravante a pagar ao agravado multa entre um e dez por cento do valor corrigido da causa, ficando a interposição de qualquer outro recurso condicionada ao depósito do respectivo valor".

O parágrafo 5º do artigo 896 da CLT permite ao ministro relator negar seguimento aos recursos de revista, de embargos ou agravo de instrumento se estiverem de acordo com súmula do TST. Dessa decisão cabe agravo regimental.

O artigo 894 da CLT trata do recurso de embargos de decisões de turmas do TST ou em caso de decisão não unânime da SDC em dissídios coletivos de competência originária. É um recurso interposto contra decisão dos referidos colegiados do TST.

Da decisão monocrática do ministro relator cabe o recurso de agravo regimental e não de embargos.

A utilização de embargos para atacar decisão monocrática do relator constitui erro grosseiro, que impede a utilização do princípio da fungibilidade dos recursos.

## 379 Empregado de cooperativa de crédito. Bancário. Equiparação. Impossibilidade (*DEJT* divulgado em 19, 20 e 22.4.2010)

**Os empregados de cooperativas de crédito não se equiparam a bancário, para efeito de aplicação do art. 224 da CLT, em razão da inexistência de expressa previsão legal, considerando, ainda, as diferenças estruturais e operacionais entre as instituições financeiras e as cooperativas de crédito. Inteligência das Leis nºs 4.594, de 29.12.1964, e 5.764, de 16.12.1971.**

O artigo 192 da Constituição prevê que as cooperativas de crédito integram o sistema financeiro nacional.

As cooperativas de crédito precisam de autorização para funcionar, o que é feito pelo Banco Central do Brasil (§ 1º do art. 18 da Lei nº 4.595/64).

A Lei nº 5.764/71 prevê como um dos princípios do cooperativismo a solidariedade entre as pessoas, para envidar esforços em comum e obter um resultado. A cooperativa não tem por objeto o lucro.

As sociedades cooperativas são sociedades de pessoas, enquanto as instituições financeiras são constituídas sob a forma de sociedades anônimas.

Os cooperados têm dupla qualidade: de donos e clientes ao mesmo tempo.

A cooperativa de crédito não é, porém, um estabelecimento bancário.

Os serviços prestados pela cooperativa de crédito ao cooperado têm a natureza de ato cooperativo, não representando operação de mercado, nem venda e compra de produto ou mercadoria (parágrafo único do art. 79 da Lei nº 5.764/71).

A cooperativa tem por objetivo o atendimento das necessidades dos associados.

As cooperativas de crédito não têm acesso direto ao Serviço de Compensação de Cheques e Outros Papéis (SCCOP), nem à denominada Conta Reservas Bancária, do Banco Central, por intermédio da qual são feitas as transferências interbancárias e transitam os recursos de interesse do Tesouro Nacional. As cooperativas precisam da intermediação de um banco para terem acesso a tais serviços ou contas.

As cooperativas usam a denominação cooperativa e não banco.

A cooperativa é uma sociedade de pessoas e não de capital. O parágrafo único do artigo 5º da Lei nº 5.764/71 veda que se use a palavra "banco".

A lei não prevê que o empregado de cooperativa de crédito é bancário ou que tem a mesma jornada de trabalho de 6 horas do bancário. A Lei nº 5.764/71 também não estabelece jornada de 6 horas para quem trabalhe em cooperativa de crédito.

A cooperativa de crédito não tem por objetivo lucro com uma instituição financeira. Ela concede empréstimos subsidiados aos seus associados.

**382 Juros de mora. Art. 1º-F da Lei nº 9.494, de 10.09.1997. Inaplicabilidade à fazenda pública quando condenada subsidiariamente** (*DEJT* divulgado em 19, 20 e 22.4.2010)

**A Fazenda Pública, quando condenada subsidiariamente pelas obrigações trabalhistas devidas pela empregadora principal, não se beneficia da limitação dos juros, prevista no art. 1º-F da Lei nº 9.494, de 10.09.1997.**

A redação inicial do artigo 1º-F da Lei nº 9.494/97 era a seguinte: "Os juros de mora, nas condenações impostas à Fazenda Pública para pagamento de verbas remuneratórias devidas a servidores e empregados públicos, não poderão ultrapassar o percentual de seis por cento ao ano".

O verbete é baseado na referida redação. A regra diz respeito a condenação da Fazenda Pública em relação a pagamentos feitos a empregados públicos e não decorrentes de responsabilidade subsidiária.

Quando a condenação da Fazenda Pública é subsidiária, não se está condenando-a como responsável principal. Responsável principal é o tomador dos serviços, que é o empregador e deve as verbas trabalhistas. Para empregadores comuns a regra é a do artigo 39 da Lei nº 8.177/91. Logo, em se tratando de responsabilidade subsidiária, os juros não podem ser de 0,5% previstos no artigo 1º-F da Lei nº 9.494/97, mas os normais.

A redação atual do dispositivo é decorrente da Lei nº 11.960/09: "Nas condenações impostas à Fazenda Pública, independentemente de sua natureza e para fins de atualização monetária, remuneração do capital e compensação da mora, haverá a incidência uma única vez, até o efetivo pagamento, dos índices oficiais de remuneração básica e juros aplicados à caderneta de poupança".

**383 Terceirização. Empregados da empresa prestadora de serviços e da tomadora. Isonomia. Art. 12, "a", da Lei nº 6.019, de 03.01.1974** (*DEJT* divulgado em 19, 20 e 22.4.2010)

**A contratação irregular de trabalhador, mediante empresa interposta, não gera vínculo de emprego com ente da Administração Pública, não afastando, contudo, pelo princípio da isonomia, o direito dos empregados terceirizados às mesmas verbas trabalhistas legais e normativas asseguradas àqueles contratados pelo tomador dos serviços, desde que presente a igualdade de funções. Aplicação analógica do art. 12, "a", da Lei nº 6.019, de 03.01.1974.**

Se o empregador tem mais de uma atividade, o enquadramento sindical é feito com base na sua atividade preponderante (§ 1º do art. 581 da CLT). Entende-se como atividade preponderante a que caracterizar a unidade de produto, operação ou objetivo final, para cuja obtenção todas as demais atividades convirjam, exclusivamente, em regime de conexão funcional (§ 2º do art. 581 da CLT).

A norma coletiva que fixa o piso salarial e estabelece os reajustes salariais é discutida e aprovada perante os sindicatos das categorias envolvidas. Quem não participou da norma coletiva, não pode ser obrigado a cumpri-la.

Esclarece a Súmula 374 do TST que "empregado integrante de categoria profissional diferenciada não tem o direito de haver de seu empregador vantagens previstas em instrumento coletivo no qual a empresa não foi representada por órgão de classe de sua categoria". *Mutatis mutandis*, a situação é a mesma: empregado de empresa prestadora de serviços não tem direito a piso salarial de empregado de empresa tomadora de serviços, pois as categorias são distintas, salvo se houver previsão em lei ou norma coletiva em sentido contrário.

A categoria do trabalhador é a que pertence a empresa na qual trabalha, que lhe admite, remunera, dirige, que é o seu empregador (art. 2º da CLT). Se presta serviços para empresa terceirizada, é a categoria desta empresa a que pertence.

Há, porém, corrente entendendo de forma diversa. Afirma Maurício Godinho Delgado que "somente pode ser organização sindical efetivamente representativa da categoria profissional do trabalhador terceirizado aquela entidade sindical que represente, também hegemonicamente, os trabalhadores da empresa tomadora de serviços do obreiro! Toda a formação profissional, seus interesses profissionais, materiais e culturais, toda a vinculação laborativa essencial do trabalhador terceirizado, tudo se encontra direcionado à empresa tomadora de serviços, e não à mera intermediária de mão de obra. A real categoria profissional desse obreiro é aquela em que ele efetivamente se integra em seu cotidiano de labor".[60]

Veda o inciso XXX do artigo 7º da Lei Maior diferença de salários, de exercício de funções e de critério de admissão por motivo de sexo, idade, cor ou estado civil. Essa proibição de diferença de salários tem de ser entendida em relação a empregados de uma mesma empresa, pois em empresas distintas é possível que os respectivos empregados tenham salários diversos, até mesmo diante da previsão da norma coletiva de cada categoria. O inciso XXXII do mesmo artigo veda distinção entre trabalho manual, técnico e intelectual ou entre os profissionais respectivos.

Prevê genericamente o artigo 5º da CLT que a todo trabalho de igual valor corresponderá salário igual, sem distinção de sexo.

Reza o artigo 461 da CLT que

> "sendo idêntica a função, a todo trabalho de igual valor, prestado ao **mesmo empregador**, na mesma localidade, corresponderá igual salário, sem distinção de sexo, nacionalidade ou idade".

Exige, portanto, o referido dispositivo que o trabalho entre dois trabalhadores seja prestado ao mesmo empregador para que haja direito a equiparação salarial. Empregador é a pessoa física ou jurídica que, assumindo os riscos da atividade econômica, admite, assalaria e dirige a prestação pessoal de serviços do empregado (art. 2º da CLT). Se os empregadores são distintos, não se pode falar em equiparação salarial por proibição do artigo 461 da CLT.

No caso da terceirização, um empregado pertence a empresa prestadora de serviços ou terceirizada e o outro é da empresa tomadora de serviços. Impossível, portanto, ser feita a equiparação salarial, pois os empregadores são distintos.

Dispõe o artigo 12 da Lei nº 6.019/74:

> "Art. 12. Ficam assegurados ao trabalhador temporário os seguintes direitos:
>
> a) remuneração equivalente à percebida pelos empregados da mesma categoria da empresa tomadora ou cliente e calculados à base horária, garantida, em qualquer hipótese, a percepção do salário-mínimo regional".

---

60 DELGADO, Maurício Godinho. *Curso de direito do trabalho*. 4. ed. São Paulo: LTr, 2005, p. 469.

A regra do art. 12 é um direito do empregado da empresa de trabalho temporário.

Remuneração tem sentido amplo, que compreende salário mais gorjetas, segundo o artigo 457 da CLT. O salário abrange as comissões, percentagens, diárias acima de 50%, abonos e gratificações ajustadas (§ 1º do art. 457 da CLT), prêmios etc.

Afirma Isis de Almeida que "as utilidades de natureza remuneratória fornecidas gratuitamente na empresa, deverão ser estendidas ao trabalhador temporário, nas mesmas condições em que o sejam ao trabalhador permanente da categoria, especialmente quando se tratar de substituição, caso em que o substituído servirá de paradigma.

Na impossibilidade do fornecimento da utilidade, em face da exiguidade do tempo de duração da 'missão', ou por outro motivo qualquer, será ela convertida em dinheiro, arbitrando-se o respectivo valor, mediante acordo, ou com base nos percentuais previstos nas tabelas de salário-mínimo, exatamente como proceder-se-ia com um empregado que ingressasse na empresa no regime normal".[61]

Remuneração equivalente é a correspondente a do trabalhador que exerce igual função na empresa tomadora.

Alice Monteiro de Barros afirma ser possível a equiparação salarial entre empregado de empresa prestadora de serviços e da tomadora, pois do contrário haveria violação ao *caput* do artigo 5º da Constituição.[62]

Fernando Damasceno leciona que "tem sido entendido que o direito à equiparação não é obstado pela falta de identidade de empregador, aplicando-se analogicamente o disposto no art. 12, letra *a*, da Lei nº 6.019/74".[63]

No México, Néstor de Buen também assevera que os trabalhadores contratados pelo intermediário prestam serviços nas mesmas condições dos trabalhadores da empresa principal ou beneficiária que executem trabalhos similares. É a extensão do princípio da igualdade de salário que antes da Lei de 1970 somente se operava entre trabalhadores de um mesmo patrão.[64]

Tem-se aplicado por analogia a alínea *a* do artigo 12 da Lei nº 6.019/74 a outras hipóteses de terceirização. Essa regra é específica para as empresas de trabalho temporário.

O fundamento de se aplicar analogia seria o *caput* do artigo 8º da CLT, em razão da lacuna da lei: "as autoridades administrativas e a Justiça do Trabalho,

---

[61] ALMEIDA, Isis. *O regime de trabalho temporário*. São Paulo: Saraiva, 1974. p. 89.

[62] BARROS, Alice Monteiro de. *Curso de direito do trabalho*. 3. ed. São Paulo: LTr, 2007. p. 813.

[63] DAMASCENO, Fernando Veiga. *Equiparação salarial*. 2. ed. São Paulo: LTr, 1995. p. 120/1.

[64] BUEN, Néstor. *Derecho del trabajo*. México: Porruá, 1979. p. 456.

na falta de disposições contratuais e legais, decidirão, conforme o caso, pela jurisprudência, por **analogia**...".

Não pode ser aplicada por analogia a regra da alínea *a* do artigo 12 da Lei nº 6.019 em relação a outras empresas que fazem terceirização, como empresas de segurança, vigilância e transporte de valores, empresas de limpeza ou outras.

A Lei nº 7.102/83 dispõe sobre segurança para estabelecimentos financeiros, estabelece normas para constituição e funcionamento das empresas particulares que exploram serviços de vigilância e de transporte de valores e faz referência a certos aspectos do trabalho do vigilante. Não traz dispositivo semelhante a alínea *a* do artigo 12 da Lei nº 6.019/74. É norma posterior a esta última. Não trouxe regra assim porque não quis. Do contrário, teria sido expressa em igual sentido.

O serviço de limpeza e conservação não tem lei regulando a referida atividade ou de seus trabalhadores. Logo, também não se pode aplicar por analogia regra da alínea *a* do artigo 12 da Lei nº 6.019/74.

O juiz pode ser um legislador negativo, no sentido de dizer o que não pode ser feito. Entretanto, não pode ser legislador positivo, no sentido de criar a norma quando ela não existe. Essa tarefa é do Poder Legislativo, do Congresso Nacional.

Dispõe o *caput* do artigo 5º da Constituição que "todos são iguais perante a lei, sem distinção de qualquer natureza". A lei não está estabelecendo distinção entre trabalhadores, até porque são trabalhadores de empresas que têm atividades diversas, como trabalho temporário, limpeza e segurança e transporte de valores. São situações distintas, empregados distintos, que trabalham para empresas diversas.

No meu entendimento não é possível haver equiparação salarial ou igualdade de salário entre empregado de empresa prestadora de serviços e empregado pertencente a tomadora, pois os empregadores são distintos. A exceção diz respeito ao empregado da empresa de trabalho temporário, que tem de receber a mesma remuneração do empregado da tomadora, com fundamento na alínea *a* do artigo 12 da Lei nº 6.019/74.

Apesar disso, a jurisprudência dominante no TST entende que deve haver isonomia salarial entre os dois trabalhadores.

## 385 Adicional de periculosidade. Devido. Armazenamento de líquido inflamável no prédio. Construção vertical.

**É devido o pagamento do adicional de periculosidade ao empregado que desenvolve suas atividades em edifício (construção vertical), seja em pavimento igual ou distinto daquele onde estão instalados tanques para armazenamento de líquido inflamável, em quantidade acima do limite legal, considerando-se como área de risco toda a área interna da construção vertical.**

Dispõe o inciso XXII do artigo 7º da Constituição sobre redução dos riscos inerentes ao trabalho, por meio de normas de saúde, higiene e segurança. O inciso XXIII da mesma norma afirma o direito a "adicional de remuneração para as atividades penosas, insalubres ou perigosas, na forma da lei". O referido inciso necessita, portanto, ser complementado pela legislação ordinária.

Prevê o artigo 193 da CLT que "são consideradas atividades ou operações perigosas, na forma da regulamentação aprovada pelo Ministério do Trabalho e Emprego, aquelas que, por sua natureza ou métodos de trabalho, impliquem risco acentuado em virtude de exposição permanente do trabalhador a: inflamáveis, explosivos, energia elétrica, roubos ou outras espécies de violência física". Na periculosidade existe o risco, a possibilidade de ocorrer o infortúnio. É matéria ligada a Engenharia do Trabalho. Contato com inflamáveis ocorre, por exemplo, com quem trabalha em posto de gasolina.

Enquanto na insalubridade, se não for eliminada ou neutralizada, o trabalhador a ela exposto tem continuamente um fator prejudicial a sua saúde, já a periculosidade não importa fator contínuo de exposição do trabalhador, mas apenas um risco, que não age biologicamente contra seu organismo, mas que, na configuração do sinistro, pode ceifar a vida do trabalhador ou mutilá-lo.

O trabalho em condições perigosas dá ao empregado o direito a receber o adicional de periculosidade à razão de 30% sobre o seu salário básico, sem os acréscimos resultantes de gratificações, prêmios ou participações nos lucros da empresa.

A natureza do pagamento do adicional é de salário, pois remunera o trabalho em condições perigosas e não de indenização. Adicional é espécie de salário.

Contato permanente é o diário. Esclarece o inciso I da Súmula 364 do TST que "faz jus ao adicional de periculosidade o empregado exposto permanentemente ou que, de forma intermitente, sujeita-se a condições de risco. Indevido, apenas, quando o contato dá-se de forma eventual, assim considerado o fortuito, ou o que, sendo habitual, dá-se por tempo extremamente reduzido".

A classificação e a caracterização da periculosidade, segundo as normas do Ministério do Trabalho, far-se-ão por meio de perícia a cargo de Médico do Trabalho ou Engenheiro do Trabalho, registrados no Ministério do Trabalho (art. 195 da CLT). A norma do Ministério do Trabalho a que se refere o artigo 195 da CLT é a NR 16 da Portaria nº 3.214/78.

Em determinado prédio há armazenamento no subsolo de 10.000 litros de óleo diesel. Existe direito a periculosidade ou não?

Recinto é espaço cercado ou fechado; certo ou determinado espaço ou lugar.

Os empregados não trabalham onde estão os reservatórios de óleo, mas no prédio em que eles estão.

A hipótese analisada não é de armazenamento de vasilhames, mas de tanques, contendo líquidos inflamáveis.

O reservatório não está enterrado, mas está em local cercado de paredes, dentro de bacia de segurança.

A letra *b*, do inciso III, do item 2, do Anexo 2 da NR 16 da Portaria nº 3.214/78 não prevê que todo o local é área de risco, nem o caso é de arrumação de tambores ou latas. A alínea *s* faz referência a toda a área interna do recinto e não a todo o prédio.

O quadro de atividades e áreas de risco, no item *d*, mostra que a atividade é a relativa a tanques de inflamáveis líquidos.

A área de risco não é todo o prédio, mas apenas a bacia de segurança. Os empregados, porém, não trabalham na bacia de segurança.

Penso que não há direito ao adicional de periculosidade, porque a regulamentação feita pela norma técnica do Ministério do Trabalho assim não considerou a atividade como perigosa.

O fundamento é de que se houver explosão irá atingir todo o prédio e não apenas a bacia de segurança. O sinistro, assim, atingiria todos os empregados que trabalham no prédio. Dessa forma, todo o prédio é considerado área de risco.

O limite é de 250 litros. Nesse caso, portanto, não há periculosidade.

## 386 Férias. Gozo na época própria. Pagamento fora do prazo. Dobra devida. Arts. 137 e 145 da CLT. (*DEJT* divulgado em 09, 10 e 11.06.2010)

**É devido o pagamento em dobro da remuneração de férias, incluído o terço constitucional, com base no art. 137 da CLT, quando, ainda que gozadas na época própria, o empregador tenha descumprido o prazo previsto no art. 145 do mesmo diploma legal.**

Dispõe o artigo 145 da CLT que o pagamento da remuneração das férias será efetuado até dois dias antes do início do período concessivo. O objetivo da norma é que o empregado possa, ao sair em férias, ter dinheiro para poder viajar e desfrutar do seu descanso. Afirma-se que se o empregado não tem a possibilidade de exercer por completo o direito às férias, ficando frustrado o instituto. O mero afastamento do empregado equivale a simples concessão de licença, não se podendo considerar como adimplida a obrigação patronal.

Reza o artigo 137 da CLT que "sempre que as férias forem concedidas após o prazo de que trata o art. 134, o empregador pagará em dobro a respectiva remuneração". O artigo 134 da CLT trata do período concessivo de 12 meses após o empregado ter adquirido o direito às férias. O artigo 137 da CLT não determina que as férias devem ser pagas em dobro se for desrespeitado o artigo 145 da CLT.

Não é necessário cumprir os dois requisitos: pagamento dois dias antes de o empregado sair em férias e dentro do período concessivo. É preciso observar apenas que o empregado saia dentro do período concessivo.

A falta do pagamento dois dias antes da saída das férias importa o pagamento com juros e correção monetária, em razão do atraso, e não pagamento em dobro.

Sendo as férias concedidas dentro do período concessivo, foi observada a norma legal.

O fato de não ter havido o pagamento da remuneração das férias dois dias antes do período concessivo não implica que as férias são devidas em dobro (art. 137 da CLT), mas apenas caracteriza infração administrativa.

Está sendo aplicada a regra do artigo 145 da CLT por analogia, quando o artigo 137 da CLT não contém lacuna para se aplicar analogia.

Se a licença é remunerada, como do pagamento no 5º dia útil do mês seguinte ao vencido, as férias foram concedidas.

## 387 Honorários periciais. Beneficiário da justiça gratuita. Responsabilidade da união pelo pagamento. Resolução nº 35/2007 do CSJT. Observância. (DEJT divulgado em 9, 10 e 11.6.2010)

**A União é responsável pelo pagamento dos honorários de perito quando a parte sucumbente no objeto da perícia for beneficiária da assistência judiciária gratuita, observado o procedimento disposto nos arts. 1º, 2º e 5º da Resolução nº 35/2007 do Conselho Superior da Justiça do Trabalho – CSJT.**

Assegura o inciso LXXIV do artigo 5º da Constituição a assistência jurídica integral e gratuita aos que comprovarem insuficiência de recursos. É uma forma de se assegurar o acesso da pessoa à justiça e da efetividade do processo.

Dispõe o artigo 790-B da CLT que "a responsabilidade pelo pagamento de honorários periciais é da parte sucumbente no objeto da perícia, salvo se beneficiária de justiça gratuita". Logo, o empregado, beneficiado da justiça gratuita, não tem de pagar honorários periciais.

O inciso I do artigo 3º da Lei nº 1.060/50 prevê que a assistência judiciária compreende a isenção dos honorários de advogado e peritos. O artigo 2º da referida lei dispõe que ela se aplica aos processos trabalhistas.

A Resolução nº 35/2007 do Conselho Superior da Justiça do Trabalho dispõe que: "Os Tribunais Regionais do Trabalho deverão destinar recursos orçamentários para o pagamento de honorários periciais, sempre que à parte sucumbente na pretensão for concedido o benefício da justiça gratuita. Parágrafo único. Os valores serão consignados sob a rubrica Assistência Judiciária a Pessoas Carentes, em montante estimado que atenda à demanda da Região, segundo parâmetros que levem em conta o movimento processual". "Art. 2º A responsabilidade da União pelo pagamento de honorários periciais, em caso de concessão do benefício da justiça gratuita, está condicionada ao atendimento simultâneo dos seguintes requisitos: I – fixação judicial de honorários periciais; II – sucumbência da parte na pretensão objeto da perícia; III – trânsito em julgado da decisão. § 1º A concessão da justiça gratuita a empregador, pessoa física, dependerá da comprovação de situação de carência que inviabilize a assunção dos ônus decorrentes da demanda judicial. § 2º O pagamento dos honorários poderá ser antecipado, para despesas iniciais, em valor máximo equivalente a R$ 350,00 (trezentos e cinquenta reais), efetuando-se o pagamento do saldo remanescente após o trânsito em julgado da decisão, se a parte for beneficiária de justiça gratuita". "Art. 5º O pagamento dos honorários periciais efetuar-se-á mediante determinação do presidente do Tribunal, após requisição expedida pelo Juiz do feito, observando-se, rigorosamente, a ordem cronológica de apresentação das requisições e as deduções das cotas previdenciárias e fiscais, sendo o valor líquido depositado em conta bancária indicada pelo perito".

O Estado fica responsabilizado pela gratuidade das despesas processuais da parte hipossuficiente para ela estar em juízo. Não existe, porém, previsão legal no sentido de que a União pague os honorários do perito.

A resolução estabeleceu uma forma de viabilizar as perícias judiciais na Justiça do Trabalho, pois, do contrário, poderia haver peritos que não iriam querer fazer laudos periciais em casos em que o reclamante saísse vencido na demanda. O perito tem de receber pelo serviço que presta.

O STF também já decidiu:

> RECURSO EXTRAORDINÁRIO. INVESTIGAÇÃO DE PATERNIDADE. 2. Acórdão que assentou caber ao Estado o custeio do exame pericial de DNA para os beneficiários da assistência judiciária gratuita. Autoexecutoriedade do art. 5º, LXXIV, da CF/88. 3. Alegação de ofensa aos arts. 5º, II, LIV e LV; 24; 25 a 28; 100 e 165, da CF. 4. Acórdão que decidiu, de forma adequada, em termos a emprestar ampla eficácia à regra fundamental em foco. Inexistência de conflito com o art. 100 e parágrafos da Constituição. Inexiste ofensa direta aos dispositivos apontados no apelo extremo. 5. Recurso extraordinário não conhecido. (2ª T., RE 224.775/MS, Rel. Min. Néri da Silveira. *DJ*, 24 maio 2002).
>
> Recurso extraordinário. Investigação de paternidade. Correto o acórdão recorrido ao entender que cabe ao Estado o custeio do exame pericial de DNA para os beneficiários da assistência judiciária gratuita, oferecendo o devido alcance ao disposto no art. 5º, LXXIV, da Constituição. Recurso extraordinário não conhecido (RE-207.732-1, rel. Ministra Ellen Gracie, *DJ* 2/8/2002).

**388 Jornada 12x36. Jornada mista que compreenda a totalidade do período noturno. Adicional noturno. Devido.** (*DEJT* divulgado em 09, 10 e 11.06.2010)

**O empregado submetido à jornada de 12 horas de trabalho por 36 de descanso, que compreenda a totalidade do período noturno, tem direito ao adicional noturno, relativo às horas trabalhadas após as 5 horas da manhã.**

O fato de o empregado trabalhar no regime 12 horas de trabalho por 36 de descanso não implica que perda o direito ao adicional noturno. Não existe previsão nesse sentido no artigo 73 da CLT e nos seus parágrafos.

O inciso II da Súmula 60 do TST mostra que cumprida integralmente a jornada no período noturno e prorrogada esta, devido é também o adicional quanto às horas prorrogadas. É o que se chama de jornada mista, que parte é no período considerado pela lei como noturno e parte no período considerado diurno.

Na verdade, o parágrafo 5º do artigo 73 da CLT dispõe "às prorrogações do trabalho noturno aplica-se o disposto neste Capítulo". Não exige que deve ser cumprida integralmente a jornada no período noturno para fazer jus ao adicional noturno, mas que o trabalhador comece a trabalhar antes das 5 horas e continue a prestar serviços depois desse horário. É o que representa a prorrogação.

**389 Multa prevista no art. 557, § 2º, do CPC. Recolhimento. Pressuposto recursal. Pessoa jurídica de direito público. Exigibilidade.** (*DEJT* divulgado em 9, 10 e 11.6.2010)

**Está a parte obrigada, sob pena de deserção, a recolher a multa aplicada com fundamento no § 2º do art. 557 do CPC, ainda que pessoa jurídica de direito público.**

Dispõe o parágrafo 2º do artigo 557 do CPC: "quando manifestamente inadmissível ou infundado o agravo, o tribunal condenará o agravante a pagar ao agravado multa entre um e dez por cento do valor corrigido da causa, ficando a interposição de qualquer outro recurso condicionada ao depósito do respectivo valor". Essa regra visa inibir a interposição de recursos inadmissíveis e infundados.

O parágrafo não faz distinção em relação a nenhuma pessoa, especialmente a pessoa jurídica de direito público. Logo, estas também têm de recolher a multa para o recurso subsequente ser admitido. Não recolhida a multa, o recurso não será conhecido.

A regra do parágrafo 2º do artigo 557 do CPC está de acordo com o inciso LXXVIII do artigo 5º da Constituição, que assegura a razoável duração do processo, inibindo e punindo as partes que apresentam recursos inadmissíveis e infundados.

O inciso IV do artigo 1º do Decreto-lei nº 779/69 não dispensa o ente público de recolher a multa de que trata o parágrafo 2º do artigo 557 do CPC.

O STF já entendeu que

> MULTA – AUSÊNCIA DE RECOLHIMENTO – FAZENDA PÚBLICA.
>
> A Fazenda Pública, em juízo, é parte, estando sujeita à regra do § 2º do artigo 557 do Código de Processo Civil (RE-AgR-ED-ED-390.474/MG, Relator Min. MARCO AURÉLIO, Primeira Turma, *DJe* 20-11-2008).
>
> EMENTA: RECURSO. Embargos de declaração. Multa aplicada em agravo regimental. Depósito não efetuado. Fazenda Pública. Não satisfação da condição para interposição de recurso. Embargos não conhecidos. Aplicação do art. 557, § 2º do CPC. Aplica-se à Fazenda Pública a exigência de comprovação do depósito da multa de que trata o parágrafo 2º do art. 557 do CPC. (AI-AgR-ED-603.003/MG, Relator Min. CEZAR PELUSO, *DJ* 14-09-2007)

**390 Participação nos lucros e resultados. Rescisão contratual anterior à data da distribuição dos lucros. Pagamento proporcional aos meses trabalhados. Princípio da isonomia.** (*DEJT* divulgado em 09, 10 e 11.06.2010)

**Fere o princípio da isonomia instituir vantagem mediante acordo coletivo ou norma regulamentar que condiciona a percepção da parcela participação nos lucros e resultados ao fato de estar o contrato de trabalho em vigor na data prevista para a distribuição dos lucros. Assim, inclusive na rescisão contratual antecipada, é devido o pagamento da parcela de forma proporcional aos meses trabalhados, pois o ex-empregado concorreu para os resultados positivos da empresa.**

A participação nos lucros pode ser paga proporcionalmente aos meses trabalhados. Se o empregado for dispensado da empresa antes de dezembro ou antes de findo o semestre, a distribuição deverá ser proporcional, pois obstado seu implemento, na forma do art. 129 do Código Civil, salvo se for dispensado por justa causa ou se pedir demissão. Seria o caso de se utilizar por analogia do § 2º do art. 466 da CLT, quando trata de percentagens: "a cessação das relações de trabalho não prejudica a percepção das comissões e percentagens devidas na forma estabelecida por este artigo". Entretanto, o empregado somente poderá exigir o pagamento da participação nos lucros depois do término do exercício.

Os empregados dispensados antes do último dia de cada ano também contribuíram para a obtenção dos lucros da empresa.

**391 Portuários. Submissão prévia de demanda a comissão paritária. Lei nº 8.630, de 25.02.1993. Inexigibilidade.** (*DEJT* divulgado em 09, 10 e 11.06.2010)

**A submissão prévia de demanda a comissão paritária, constituída nos termos do art. 23 da Lei nº 8.630, de 25.02.1993 (Lei dos Portos), não é pressuposto de constituição e desenvolvimento válido e regular do processo, ante a ausência de previsão em lei.**

Dispõe o artigo 23 da Lei nº 8.630 que "deve ser constituída, no âmbito do órgão de gestão de mão de obra, Comissão Paritária para solucionar litígios decorrentes da aplicação das normas a que se referem os arts 18, 19 e 21 desta lei".

Não determina o comando legal que a parte deve passar pela Comissão Paritária antes de ajuizar a ação. Não foi estabelecida condição da ação nesse sentido no artigo, nem foram estabelecidas sanções caso não se passe pela Comissão. A Comissão deve ser constituída, mas não quer dizer que a parte tenha de passar por ela antes de ajuizar a ação.

O STF já entendeu que não há necessidade de se passar pela Comissão de Conciliação Prévia antes de se ajuizar a ação trabalhista (ADIn 2.139-DF, Rel. Min. Marco Aurélio).

**392 Prescrição. Interrupção. Ajuizamento de protesto judicial. Marco inicial.** (*DEJT* divulgado em 9, 10 e 11.6.2010)

**O protesto judicial é medida aplicável no processo do trabalho, por força do art. 769 da CLT, sendo que o seu ajuizamento, por si só, interrompe o prazo prescricional, em razão da inaplicabilidade do § 2º do art. 219 do CPC, que impõe ao autor da ação o ônus de promover a citação do réu, por ser ele incompatível com o disposto no art. 841 da CLT.**

A CLT não trata de medidas cautelares. Há, portanto, omissão da CLT e não existe incompatibilidade para se aplicar o CPC sobre o tema (art. 769 da CLT), até em razão de haver necessidade de celeridade para procedimentos de natureza urgente.

O protesto tem por objetivo ressalvar ou conservar direitos. Serve também para a interrupção da prescrição (art. 202, II, do Código Civil).

O mero ajuizamento do protesto interrompe a prescrição. O parágrafo 2º do artigo 219 do CPC não se aplica ao processo do trabalho, pois não cabe ao autor promover a citação do réu. O artigo 841 da CLT dispõe que o funcionário da Vara do Trabalho tem 48 horas para enviar à parte contrária a cópia da petição inicial e designar a audiência para tentativa de conciliação e apresentação de defesa. A demora na citação do réu não pode ser ato atribuído ao autor, pois depende de ato do serventuário da Justiça.

**393 Professor. Jornada de trabalho especial. Art. 318 da CLT. Salário-mínimo. Proporcionalidade.** (*DEJT* divulgado em 9, 10 e 11.6.2010)

**A contraprestação mensal devida ao professor, que trabalha no limite máximo da jornada prevista no art. 318 da CLT, é de um salário-mínimo integral, não se cogitando do pagamento proporcional em relação a jornada prevista no art. 7º, XIII, da Constituição Federal.**

O artigo 318 da CLT prevê que "num mesmo estabelecimento de ensino não poderá o professor dar, por dia, mais de 4 (quatro) aulas consecutivas, nem mais de 6 (seis) intercaladas".

Pela regra do inciso IV do artigo 7º da Constituição ninguém pode receber menos do que um salário-mínimo, que é um direito mínimo do trabalhador.

Ocorre que o professor ganha geralmente por hora-aula. Não poderá receber menos do que a hora-aula calculada proporcionalmente com base no salário-mínimo.

Se o professor trabalha por quatro aulas consecutivas por dia ou por seis intercaladas, tem direito ao salário-mínimo diário integral, pois não pode ministrar mais aulas consecutivas por dia ou intercaladas do que a lei prevê.

**394 Repouso semanal remunerado – RSR. Integração das horas extras. Não repercussão no cálculo das férias, do décimo-terceiro salário, do aviso-prévio e dos depósitos do FGTS.** (*DEJT* divulgado em 9, 10 e 11.6.2010)

**A majoração do valor do repouso semanal remunerado, em razão da integração das horas extras habitualmente prestadas, não repercute no cálculo das férias, da gratificação natalina, do aviso-prévio e do FGTS, sob pena de caracterização de "bis in idem".**

A jurisprudência do TST evoluiu no sentido de que se as horas extras são pagas com habitualidade devem integrar outras verbas.

Insere-se no cálculo da indenização de antiguidade o salário relativo a serviço extraordinário, desde que habitualmente prestado (S. 24 do TST).

Mostra a Súmula 45 do TST que "a remuneração do serviço suplementar, habitualmente prestado, integra o cálculo da gratificação natalina prevista na Lei nº 4.090, de 1962".

Afirma a Súmula 63 do TST que "a contribuição para o Fundo de Garantia do Tempo de Serviço incide sobre a remuneração mensal devida ao empregado, inclusive horas extras e adicionais eventuais".

A Súmula 94 do TST previa a integração das horas extras habituais no aviso-prévio indenizado. O verbete foi cancelado em razão de que o parágrafo 5º do artigo 487 da CLT prevê isso expressamente.

O valor das horas extras habituais integra a remuneração do trabalhador para o cálculo das gratificações semestrais (S. 115 do TST).

Indicava a Súmula 151 do TST que as horas extras habituais integravam as férias.

A Súmula 113 do TST não considerou como descanso semanal o sábado do bancário. Assim, não podem existir reflexos de horas extras habituais em sábados: "o sábado do bancário é dia útil não trabalhado e não dia de repouso remunerado, não cabendo assim a repercussão do pagamento de horas extras habituais sobre a sua remuneração". A exceção diz respeito se a norma coletiva da categoria prevê os reflexos de horas extras em sábados.

Trata a Súmula 172 do TST da integração das horas extras prestadas habitualmente no cálculo do repouso semanal remunerado. Na época não existia lei determinando essa integração. A edição da súmula decorreu da interpretação jurisprudencial de que as horas extras habituais devem integrar outras verbas, como indenização (S. 24 do TST), 13º salário (S. 45), FGTS (S. 63) e também o repouso semanal remunerado.

A lei adotou a orientação da súmula, pois foi alterado o artigo 7º da Lei nº 605/49 pela Lei nº 7.415/85, que estabeleceu que as horas extras habituais integram os descansos semanais remunerados.

O parágrafo 2º do artigo 7º da Lei nº 605/49 prevê que se o empregado já recebe salário mensal, já estão incluídos no cálculo os dsr's. Não tem sentido integração das horas extras nos descansos semanais e depois novos reflexos em outras verbas, pois se o empregado é mensalista e as horas extras já integraram os dsr's, não há razão para nova integração em outras verbas. O mesmo ocorre em relação a aviso-prévio, as férias, o FGTS e o 13º salário, se o cálculo do salário é mensal, pois já trazem incluídos no seu cômputo o repouso remunerado.

Não há fundamento legal para integração dos reflexos das horas extras nos dsr's e desse resultado em outras verbas. Trata-se do reflexo do reflexo ou de espécie de *bis in idem*. O artigo 7º da Lei nº 605/49 não dispõe que haja novos reflexos, pois do contrário os reflexos dos reflexos seriam infinitos, como se estivéssemos diante de espelhos, além do que não haveria uma fórmula de como calculá-los.

**395 Turno ininterrupto de revezamento. Hora noturna reduzida. Incidência.** (*DEJT* divulgado em 9, 10 e 11.6.2010)

**O trabalho em regime de turnos ininterruptos de revezamento não retira o direito à hora noturna reduzida, não havendo incompatibilidade entre as disposições contidas nos arts. 73, § 1º, da CLT e 7º, XIV, da Constituição Federal.**

O trabalho desenvolvido em turnos ininterruptos é caracterizado pela alternância de horários: numa semana pela manhã, noutra à tarde e na outra à noite. É um trabalho mais desgastante para o trabalhador, pois causa prejuízo ao seu ritmo circadiano, ao seu relógio biológico, em razão de que constantemente tem alterações semanais na sua jornada de trabalho, havendo problemas em relação a horários de repouso e alimentação. A jornada de seis horas (art. 7º, XIV da Constituição) tem por objetivo minimizar ou compensar os desgastes sofridos pelo empregado com a alternância dos turnos de trabalho.

A regra contida no parágrafo 1º do artigo 73 da CLT é de ordem pública. Não importa se o trabalhador presta serviços em turnos ininterruptos de revezamento. A hora noturna reduzida também deve ser assegurada a esse tipo de trabalhador, em razão da maior penosidade no desenvolvimento do serviço noturno, ainda quando o obreiro preste serviços em regime de turnos ininterruptos de revezamento. Em razão de haver maior desgaste à saúde do trabalhador e agressão ao seu organismo, não se poderia deixar de aplicar a hora noturna reduzida para quem trabalha em turnos ininterruptos de revezamento.

A disposição contida no parágrafo 1º do artigo 73 da CLT não traz exceção, inclusive em relação a quem trabalha em turnos ininterruptos de revezamento.

O inciso XIV do artigo 7º da Constituição não é incompatível com a regra do parágrafo 1º do artigo 73 da CLT. O primeiro dispositivo não trata especificamente a respeito de hora noturna reduzida, mas não é incompatível com o segundo.

**396 Turnos ininterruptos de revezamento. Alteração da jornada de 8 para 6 horas diárias. Empregado horista. Aplicação do divisor 180.** (*DEJT* divulgado em 09, 10 e 11.06.2010)

**Para o cálculo do salário hora do empregado horista, submetido a turnos ininterruptos de revezamento, considerando a alteração da jornada de 8 para 6 horas diárias, aplica-se o divisor 180, em observância ao disposto no art. 7º, VI, da Constituição Federal, que assegura a irredutibilidade salarial.**

O divisor para quem trabalha 8 horas é 220 e para quem passa a prestar serviços por 6 horas diárias, em razão de trabalho em turnos ininterruptos de revezamento, é 180.

Se o empregado trabalhava em jornada de 8 horas e passa a trabalhar 6 horas, não se pode reduzir o salário do empregado, em razão da previsão do inciso VI do artigo 7º da Constituição. A redução do salário só pode ser feita por convenção ou acordo coletivo.

A utilização do divisor 180 representa a adequação do regime de jornada efetivamente cumprido pelo trabalhador, de acordo com a previsão do inciso XIV do artigo 7º da Constituição, que prevê jornada de 6 horas para quem trabalha em turnos ininterruptos de revezamento.

**397 Comissionista misto. Horas extras. Base de cálculo. Aplicação da Súmula nº 340 do TST.** (*DEJT* divulgado em 2, 3 e 4.8.2010)

**O empregado que recebe remuneração mista, ou seja, uma parte fixa e outra variável, tem direito a horas extras pelo trabalho em sobrejornada. Em relação à parte fixa, são devidas as horas simples acrescidas do adicional de horas extras. Em relação à parte variável, é devido somente o adicional de horas extras, aplicando-se à hipótese o disposto na Súmula nº 340 do TST.**

A Súmula 340 do TST tem a seguinte redação "O empregado, sujeito a controle de horário, remunerado à base de comissões, tem direito ao adicional de, no mínimo, 50% (cinquenta por cento) pelo trabalho em horas extras, calculado sobre o valor-hora das comissões recebidas no mês, considerando-se como divisor o número de horas efetivamente trabalhadas". A Súmula trata apenas do empregado que recebe verba variável como salário e não quem recebe parte fixa e parte em comissões.

Se o empregado comissionista é sujeito a controle de horário de trabalho, faz jus a horas extras. Não havendo controle de horário, não faz jus a horas extras, na forma do inciso I do artigo 62 da CLT, devendo ser feita a respectiva anotação na CTPS.

Na verdade, segundo a orientação do verbete, o empregado tem direito apenas ao adicional e não às horas extras. No horário normal estariam incluídas as comissões, pois o empregado se esforça em vender mais para auferir as comissões. O adicional é de no mínimo 50%, podendo ser maior, se houver previsão em norma coletiva.

Se o empregado recebe parte fixa do salário e comissões, a parte fixa será calculada sobre o salário-hora e a parte variável, da forma descrita na súmula.

Entende-se que em relação à parte variável, o empregado faz jus apenas ao adicional de horas extras calculado sobre o valor das comissões recebidas no mês, sendo o divisor o número de horas trabalhadas no mês (220), porque as horas trabalhadas já estão remuneradas pelas comissões recebidas. Em relação à parte fixa do salário, são devidas as horas extras e o adicional.

**398 Contribuição previdenciária. Acordo homologado em juízo sem reconhecimento de vínculo de emprego. Contribuinte individual. Recolhimento da alíquota de 20% a cargo do tomador e 11% a cargo do prestador de serviços.** (*DEJT* divulgado em 02, 03 e 04.08.2010)

**Nos acordos homologados em juízo em que não haja o reconhecimento de vínculo empregatício, é devido o recolhimento da contribuição previdenciária, mediante a alíquota de 20% a cargo do tomador de**

**serviços e de 11% por parte do prestador de serviços, na qualidade de contribuinte individual, sobre o valor total do acordo, respeitado o teto de contribuição. Inteligência do § 4º do art. 30 e do inciso III do art. 22, todos da Lei nº 8.212, de 24.07.1991.**

Faz referência expressamente o inciso VIII do artigo 114 da Constituição ao artigo 195, I, "a", e II, da Constituição, sobre a contribuição do empregador, da empresa e da entidade a ela equiparada, incidente sobre a folha de salários e demais rendimentos do trabalho pagos ou creditados, a qualquer título, a "pessoa física que lhe preste serviço, mesmo sem vínculo empregatício" e "trabalhador e dos demais segurados da previdência social". Logo, a contribuição a ser exigida será da contribuição do empregador, da empresa e da entidade a ela equiparada, incidente sobre a folha de salários e demais rendimentos do trabalho pagos ou creditados, a qualquer título, à pessoa física que lhe presta serviço, mesmo sem vínculo empregatício. Isso significa a exigência da contribuição do empregador sobre os pagamentos feitos a empregados, domésticos, trabalhadores avulsos e até a autônomos. É o que acontece quando a Justiça do Trabalho não reconhece o vínculo de emprego, considerando o trabalhador autônomo, ocasião em que serão devidas as contribuições da empresa incidentes sobre a remuneração do autônomo ou do segurado individual (20%, conforme inciso III do artigo 22 da Lei nº 8.212).

Reza o artigo 21 da Lei nº 8.212 que a alíquota de contribuição dos segurados contribuinte individual e facultativo será de vinte por cento sobre o respectivo salário-de-contribuição.

Dispõe o inciso III do artigo 22 da Lei nº 8.212 que "a contribuição a cargo da empresa, destinada à Seguridade Social, além do disposto no art. 23, é de: III – vinte por cento sobre o total das remunerações pagas ou creditadas a qualquer título, no decorrer do mês, aos segurados contribuintes individuais que lhe prestem serviços.

Entende-se por salário-de-contribuição: "III – para o contribuinte individual: a remuneração auferida em uma ou mais empresas ou pelo exercício de sua atividade por conta própria, durante o mês, observado o limite máximo a que se refere o § 5º" (art. 28 da Lei nº 8.212).

Na hipótese de o contribuinte individual prestar serviço a uma ou mais empresas, poderá deduzir, da sua contribuição mensal, quarenta e cinco por cento da contribuição da empresa, efetivamente recolhida ou declarada, incidente sobre a remuneração que esta lhe tenha pago ou creditado, limitada a dedução a nove por cento do respectivo salário-de-contribuição (§ 4º do art. 30 da Lei nº 8.212). A redução de 45% sobre a alíquota de 20% importa 9%. Deduzidos os 9% de 20% implica 11%.

Fica a empresa obrigada a arrecadar a contribuição do segurado contribuinte individual a seu serviço, descontando-a da respectiva remuneração, e a recolher o valor arrecadado juntamente com a contribuição a seu cargo até o dia 20 (vinte) do mês seguinte ao da competência, ou até o dia útil imediatamente anterior se não houver expediente bancário naquele dia (art. 4º da Lei nº 10.666/03).

A contribuição do próprio contribuinte individual, como, por exemplo, do autônomo será por ele recolhida e não será executada no próprio processo trabalhista.

Quando se homologa acordo em que o reclamado paga certa quantia e com o recebimento dela as partes encerram toda e qualquer controvérsia acerca da relação havida entre elas, que, portanto, não é de emprego, há a incidência da contribuição previdenciária do empregador de 20% sobre o referido valor. O inciso III do artigo 22 da Lei nº 8.212 é expresso no sentido de que a contribuição a cargo da empresa, destinada à Seguridade Social, é de 20% sobre o total das remunerações pagas ou creditadas a qualquer título, no decorrer do mês, aos segurados contribuintes individuais que lhe prestem serviços. Nesse caso, houve um segurado individual que prestou serviço à empresa. O pagamento é uma remuneração *latu sensu*.

O valor acordado pelas partes representa o pagamento pelo serviço prestado pelo trabalhador e não indenização. A empresa não pagaria espontaneamente indenização ao trabalhador, principalmente de dano moral. Assim, incide a contribuição de 20% da empresa sobre o pagamento feito a segurado contribuinte individual, pois ela é a contribuição da empresa destinada ao custeio da Seguridade Social prevista na alínea *a*, do inciso I do artigo 195 da Constituição.

Não se nega o direito das partes de fazerem transação (art. 764 da CLT), porém não podem deixar de pagar a contribuição previdenciária.

As partes podem transigir sobre o que desejarem, porém a transação vale apenas para elas e não para terceiros (art. 844 do Código Civil), principalmente em relação a União. A transação só pode ser feita em relação a matéria de direito patrimonial privado (art. 841 do Código Civil) e não em relação a direito público, como ocorre com a contribuição previdenciária.

**399 Estabilidade provisória. Ação trabalhista ajuizada após o término do período de garantia no emprego. Abuso do exercício do direito de ação. Não configuração. Indenização devida.** (*DEJT* divulgado em 2, 3 e 4.8.2010)

**O ajuizamento de ação trabalhista após decorrido o período de garantia de emprego não configura abuso do exercício do direito de ação, pois este está submetido apenas ao prazo prescricional inscrito no art. 7º, XXIX, da CF/1988, sendo devida a indenização desde a dispensa até a data do término do período estabilitário.**

No caso de a empregada deixar terminar o período de garantia de emprego e só depois ajuizar a ação, penso que não faz jus nem a reintegração, muito menos a indenização, pois o seu ato impediu o empregador de reintegrá-la no emprego, mostrando o seu desinteresse em voltar a trabalhar na empresa. O direito previsto na Constituição é ao emprego e não a indenização. Não pode receber sem trabalhar, quando dá causa a não ser reintegrada, pela expiração da garantia de emprego da gestante.

Dispõe o artigo 187 do Código Civil que também comete ato ilícito o titular de um direito que, ao exercê-lo, excede manifestamente os limites impostos pelo seu fim econômico ou social, pela boa-fé ou pelos bons costumes. O abuso de direito é representado pelo fato de que a empregada esperou terminar a garantia de emprego da gestante para ajuizar a ação. O fim social é a garantia de emprego para que a empregada possa cuidar da criança, se recuperar do parto e manter seu emprego no referido período, pois poderia ser dispensada por estar grávida. A boa-fé indica que a empregada deve postular a reintegração no emprego, para que possa trabalhar e se beneficiar dos benefícios que o emprego lhe proporciona, como assistência médica e outros. Não pode esperar terminar a garantia de emprego para ajuizar a ação, pois irá receber valores sem ter trabalhado.

O prazo de prescrição do inciso XXIX do artigo 7º da Constituição não se confunde com o abuso de direito. Não há dúvida de que tem direito de ajuizar a ação até dois anos após a cessação do seu contrato de trabalho, mas não pode esperar terminar a garantia de emprego para ajuizar a ação, sob pena de inviabilizar sua reintegração e dar causa ao não recebimento das verbas do período de garantia de emprego.

O ajuizamento de ação depois de exaurido o período de garantia de emprego representa exercício irregular do direito do empregado, por não permitir que o empregador o reintegre no emprego e de receber sem trabalhar, quando, com seu ato, dá causa a não reintegração.

400 **Imposto de renda. Base de cálculo. Juros de mora. Não integração. Art. 404 do Código Civil Brasileiro.** (*DEJT* divulgado em 2, 3 e 4.8.2010)

**Os juros de mora decorrentes do inadimplemento de obrigação de pagamento em dinheiro não integram a base de cálculo do imposto de renda, independentemente da natureza jurídica da obrigação inadimplida, ante o cunho indenizatório conferido pelo art. 404 do Código Civil de 2002 aos juros de mora.**

O fundamento dos precedentes é o seguinte:

> IMPOSTO DE RENDA. INCIDÊNCIA SOBRE OS JUROS DE MORA. DESCABIMENTO. INTELIGÊNCIA DO ARTIGO 404 E SEU PARÁGRAFO ÚNICO DO CÓDIGO CIVIL DE 2002. I – Extrai-se do artigo 404 e seu parágra-

fo único do CC de 2002 ter sido conferido natureza estritamente indenizatória aos juros de mora incidentes sobre as obrigações de pagamento em dinheiro, resultantes do seu inadimplemento, na medida em que os elegera como expressão patrimonial integrante da reparação das perdas e danos, por meio de indenização que ordinariamente abrange o prejuízo sofrido e os lucros cessantes. II – Em outras palavras, aquele conjunto normativo passou a consagrar nítida distinção entre os juros de mora e o prejuízo sofrido e os lucros cessantes. Isso com o claro objetivo de que a indenização pelo inadimplemento das obrigações de pagamento em dinheiro fosse a mais ampla possível, insuscetível de diminuição patrimonial pela incidência do imposto de renda sobre o valor dos juros, quer esses se reportem à natureza indenizatória ou salarial da obrigação pecuniária descumprida. III – Tanto assim que a norma do parágrafo único do artigo 404 do Código Civil de 2002 prevê, de forma incisiva, o pagamento de indenização suplementar para o caso de, não havendo cláusula penal, os juros de mora comprovadamente não cobrirem o prejuízo sofrido pelo credor. IV – A expressão – obrigações de pagamento em dinheiro –, por sua vez, alcança naturalmente as obrigações de pagamento em dinheiro de verbas trabalhistas, em razão da evidente identidade ontológica entre as obrigações oriundas do Direito Civil e as obrigações provenientes do Direito do Trabalho, tanto mais que, no âmbito das relações de trabalho, o inadimplemento de pagamento em dinheiro das aludidas verbas trabalhistas ganha insuspeitada coloração dramática, por conta do seu conteúdo alimentar. V – Impõe-se por corolário jurídico-social a aplicação do artigo 404 e seu parágrafo único do Código de 2002, a fim de excluir da incidência do imposto de renda os juros de mora que o sejam indiscriminadamente sobre títulos trabalhistas de natureza indenizatória ou salarial, mesmo porque, num ou noutro caso, aqueles títulos desfrutam de reconhecida natureza alimentar, sendo impostergável a conclusão de os juros não se equipararem a rendimentos do trabalho. VI – Com a superveniência do Código Civil de 2002, regulando no art. 404 e seu parágrafo único a natureza desenganadamente indenizatória dos juros de mora, não se coloca mais como pertinente a coeva interpretação dada aos arts. 153, III, e 157, I, da Constituição, tanto quanto aos arts. 16, parágrafo único, da Lei nº 4.506/64 e 46, § 1º, I, da Lei nº 8.541/92 ou mesmo ao § 3º do art. 43 do Regulamento do Imposto de Renda, corporificado no Decreto nº 3.000/99. VII – Nesse sentido de não haver incidência de imposto de renda sobre os juros de mora já se posicionava o STF, conforme se constata da decisão monocrática proferida pelo Ministro Cezar Peluso, no AI-482398/SP, publicada no *DJ* de 07/06/2006, na qual Sua Excelência deixara assentado que – Não há incidência de imposto de renda sobre juros moratórios, por não configurarem renda e proventos de qualquer natureza, mas meros componentes indissociáveis do valor total da indenização... – Recurso a que se nega provimento. (TST, Órgão Especial, ROAG-2110/1985-002-17-00.4, Rel. Min. Barros Levenhagen).

No STJ há os seguintes precedentes:

> TRIBUTÁRIO – RECURSO ESPECIAL – ART. 43 DO CTN – IMPOSTO DE RENDA – JUROS MORATÓRIOS – CC, ART. 404: NATUREZA JURÍDICA INDENIZATÓRIA – NÃO INCIDÊNCIA. 1. Os valores recebidos pelo contribuinte a título de juros de mora, na vigência do Código Civil de 2002, têm natureza jurídica indenizatória. Nessa condição, portanto, sobre eles não incide imposto de renda, consoante a jurisprudência sedimentada no STJ. 2. Recurso especial improvido. (REsp. nº 1.037.452 – SC, Rel. Min. Eliana Calmon, *DJ* 10/6/2008).
>
> TRIBUTÁRIO – IMPOSTO DE RENDA SOBRE JUROS MORATÓRIOS – VERBAS REMUNERATÓRIAS DECORRENTES DE CONDENAÇÃO EM RECLAMATÓRIA TRABALHISTA. NÃO INCIDÊNCIA. AGRAVO REGIMENTAL. RETRATAÇÃO DE DECISÃO (ART. 557, § 1º, CPC). MUDANÇA DE ORIENTAÇÃO JURISPRUDENCIAL. RECURSO ESPECIAL A QUE SE NEGA SEGUIMENTO (ART. 557, *CAPUT*, CPC). DECISÃO.
>
> [...]
>
> Contudo, há que se registrar que a Segunda Turma desta Corte, em assentada ocorrida no dia 20.5.2008 (cinco dias depois da publicação do acórdão citado) mudou a orientação jurisprudencial que então prevalecia para considerar que os valores recebidos pelo contribuinte a título de juros de mora, na vigência do Código Civil de 2002, têm natureza jurídica indenizatória. Nessa condição, portanto, sobre eles não incide imposto de renda. Veja-se:
>
> [...]
>
> No julgado suso citado a Segunda Turma entendeu que o atual Código Civil, no parágrafo único do art. 404, deu aos juros moratórios a conotação de indenização, já que destinados a cobrir prejuízo experimentado pelo credor.
>
> Desta forma, com fulcro no art. 557, § 1º do CPC, entendo por bem RETRATAR-ME da decisão proferida às fls. 154/157 para, nos termos do art. 557, *caput*, do CPC, NEGAR SEGUIMENTO ao recurso especial interposto pela Fazenda Nacional. (AgEg no RESp 1.062.587, Rel. Min. Campbell Marques, *DJ* 10/11/2008).

O Ministro Cezar Peluso, em decisão monocrática, no AI-482398/SP, publicada no *DJ* de 7/6/2006, afirma que não há incidência de imposto de renda sobre juros moratórios, por não configurarem renda e proventos de qualquer natureza, mas meros componentes indissociáveis do valor total da indenização.

Mostra o inciso I do artigo 43 do CTN que o imposto de renda incide sobre o produto do capital, que são os juros. O parágrafo 1º do mesmo artigo determina que a incidência do imposto de renda independe da denominação da receita ou do rendimento. O imposto de renda incide sobre o principal e a correção monetária.

Renda é o acréscimo de um valor pecuniário ao patrimônio da pessoa. É um acréscimo patrimonial.

Amílcar de Araújo Falcão afirma que "juridicamente, como renda se conceitua o aumento ou incremento do patrimônio de uma pessoa, decorrente do emprego do capital, do trabalho ou da combinação de ambos, expresso em dinheiro ou nele determinável e apurado em um momento ou em um período de tempo".[65]

Os juros são rendimentos do capital e têm a incidência do imposto de renda. Juros são o fruto do capital. Representam um aumento do patrimônio da pessoa, em razão do rendimento proporcionado pelo capital.

Reza o parágrafo 4º do artigo 3º da Lei nº 7.713/88 que "a tributação independe da denominação dos rendimentos, títulos ou direitos da localização. O inciso IV do parágrafo 2º do artigo 24 da Lei nº 9.430/96 considera como rendimento tributável os juros.

O parágrafo 1º do artigo 46 da Lei nº 8.541/92 não dispõe que o imposto de renda não incide sobre os juros de mora, apenas dispensa a soma dos rendimentos pagos no mês para aplicação da alíquota correspondente para efeito de juros e indenizações por lucros cessantes. Na Justiça do Trabalho não se defere lucro cessante para que não haja a incidência do imposto de renda. O inciso I, ao usar conjunção aditiva, mostra que os juros também se referem a lucros cessantes.

Dispõe o inciso XIV do artigo 55 do Regulamento do Imposto de Renda que são também tributáveis: "os juros compensatórios ou moratórios de qualquer natureza, inclusive os que resultarem de sentença, e quaisquer outras indenizações por atraso de pagamento, exceto aqueles correspondentes a rendimentos isentos ou não tributáveis. Menciona o artigo 56 do RIR que no caso de rendimentos recebidos acumuladamente, o imposto incidirá no mês do recebimento, sobre o total dos rendimentos, inclusive juros e atualização monetária.

Incide o imposto de renda de acordo com o que a lei definir como rendimento. A lei vai definir o que é rendimento.

O artigo 404 do Código Civil não trata da não incidência de imposto de renda sobre juros. O Código Civil é lei geral e a legislação do imposto de renda pode ser considerada como lei especial. O Código Civil não modificou a legislação do imposto de renda.

A Secretaria da Receita Federal não vai aceitar a não incidência do imposto de renda sobre os juros, porque não é parte nos processos trabalhistas e vai exigir o imposto sobre a verba com juros, multa de mora e cobrar multa administrativa do contribuinte.

---

[65] FALCÃO, Amílcar de Araújo. Conferência, in Imposto de Renda e Lucros imobiliários. 1. ed. Rio de Janeiro: Edições Financeiras S/A, 1963. p. 80.

**401 Prescrição. Marco inicial. Ação condenatória. Trânsito em julgado da ação declaratória com mesma causa de pedir remota ajuizada antes da extinção do contrato de trabalho.** (*DEJT* divulgado em 2, 3 e 4.8.2010)

**O marco inicial da contagem do prazo prescricional para o ajuizamento de ação condenatória, quando advém a dispensa do empregado no curso de ação declaratória que possua a mesma causa de pedir remota, é o trânsito em julgado da decisão proferida na ação declaratória e não a data da extinção do contrato de trabalho.**

A prescrição deve ser contada da cessação do contrato de trabalho, como determina o inciso XXIX do artigo 7º da Constituição. Não existe previsão constitucional ou legal no sentido de que a prescrição é contada do trânsito em julgado da sentença que reconheceu o vínculo de emprego.

O empregado tem interesse processual em postular em juízo para o reconhecimento do vínculo de emprego. Ele poderia postular o reconhecimento do vínculo de emprego e outras verbas dele decorrentes na mesma ação, inclusive reintegração no emprego. Não precisa esperar o trânsito em julgado da primeira ação para pedir reintegração no emprego e outras verbas. Poderia, inclusive, ter apresentado medida cautelar de protesto para interromper a prescrição.

**402 Adicional de risco. Portuário. Terminal privativo. Arts. 14 e 19 da Lei nº 4.860, de 26.11.1965. Indevido.** (*DEJT* Divulgado em 16, 17 e 20.9.2010)

**O adicional de risco previsto no artigo 14 da Lei nº 4.860, de 26.11.1965, aplica-se somente aos portuários que trabalham em portos organizados, não podendo ser conferido aos que operam terminal privativo.**

Dispõe o artigo 14 da Lei nº 4.860/65 que "a fim de remunerar os riscos relativos à insalubridade, periculosidade e outros porventura existentes, fica instituído o adicional de risco de 40% (quarenta por cento) que incidirá sobre o valor do salário-hora ordinário do período diurno e substituirá todos aqueles que, com sentido ou caráter idêntico, vinham sendo pagos".

O artigo 19 da Lei nº 4.860/65 dispõe que "as disposições desta Lei são aplicáveis a todos os servidores ou empregados pertencentes às Administrações dos Portos organizados sujeitos a qualquer regime de exploração".

A norma legal não dispõe que o adicional é devido a qualquer trabalhador.

Entretanto, pode-se dizer que o artigo 19 da Lei nº 4.860/65 foi revogado pelo inciso XXXIV do artigo 7º da Lei Maior, que prevê os mesmos direitos para o trabalhador avulso em relação aos trabalhadores com vínculo empregatício permanente. Não pode, portanto, haver discriminação.

Dispõe o parágrafo único do artigo 32 da Lei nº 12.815/13 que, "caso celebrado contrato, acordo ou convenção coletiva de trabalho entre trabalhadores e tomadores de serviços, o disposto no instrumento precederá o órgão gestor e dispensará sua intervenção nas relações entre capital e trabalho no porto".

Reza o artigo 43 da Lei nº 12.815/13 que "a remuneração, a definição das funções, a composição dos termos, a multifuncionalidade e as demais condições do trabalho avulso serão objeto de negociação entre as entidades representativas dos trabalhadores portuários avulsos e dos operadores portuários".

O TST entende que o adicional é devido apenas aos trabalhadores portuários que laboram em portos organizados, em razão de se tratar de regime especial destinado especificamente aos empregados portuários, e não àqueles submetidos à norma geral da CLT. Se os trabalhadores fazem o mesmo serviço, no mesmo local, não há porque não pagar o adicional, pois viola o princípio da igualdade e o inciso XXXIV do artigo 7º da Lei Maior.

Aos trabalhadores que trabalham sob a administração do porto organizado não são aplicadas normas de direito público, mas normas de direito privado em relação ao trabalho.

## 403 Advogado empregado. Contratação anterior a Lei nº 8.906, de 04.07.1994. Jornada de trabalho mantida com o advento da lei. Dedicação exclusiva. Caracterização. (*DEJT* Divulgado em 16, 17 e 20.9.2010)

**O advogado empregado contratado para jornada de 40 horas semanais, antes da edição da Lei nº 8.906, de 04.07.1994, está sujeito ao regime de dedicação exclusiva disposto no art. 20 da referida lei, pelo que não tem direito à jornada de 20 horas semanais ou 4 diárias.**

Dispõe o artigo 20 da Lei nº 8.906/94 que "a jornada de trabalho do advogado empregado, no exercício da profissão, não poderá exceder a duração diária de quatro horas contínuas e a de vinte horas semanais, salvo acordo ou convenção coletiva ou em caso de dedicação exclusiva". A lei admite como exceções o acordo ou a convenção coletiva ou em caso de dedicação exclusiva.

O Regulamento Geral do Estatuto da Advocacia e da OAB determina que "para os fins do art. 20 da Lei nº 8.906/94, considera-se dedicação exclusiva o regime de trabalho que for expressamente previsto em contrato individual de trabalho. Parágrafo único. Em caso de dedicação exclusiva, serão remuneradas como extraordinárias as horas trabalhadas que excederem a jornada normal de oito horas diárias". A dedicação exclusiva tem de ser expressamente prevista no contrato de trabalho. No caso de dedicação exclusiva, em que o advogado não pode atuar em nome de outras pessoas, a jornada de trabalho dele é de 8 horas e não de 4 horas.

A falta de previsão expressa no contrato de trabalho sobre a dedicação exclusiva importa que a jornada do advogado é de 4 horas e não de 8 horas.

Pode-se entender que a jornada 8 horas e o módulo semanal de 40 horas implica dedicação exclusiva, pois o advogado trabalha 8 horas por dia em cinco dias da semana, totalizando as 40 horas. Se o advogado continua a cumprir o módulo semanal de 40 horas já na vigência da Lei nº 8.906, entende-se que tem dedicação exclusiva.

**404 Diferenças salariais. Plano de cargos e salários. Descumprimento. Critérios de promoção não observados. Prescrição parcial.** (DEJT Divulgado em 16, 17 e 20.9.2010)

**Tratando-se de pedido de pagamento de diferenças salariais decorrentes da inobservância dos critérios de promoção estabelecidos em Plano de Cargos e Salários criado pela empresa, a prescrição aplicável é a parcial, pois a lesão é sucessiva e se renova mês a mês.**

A hipótese da súmula trata de precedentes de Furnas. Não versa sobre pedido de diferenças salariais decorrentes de reenquadramento, mas do fato de que a empresa não observou os critérios de promoção estabelecidos em Plano de Cargos e Salários por ela criados. A prescrição não é total para se aplicar o inciso II da Súmula 275 ou a Súmula 294 do TST, mas parcial, pois a lesão ocorre mês a mês. A correção pode ser pedida a qualquer tempo, pois se refere a critérios de promoção.

**405 Embargos. Procedimento sumaríssimo. Conhecimento. Recurso interposto após vigência da Lei nº 11.496, de 22.06.2007, que conferiu nova redação ao art. 894, II, da CLT.** (*DEJT* Divulgado em 16, 17 e 20.9.2010)

**Em causas sujeitas ao procedimento sumaríssimo, em que pese a limitação imposta no art. 896, § 6º, da CLT à interposição de recurso de revista, admite-se os embargos interpostos na vigência da Lei nº 11.496, de 22.06.2007, que conferiu nova redação ao art. 894 da CLT, quando demonstrada a divergência jurisprudencial entre Turmas do TST, fundada em interpretações diversas acerca da aplicação de mesmo dispositivo constitucional ou de matéria sumulada.**

O inciso II do artigo 894 da CLT é claro no sentido de que se houver divergência jurisprudencial entre turmas do TST ou entre a turma e a SDI é cabível o recurso de embargos. O artigo 894 da CLT não faz distinção em relação ao procedimento sumaríssimo. A distinção é feita para o recurso ordinário (§ 1º do art. 895 da CLT) e para o recurso de revista (§ 6º do art. 896 da CLT). Logo, cabe o recurso de embargos no procedimento sumaríssimo.

O TST só admite os embargos em razão de divergência na interpretação de dispositivo constitucional ou de matéria sumulada e não em outras hipóteses. Embora o inciso II do artigo 894 da CLT não faça restrição, a conclusão lógica só pode ser que as matérias são as do parágrafo 6º do artigo 896 da CLT, para efeito do recurso de revista em procedimento sumaríssimo. Se as matérias analisadas no recurso de revista contrariam a súmula da jurisprudência uniforme do TST e violam diretamente a Constituição, nos embargos só se poderá apontar divergência jurisprudencial entre turmas ou entre turma e a SDI em relação às referidas matérias. Não será possível apontar divergência jurisprudencial em relação a outras matérias.

**406 Adicional de periculosidade. Pagamento espontâneo. Caracterização de fato incontroverso. desnecessária a perícia de que trata o art. 195 da CLT.** (*DEJT* divulgado em 22, 25 e 26.10.2010)

**O pagamento de adicional de periculosidade efetuado por mera liberalidade da empresa, ainda que de forma proporcional ao tempo de exposição ao risco ou em percentual inferior ao máximo legalmente previsto, dispensa a realização da prova técnica exigida pelo art. 195 da CLT, pois torna incontroversa a existência do trabalho em condições perigosas.**

A empresa pode fazer pagamento do adicional de periculosidade por mera liberalidade, mas isso não presume que o adicional é devido, pois a empresa pode pagar o adicional por erro ou para evitar dúvidas.

O certo é fazer perícia, pois o parágrafo 2º do artigo 195 da CLT é imperativo: "arguida em juízo insalubridade ou periculosidade, seja por empregado, seja por sindicato em favor de grupo de associados, o juiz designará perito habilitado na forma deste artigo, e, onde não houver, requisitará perícia ao órgão competente do Ministério do Trabalho". O dispositivo usa o verbo designar no imperativo. Logo, há necessidade de ser realizada perícia para verificar se o local é mesmo perigoso.

**407 Jornalista. Empresa não jornalística. Jornada de trabalho reduzida. Arts. 302 e 303 da CLT.** (*DEJT* divulgado em 22, 25 e 26.10.2010)

**O jornalista que exerce funções típicas de sua profissão, independentemente do ramo de atividade do empregador, tem direito à jornada reduzida prevista no artigo 303 da CLT.**

Dispõe o artigo 302 da CLT que "os dispositivos da presente Seção se aplicam aos que nas empresas jornalísticas prestem serviços como jornalistas, revisores, fotógrafos, ou na ilustração, com as exceções nela previstas".

É explícito o artigo 302 da CLT no sentido de que só são aplicados os artigos da seção a quem trabalha em empresas jornalísticas e não em relação a outras empresas que não sejam jornalísticas. Assim, se uma empresa metalúrgica tem um jornalista, as regras da CLT não se lhe aplicam, inclusive quanto à jornada de trabalho.

O § 2º do artigo 302 da CLT está revogado tacitamente pelo parágrafo 1º do artigo 3º do Decreto-lei nº 972/69, que tem redação um pouco diferente ao conceituar empresa jornalística. Esta é a que tem como atividade a edição de jornal ou revista, ou a distribuição de noticiário, com funcionamento efetivo, idoneidade financeira e registro legal. Empresas que distribuem noticiário são as agências de notícias. Não será empresa jornalística apenas a que produz jornal, mas também revistas, boletins e periódicos, inclusive revistas, boletins e periódicos técnicos. Equipara-se a empresa jornalística a seção ou serviço de empresa de radiodifusão, televisão ou divulgação cinematográfica, ou de agência de publicidade (§ 1º do art. 3º do Decreto-lei nº 972). A empresa não jornalística, sob cuja responsabilidade se editar publicação destinada a circulação externa, promoverá o cumprimento do disposto no Decreto-lei nº 972 relativamente aos jornalistas que contratar (§ 3º do art. 3º do Decreto-lei nº 972).

Entretanto, o parágrafo 3º do artigo 3º do Decreto-lei nº 972/69 é claro no sentido de que "a empresa não jornalística sob cuja responsabilidade se editar publicação destinada a circulação externa, promoverá o cumprimento desta lei relativamente aos jornalistas que contratar, observado, porém, o que determina o art. 8º §4º". Se a circulação é interna, não se aplica o Decreto-lei nº 972/69.

O artigo 9º do Decreto-lei nº 972/69 dispõe que a jornada normal do jornalista é de cinco horas.

O artigo 302 da CLT tem a redação original de 1943. Assim, o Decreto-lei nº 972/69 derrogou o artigo 302 da CLT. O jornalista que trabalha em empresa não jornalística, sob cuja responsabilidade se editar publicação destinada a circulação externa, terá jornada de 5 horas.

Logo, não é em relação a qualquer empresa não jornalística, mas apenas em relação àquela que promove publicação com circulação externa.

## 408 Juros de mora. Empresa em liquidação extrajudicial. Sucessão trabalhista. (*DEJT* divulgado em 22, 25 e 26.10.2010)

**É devida a incidência de juros de mora em relação aos débitos trabalhistas de empresa em liquidação extrajudicial sucedida nos moldes dos arts. 10 e 448 da CLT. O sucessor responde pela obrigação do sucedido, não se beneficiando de qualquer privilégio a este destinado.**

A Súmula nº 304 do TST dispensa as empresas em liquidação extrajudicial do pagamento dos juros da mora decorrentes dos débitos trabalhistas. A sucessora da empresa em liquidação extrajudicial tem de pagar juros, pois não está em liquidação extrajudicial.

Alguns julgados analisaram o caso do Banco Bamerindus do Brasil, que foi sucedido pelo Banco HSBC Bamerindus S/A (atual HSBC Bank Brasil S/A – Banco Múltiplo). Havendo sucessão, não se beneficia o sucessor da dispensa do pagamento de juros, pois não está em liquidação extrajudicial.

**409 Multa por litigância de má-fé. Recolhimento. Pressuposto recursal. Inexigibilidade.** (*DEJT* divulgado em 22, 25 e 26.10.2010)

**O recolhimento do valor da multa imposta por litigância de má-fé, nos termos do art. 18 do CPC, não é pressuposto objetivo para interposição dos recursos de natureza trabalhista. Assim, resta inaplicável o art. 35 do CPC como fonte subsidiária, uma vez que, na Justiça do Trabalho, as custas estão reguladas pelo art. 789 da CLT.**

Dispõe o artigo 35 do CPC que as sanções impostas às partes em consequência de má-fé serão contadas como custas e reverterão em benefício da parte contrária; as impostas aos serventuários pertencerão ao Estado.

No processo do trabalho, as regras de custas são previstas no artigo 789 da CLT, que não dispõe que as sanções por litigância de má-fé devem ser contadas como custas. Não há, portanto, omissão na CLT para se aplicar o CPC.

O recolhimento do valor correspondente à indenização por litigância de má-fé não constitui pressuposto processual de admissibilidade para a interposição de recurso.

A multa por litigância de má-fé incide sobre o valor da causa. Não implica alteração do valor da condenação de verbas trabalhistas devidas ao empregado.

**410 Repouso semanal remunerado. Concessão após o sétimo dia consecutivo de trabalho. Art. 7º, XV, da CF. Violação.** (*DEJT* divulgado em 22, 25 e 26.10.2010)

**Viola o art. 7º, XV, da CF a concessão de repouso semanal remunerado após o sétimo dia consecutivo de trabalho, importando no seu pagamento em dobro.**

Mozart Victor Russomano afirma que a compensação deve ser feita "no decurso da semana, um dia de folga, de modo a que o trabalhador não fique prejudicado (art. 6º, § 3º, com. com o art. 8º, alínea *b*, do Regulamento".[66]

[66] RUSSOMANO, Mozart Victor. *Curso de direito do trabalho*. 9. ed., 4ª tir. Curitiba: Juruá, 2005. p. 325.

Russomano faz referência ao parágrafo 4º do artigo 11 do Regulamento "para os efeitos do pagamento da remuneração, entende-se por semana o período de segunda-feira a domingo, anterior à semana em que recair o dia de repouso definido no art. 1º".[67]

Francisco Antônio de Oliveira afirma que "a empresa poderá ser autorizada a funcionar de modo permanente aos domingos, desde que efetue escala de revezamento e que o empregado goze de folga pelo menos de sete em sete dias.[68]

A Convenção nº 14 da OIT, ratificada pelo Brasil pelo Decreto nº 24, de 29 de maio de 1956, prevê que o repouso semanal nos estabelecimentos industriais, deve ser concedido a cada período de sete dias, compreendendo um período mínimo de repouso de 24 horas consecutivas (art. 2º, 1). A Convenção nº 106 da OIT também determina que todas as pessoas terão direito a um período de repouso semanal, compreendendo um mínimo de 24 horas consecutivas, no decorrer de cada período de sete dias (art. 6º, 1).

A legislação contém preceito de ordem pública. Depreende-se da Constituição que o descanso é semanal e não quinzenal ou em outro período. O objetivo da folga ser concedida em sete dias é resguardar a saúde física e mental do trabalhador.

Não se está compensando a jornada de trabalho, mas o repouso semanal não gozado. A folga, porém, deve ser concedida dali a sete dias. Se for concedida no oitavo dia, já deverá haver pagamento em dobro.

## 411 Sucessão trabalhista. Aquisição de empresa pertencente a grupo econômico. Responsabilidade solidária do sucessor por débitos trabalhistas de empresa não adquirida. Inexistência. (*DEJT* divulgado em 22, 25 e 26.10.2010)

**O sucessor não responde solidariamente por débitos trabalhistas de empresa não adquirida, integrante do mesmo grupo econômico da empresa sucedida, quando, à época, a empresa devedora direta era solvente ou idônea economicamente, ressalvada a hipótese de má-fé ou fraude na sucessão.**

Os acórdãos geradores da orientação jurisprudencial compreenderam o exame: do Banco HSBC Bamerindus, que adquiriu o Banco Bamerindus, mas não adquiriu a BASTEC, empresa que pertencia ao grupo econômico do Bamerindus; da exclusão da responsabilidade da TV Ômega em relação à empresa sucedida e

[67] RUSSOMANO, Mozart Victor. *Comentários à CLT*. 17. ed. Rio de Janeiro: Forense, 1997. p. 156.

[68] OLIVEIRA, Francisco Antônio. *Direito do trabalho*. Em sintonia com a nova Constituição. São Paulo: Revista dos Tribunais, 1993. p. 272.

falida Bloch Editores (E-ED-RR – 182700-36.2000.5.01.0051, Rel. Min. Aloysio Corrêa da Veiga).

O parágrafo 2º do artigo 2º da CLT dispõe que "sempre que uma ou mais empresas, tendo, embora, cada uma delas, personalidade jurídica própria, estiverem sob a direção, controle ou administração de outra, constituindo grupo industrial, comercial ou de qualquer outra atividade econômica, serão, para os efeitos da relação de emprego, solidariamente responsáveis a empresa principal e cada uma das subordinadas.

Se a empresa é a sucessora, ela é que deve responder pelas obrigações trabalhistas, por força dos artigos 10 e 448 da CLT, pois a mudança dos proprietários da empresa não pode trazer prejuízos ao empregado.

O sucessor não pode responder por débitos trabalhistas de empresa que não foi por ele comprada, ainda que integrante do mesmo grupo econômico da empresa sucedida. O sucessor não pertence ao mesmo grupo econômico de empresa não adquirida para responder por débitos trabalhistas.

## 412 Agravo inominado ou agravo regimental. Interposição em face de decisão colegiada. Não cabimento. Erro grosseiro. Inaplicabilidade do princípio da fungibilidade recursal

**É incabível agravo inominado (art. 557, § 1º, do CPC) ou agravo regimental (art. 235 do RITST) contra decisão proferida por Órgão colegiado. Tais recursos destinam-se, exclusivamente, a impugnar decisão monocrática nas hipóteses expressamente previstas. Inaplicável, no caso, o princípio da fungibilidade ante a configuração de erro grosseiro.**

A Orientação Jurisprudencial foi divulgada no *DEJT* em 14, 15 e 16.2.2012.

O agravo regimental ou o inonimado têm por objetivo impugnar decisão monocrática do relator e não do colegiado. De decisão do colegiado cabe recurso de revista ou embargos.

Diante de erro grosseiro, não se pode aplicar o princípio da fungibilidade recursal.

## 413 Auxílio-alimentação. Alteração da natureza jurídica. Norma coletiva ou adesão ao PAT

**A pactuação em norma coletiva conferindo caráter indenizatório à verba "auxílio-alimentação" ou a adesão posterior do empregador ao Programa de Alimentação do Trabalhador – PAT – não altera a natureza salarial da parcela, instituída anteriormente, para aqueles empregados que, habitualmente, já percebiam o benefício, a teor das Súmulas nºs 51, I, e 241 do TST.**

A orientação jurisprudencial foi divulgada no *DEJT* em 14, 15 e 16.2.2012.

A norma coletiva não pode alterar a natureza salarial de certas prestações fornecidas pelo empregador ao empregado, somente para não incidir contribuição previdenciária e FGTS.

Se a verba era de natureza salarial, posteriormente a norma coletiva não pode dizer que é indenizatória. A condição mais benéfica já se incorporou ao contrato de trabalho do trabalhador.

**414 Competência da Justiça do Trabalho. Execução de Ofício. Contribuição Social referente ao Seguro de Acidente de Trabalho (SAT). Arts. 114, VIII, e 195, I, "a", da Constituição da República**

**Compete à Justiça do Trabalho a execução, de ofício, da contribuição referente ao Seguro de Acidente de Trabalho (SAT), que tem natureza de contribuição para a seguridade social (arts. 114, VIII, e 195, I, "a", da CF), pois se destina ao financiamento de benefícios relativos à incapacidade do empregado decorrente de infortúnio no trabalho (arts. 11 e 22 da Lei nº 8.212/91).**

A Orientação Jurisprudencial foi divulgada no *DEJT* em 14, 15 e 16.2.2012.

A contribuição para o custeio de seguro contra acidentes do trabalho é prevista no inciso XXVIII do artigo 7º da Constituição. Fica a cargo do empregador.

Tal contribuição serve para custear a Seguridade Social, na parte relativa a acidentes do trabalho, pois incide sobre a folha de salários (art. 195, I, *a*, da Constituição).

Logo, a Justiça do Trabalho é competente para analisar a matéria, pois decorre de sentença proferida pelo referido órgão (art. 114, VIII, da Constituição).

**415 Horas extras. Reconhecimento em juízo. Critério de dedução/abatimento dos valores comprovadamente pagos no curso do contrato de trabalho**

**A dedução das horas extras comprovadamente pagas daquelas reconhecidas em juízo não pode ser limitada ao mês de apuração, devendo ser integral e aferida pelo total das horas extraordinárias quitadas durante o período imprescrito do contrato de trabalho.**

A Orientação Jurisprudencial foi divulgada no *DEJT* em 14, 15 e 16.2.2012.

Precedente de embargos E-ED-RR 322000-34.2006.5.09.0001, Rel. Min. Aloysio Corrêa da Veiga.

Dispõe o artigo 368 do Código Civil que se duas pessoas forem ao mesmo tempo credor e devedor uma da outra, as duas obrigações extinguem-se, até onde se compensarem. A compensação efetua-se entre dívidas líquidas, vencidas e de coisas fungíveis (art. 369 do Código Civil).

O ideal seria que a dedução de hora extras pagas fosse verificada mensalmente. O parágrafo 1º do artigo 459 da CLT mostra que o pagamento do salário é feito mensalmente.

Entretanto, a orientação atual da SBDI-1 do TST é no sentido de que a apuração deve ser feita de todas as horas extras pagas no período não prescrito do contrato de trabalho.

## 416 Imunidade de jurisdição. Organização ou organismo internacional

**As organizações ou organismos internacionais gozam de imunidade absoluta de jurisdição quando amparados por norma internacional incorporada ao ordenamento jurídico brasileiro, não se lhes aplicando a regra do Direito Consuetudinário relativa à natureza dos atos praticados. Excepcionalmente, prevalecerá a jurisdição brasileira na hipótese de renúncia expressa à cláusula de imunidade jurisdicional.**

A Orientação Jurisprudencial foi divulgada no *DEJT* em 14, 15 e 16.2.2012.

Em relação a certos organismos internacionais o tratado do qual o Brasil é signatário prevê a imunidade de jurisdição para o referido organismo.

A Organização das Nações Unidas tem imunidade de jurisdição por força do artigo 2º da Convenção sobre Privilégios da ONU e do artigo 105 da Carta das Nações Unidas.

O parágrafo 2º do artigo 5º da Constituição prevê que os direitos e garantias expressos na Constituição não excluem outros decorrentes dos tratados internacionais em que a República Federativa do Brasil seja parte.

## 417 Prescrição. Rurícola. Emenda Constitucional nº 28, de 26.5.2000. Contrato de trabalho em curso.

**Não há prescrição total ou parcial da pretensão do trabalhador rural que reclama direitos relativos a contrato de trabalho que se encontrava em curso à época da promulgação da Emenda Constitucional nº 28, de 26.5.2000, desde que ajuizada a demanda no prazo de cinco anos de sua publicação, observada a prescrição bienal.**

A Orientação Jurisprudencial foi divulgada no *DEJT* em 14, 15 e 16.2.2012.

Se o contrato de trabalho for extinto antes de 26 de maio de 2005, o trabalhador terá dois anos para propor a ação contado o prazo a partir da cessação do contrato de trabalho.

Para quem foi admitido na vigência da Emenda Constitucional nº 28/00, aplica-se o prazo de prescrição do inciso XXIX do artigo 7º da Constituição.

Se o contrato de trabalho do empregado rural estava em curso quando da modificação feita no inciso XXIX do artigo 7º da Constituição pela Emenda Constitucional nº 28 de 26.5.2000, o prazo de prescrição era o anterior.

O prazo de prescrição do rurícola, de acordo com a Emenda Constitucional nº 28/00 só pode ser aplicado a partir da sua vigência, sob pena de ser retroativo e pegar os contratos que estavam em curso.

A alteração da Emenda Constitucional nº 28 só pode ser observada a partir de 26.5.2005.

A Orientação Jurisprudencial 271 da SBDI-1 do TST versa apenas sobre os trabalhadores cujos contratos se extinguiram antes da Emenda Constitucional nº 28/2000 e não comporta aplicação a *contrario sensu*.

**418 Equiparação salarial. Plano de cargos e salários. Aprovação por instrumento coletivo. Ausência de alternância de critérios de promoção por antiguidade e merecimento.** (*DEJT* divulgado em 12, 13 e 16.4.2012)

**Não constitui óbice à equiparação salarial a existência de plano de cargos e salários que, referendado por norma coletiva, prevê critério de promoção apenas por merecimento ou antiguidade, não atendendo, portanto, o requisito de alternância dos critérios, previsto no art. 461, § 2º, da CLT.**

A Orientação Jurisprudencial foi divulgada no *DEJT* em 14, 15 e 16.2.2012.

A regra do parágrafo 2º do artigo 461 da CLT é no sentido de que as promoções em caso de empresa que tenha quadro organizado em carreira deve observar os critérios de merecimento e antiguidade.

O parágrafo 2º do artigo 461 da CLT não prevê como exceção à equiparação salarial o plano de cargos e salários previsto em norma coletiva, principalmente quando ele só prevê a promoção apenas por antiguidade ou apenas por merecimento. Deve prever a alternância por antiguidade e merecimento.

**419 Enquadramento. Empregado que exerce atividade em empresa agroindustrial. Definição pela atividade preponderante da empresa**

**Considera-se rurícula empregado que, a despeito da atividade exercida, presta serviços a empregador agroindustrial (art. 3º, § 1º, da Lei nº 5.889, de 08.06.1973), visto que, neste caso, é a atividade preponderante da empresa que determina o enquadramento.**

A Orientação Jurisprudencial foi divulgada no *DEJT* em 14, 15 e 16.2.2012.

O enquadramento como empregado rural é feito de acordo com a atividade preponderante do empregador, mesmo que o empregado não exerça serviço diretamente ligado à atividade agrícola.

Dispõe o parágrafo 1º do artigo 3º da Lei nº 5.889/73 que incluiu como atividade agroeconômica a exploração industrial em estabelecimento agrário não compreendido na Consolidação das Leis do Trabalho.

Estabeleceu o parágrafo 4º do artigo 2º do Decreto 73.626/74 que "as atividades que compreendem o primeiro tratamento dos produtos agrários *in natura* sem transformá-los em sua natureza". São consideradas como exploração industrial em estabelecimento agrário.

**420 Turnos ininterruptos de revezamento. Elastecimento da jornada de trabalho. Norma coletiva com eficácia retroativa. Invalidade**

**É inválido o instrumento normativo que, regularizando situações pretéritas, estabelece jornada de oito horas para o trabalho em turnos ininterruptos de revezamento.**

A Orientação Jurisprudencial foi divulgada no *DEJT* em 14, 15 e 16.2.2012.

A norma coletiva deve ser estabelecida para frente, determinando-se o seu prazo de vigência, que não pode ser superior a dois anos.

Não pode ser aplicada de forma retroativa a situações já consumadas anteriormente.

Assim, se estabeleceu jornada de 8 horas, quando a jornada nos turnos ininterruptos de revezamento, de 6 horas, não tem nenhum valor.

**421 Honorários advocatícios. Ação de indenização por danos morais e materiais decorrentes de acidente de trabalho ou de doença profissional. Ajuizamento perante a justiça comum antes da promulgação da Emenda Constitucional nº 45/2004. Posterior remessa dos autos à Justiça do Trabalho. Art. 20 do CPC. Incidência. DEJT 1, 4, 5.2.13)**

**A condenação em honorários advocatícios nos autos de ação de indenização por danos morais e materiais decorrentes de acidente de trabalho ou de doença profissional, remetida à Justiça do Trabalho após ajuizamento na Justiça Comum, antes da vigência da Emenda Constitucional nº 45/2004, decorre da mera sucumbência, nos termos do art. 20 do CPC, não se sujeitando aos requisitos da Lei nº 5.584/1970.**

Houve ações que foram ajuizadas na Justiça Comum sobre indenização por danos morais e materiais decorrentes de acidente do trabalho ou de doença profissional, pois havia dúvida sobre a competência sobre a matéria.

Com a Emenda Constitucional nº 45, a competência para processar indenização por dano moral e material decorrentes da relação de trabalho passou a ser da competência da Justiça do Trabalho (art. 114, VI, da Constituição).

Na Justiça Comum é obrigatória a representação das partes por advogado, ao contrário da Justiça do Trabalho, em que a utilização do advogado é uma faculdade das partes (art. 791 da CLT).

Nas ações que foram propostas originariamente na Justiça Comum, a regra é a da sucumbência do artigo 20 do CPC. Não se aplicam os requisitos do artigo 14 da Lei nº 5.584/70. Logo, são devidos os honorários de advogado em razão da sucumbência no processo.

# Orientação Jurisprudencial da SBDI-2 do Tribunal Superior do Trabalho
## (Atualizada pela Resolução nº 137/2005)

2 **Ação Rescisória. Adicional de Insalubridade. Base de Cálculo. Salário-mínimo. Cabível** (inserida em 20.9.2000 – Mantida pela Res. 148/2008, *DJe* do TST 4/7/2008 – Republicada no *DJ* de 8.7.2008 em razão de erro material)

**Viola o art. 192 da CLT decisão que acolhe pedido de adicional de insalubridade com base na remuneração do empregado.**

O adicional de insalubridade é calculado sobre o salário-mínimo (art. 192 da CLT).

Não existe previsão legal do adicional de insalubridade ser calculado sobre o salário ou a remuneração do empregado.

No RE 565.714-1/SP em 30.4.08 (Rel. Min. Carmen Lúcia), o STF julgou caso de policiais militares paulistas discutindo se a base de cálculo do adicional de insalubridade poderia ser o salário-mínimo. Eles entendiam que o adicional não deveria ser calculado sobre o salário-mínimo, conforme a previsão da Lei Complementar Estadual nº 432/85, mas sobre os seus vencimentos. Foi editada a Súmula Vinculante nº 4, que estabelece: "Salvo os casos previstos na Constituição Federal, o salário-mínimo não pode ser usado como indexador de base de cálculo de vantagem de servidor público ou de empregado, nem ser substituído por decisão judicial." Essa regra também tem de ser observada em relação ao adicional de insalubridade, que não pode ser calculado sobre o salário-mínimo, pois se refere a empregado. Logo, foi derrogado o artigo 192 da CLT.

Em razão da Súmula Vinculante nº 4 do STF, o TST mudou a redação da Súmula 228, cancelou a Súmula 17 e a Orientação Jurisprudencial nº 02 da SBDI-1 e suprimiu a parte final da Orientação Jurisprudencial nº 47 da SBDI-1 do TST.

Estabelece o inciso XXIII, do artigo 7º da Lei Maior "adicional de remuneração para as atividades insalubres, na forma da lei". O cálculo do adicional de insalubridade continua a ser feito sobre um determinado valor previsto na legislação ordinária, mas não sobre a remuneração. Amauri Mascaro Nascimento ensina que a Constituição "não declara que o adicional incidirá sobre a remuneração. Refere-se a adicional de remuneração e não a adicional sobre remuneração".[1] Há que se entender que o sentido da palavra *remuneração* a que se refere a Lei Fundamental é o do verbo *remunerar* e não propriamente a remuneração de que trata o artigo 457 da CLT.

### 4 Ação rescisória. Banco do Brasil. Adicional de Caráter Pessoal. ACP (inserida em 20.9.2000)

**Procede, por ofensa ao art. 5º, inciso XXXVI, da CF/88, o pedido de rescisão de julgado que acolheu Adicional de Caráter Pessoal em favor de empregado do Banco do Brasil S.A.**

No processo TST-DC 25/87, os empregados do Banco do Brasil obtiveram isonomia de salários com o pessoal do Banco Central do Brasil.

O TST entende que o Adicional de Caráter Pessoal recebido pelos empregados do Banco Central não poderia ser estendido aos empregados do Banco do Brasil (OJ 16 da SBDI-1). Entende o TST que a decisão viola ato jurídico perfeito (art. 5º, XXXVI, da Constituição).

### 5 Ação Rescisória. Banco do Brasil. AP e ADI. Horas Extras. Súmula nº 83 do TST Aplicável (inserida em 20.9.2000)

**Não se acolhe pedido de rescisão de julgado que deferiu a empregado do Banco do Brasil S.A. horas extras após a sexta, não obstante o pagamento dos adicionais AP e ADI, ou AFR quando a decisão rescindenda for anterior à Orientação Jurisprudencial nº 17, da Seção de Dissídios Individuais do TST (07.11.94). Incidência das Súmulas 83 do TST e 343 do STF.**

O TST entende que os adicionais AP, ADI ou AFR podem ser somados para efeito de se apurar a gratificação de função do § 2º do artigo 224 da CLT (OJ 17 da SBDI-1).

[1] NASCIMENTO, Amauri Mascaro – *Direito do trabalho na Constituição de 1988*. São Paulo: Saraiva, 1989. p. 133.

Não tem fundamento o pedido formulado na ação rescisória por violação literal de lei se a decisão rescindenda estiver baseada em texto legal infraconstitucional de interpretação controvertida nos tribunais (S. 83, I, do TST). O marco divisor quanto a ser, ou não controvertida, nos Tribunais, a interpretação dos dispositivos legais citados na ação rescisória é a data da inclusão, na Orientação Jurisprudencial do TST, da matéria discutida (Súmula 83, II, do TST). O marco é a Orientação Jurisprudencial 17 da SBDI-1, de 7.11.1994. Não se acolhe pedido de rescisão de julgado que deferiu a empregado do Banco do Brasil S.A. horas extras após a sexta, não obstante o pagamento dos adicionais AP e ADI, ou AFR em período anterior.

6 **Ação rescisória. Cipeiro suplente. Estabilidade. ADCT da CF/88, art. 10, II, "a". Súmula nº 83 do TST** (inserida em 20.9.2000. Nova redação – Res. 137/2005, *DJ* 22.8.2005)

**Rescinde-se o julgado que nega estabilidade a membro suplente de CIPA, representante de empregado, por ofensa ao art. 10, II, "a", do ADCT da CF/88, ainda que se cuide de decisão anterior à Súmula nº 339 do TST. Incidência da Súmula nº 83 do TST.**

A matéria da garantia de emprego do cipeiro suplente é constitucional (art. 10, II, *a*, do ADCT). Pouco importa que a matéria é controvertida e só foi pacificada com a Súmula 339 do TST. A Súmula 676 do STF assegura o direito ao suplente da CIPA.

Em se tratando de norma constitucional e não de texto legal de interpretação controvertida, o STF entende ser cabível a rescisória (STF 1ª T., RE 101.114-9, Rel. Min. Rafael Mayer, *DJU* 10.2.84; RTJ 114/361 e 125/267). Não há interpretação razoável da Constituição se o STF entende em sentido diverso. Assim, decisão em sentido contrário atrita com a Lei Maior.

7 **Ação rescisória. Competência. Criação de Tribunal Regional do Trabalho. Na omissão da lei, é fixada pelo art. 678, inc. I, "c", item 2, da CLT** (inserida em 20.9.2000. Nova redação – Res. 137/2005, *DJ* 22.8.2005)

**A Lei nº 7.872/89 que criou o Tribunal Regional do Trabalho da 17ª Região não fixou a sua competência para apreciar as ações rescisórias de decisões oriundas da 1ª Região, o que decorreu do art. 678, I, "c", item 2, da CLT.**

Dispõe o item 2 da letra *c* do inciso I do artigo 678 da CLT que é competência dos Tribunais Regionais, quando divididos em turmas, ao tribunal pleno processar e julgar em última instância as ações rescisórias das decisões das Varas do

Trabalho, dos juízes de Direito investidos na jurisdição trabalhista, das turmas e seus próprios acórdãos.

A competência para a ação rescisória é do Tribunal que proferiu a decisão que se pretende rescindir.

O fato de ter sido criado o Tribunal Regional do Trabalho da 17ª Região (ES), que foi desmembrado do Tribunal Regional do Trabalho da 1ª Região (RJ) não desloca a competência deste último para o primeiro. Competente é o Tribunal Regional do Trabalho da 1ª Região, pois a Lei nº 7.872/89 não prevê que as ações rescisórias sejam julgadas pelo TRT da 17ª Região.

8 **Ação rescisória. Complementação de aposentadoria. Banespa. Súmula nº 83 do TST** (inserida em 20.9.2000. Nova redação – Res. 137/2005, *DJ* 22.8.2005)

**Não se rescinde julgado que acolheu pedido de complementação de aposentadoria integral em favor de empregado do BANESPA, antes da Súmula nº 313 do TST, em virtude da notória controvérsia jurisprudencial então reinante. Incidência da Súmula nº 83 do TST.**

Havendo controvérsia a respeito de determinada matéria, não é possível o acolhimento do pedido de ação rescisória (S. 83 do TST). A matéria só foi pacificada com a Súmula 313 do TST.

9 **Ação Rescisória. CONAB. Aviso DIREH 02/1984. Súmula nº 83 do TST. Aplicável** (inserida em 20.9.2000)

**Não se rescinde julgado que reconheceu garantia de emprego com base no Aviso DIREH 02/1984 da CONAB, antes da Súmula nº 355 do TST, em virtude da notória controvérsia jurisprudencial então reinante. Incidência da Súmula nº 83 do TST.**

Havendo controvérsia a respeito de determinada matéria não é possível o acolhimento do pedido de ação rescisória (S. 83 do TST). A matéria só foi pacificada em 4.7.1997 com a Súmula 355 do TST.

10 **Ação Rescisória. Contrato Nulo. Administração Pública. Efeitos. Art. 37, II, e § 2º, da CF/88** (inserida em 20.9.2000)

**Somente por ofensa ao art. 37, II, e § 2º, da CF/88, procede o pedido de rescisão de julgado para considerar nula a contratação, sem concurso público, de servidor, após a CF/88.**

Em se tratando de norma constitucional e não de texto legal de interpretação controvertida, o STF entende ser cabível a rescisória (STF 1ª T., RE 101.114-9, Rel. Min. Rafael Mayer, *DJU* 10.2.84; *RTJ* 114/361 e 125/267). Não há interpretação razoável da Constituição se o STF entende em sentido diverso. Assim, decisão em sentido contrário atrita com a Lei Maior.

A matéria é constitucional (art. 37, II, e § 2º da Constituição). Logo, somente o STF pode dizer se é devido ou não o direito.

**11 Ação Rescisória. Correção Monetária. Lei nº 7.596/1987. Universidades Federais. Implantação tardia do Plano de Classificação de Cargos. Violação de lei. Súmula nº 83 do TST. Aplicável** (inserida em 20.9.2000)

**Não se rescinde julgado que acolhe pedido de correção monetária decorrente da implantação tardia do Plano de Classificação de Cargos de Universidade Federal previsto na Lei nº 7.596/1987, à época em que era controvertida tal matéria na jurisprudência. Incidência da Súmula nº 83 do TST.**

A Lei nº 7.596/1987 determinou que as universidades e demais instituições federais de ensino superior instituíssem plano de classificação de cargos vinculado ao regime jurídico único (art. 3º). O artigo 8º previa os efeitos financeiros a partir de 1º.4.1987. A correção monetária deveria ser devida a partir do momento em que a verba salarial deixou de ser paga.

O TST entende que a matéria era controvertida na jurisprudência, não cabendo ação rescisória, segundo a Súmula 83 do TST.

**12 Ação rescisória. Decadência. Consumação antes ou depois da edição da Medida Provisória nº 1.577/97. Ampliação do prazo** (inserida em 20.9.2000. Nova redação em decorrência da incorporação da Orientação Jurisprudencial nº 17 da SDI-II – Res. 137/2005, *DJ* 22.8.2005)

**I – A vigência da Medida Provisória nº 1.577/97 e de suas reedições implicou o elastecimento do prazo decadencial para o ajuizamento da ação rescisória a favor dos entes de direito público, autarquias e fundações públicas. Se o biênio decadencial do art. 495 do CPC findou após a entrada em vigor da referida medida provisória e até sua suspensão pelo STF em sede liminar de ação direta de inconstitucionalidade (ADIn 1.753-2), tem-se como aplicável o prazo decadencial elastecido à rescisória. (ex-OJ nº 17 da SDI-2 – inserida em 20.09.00)**

**II – A regra ampliativa do prazo decadencial para a propositura de ação rescisória em favor de pessoa jurídica de direito público não se aplica se, ao tempo em que sobreveio a Medida Provisória nº 1.577/97, já se**

**exaurira o biênio do art. 495 do CPC. Preservação do direito adquirido da parte à decadência já consumada sob a égide da lei velha. (ex-OJ nº 12 da SDI-2 – inserida em 20.09.00)**

A Medida Provisória nº 1.577/97 foi substituída pela Medida Provisória nº 1.632. Ampliou para quatro anos o prazo decadencial para o ajuizamento de ações rescisórias para os entes públicos. O STF, mediante medida liminar, suspendeu a eficácia da norma (ADIn 1.753-2, rel. Min. Sepúlveda Pertence, *DJ* 16.4.1998).

O inciso I trata da hipótese de prazos de dois anos para apresentar a rescisória que se findaram entre 11.6.1997 (data da edição da Medida Provisória) e 16.4.1998 (concessão da liminar), com a ampliação dos prazos no referido período.

O item II versa sobre o fato de que se o prazo de dois anos já havia se consumado, há direito adquirido da outra parte, que deve ser reconhecido em juízo, não podendo ser afetado por lei posterior (art. 5º, XXXVI, da Constituição).

18 **Ação Rescisória. Decadência. União. Lei Complementar nº 73/1993, art. 67. Lei nº 8.682/1993, art. 6º** (inserida em 20.9.2000)

**O art. 67 da Lei Complementar nº 73/1993 interrompeu todos os prazos, inclusive o de decadência, em favor da União no período compreendido entre 14.02.1993 e 14.08.1993.**

A Lei Complementar nº 73/1993 criou a Advocacia Geral da União. O artigo 67 determinou a interrupção de todos os prazos nos processos em que a União figurasse em um dos polos da relação processual pelo prazo de 30 dias. Visava permitir a organização do órgão. O prazo foi sucessivamente prorrogado por medidas provisórias, que foram convertidas na Lei nº 8.682, de 14.7.1993.

A orientação esclarece que ficam interrompidos todos os prazos em favor da União no período entre 14.2.1993 e 14.8.1993.

19 **Ação Rescisória. Desligamento Incentivado. Imposto de Renda. Abono Pecuniário. Violação de Lei. Súmula 83 do TST. Aplicável** (inserida em 20.9.2000)

**Havendo notória controvérsia jurisprudencial acerca da incidência de imposto de renda sobre parcela paga pelo empregador ("abono pecuniário") a título de "desligamento incentivado", improcede pedido de rescisão do julgado. Incidência da Súmula nº 83 do TST.**

A jurisprudência se firmou no sentido de que sobre o pagamento feito a título de desligamento incentivado não incide o imposto de renda. O STJ entendeu também que o imposto de renda não incide sobre o pagamento decorrente de PDV (Súmula 215).

Em razão de que a matéria era controvertida na jurisprudência, não cabe ação rescisória (Súmula 83 do TST).

## 21 **Ação rescisória. Duplo grau de jurisdição. Trânsito em julgado. Inobservância. Decreto-lei nº 779/69, art. 1º, V. Incabível** (inserida em 20.9.2000. Nova redação – Res. 137/2005, *DJ* 22.8.2005)

**É incabível ação rescisória para a desconstituição de sentença não transitada em julgado porque ainda não submetida ao necessário duplo grau de jurisdição, na forma do Decreto-lei nº 779/69. Determina-se que se oficie ao Presidente do TRT para que proceda à avocatória do processo principal para o reexame da sentença rescindenda.**

As sentenças proferidas contra a União, Estados, Distrito Federal e Municípios, suas autarquias e fundações públicas, que não explorem atividade econômica, estão sujeitas à remessa de ofício (art. 1º, V, do Decreto-lei nº 779/69).

No caso de sentença que acolhe pedido contra ente público, a decisão não transita em julgado. Fica sujeita à remessa de ofício. Se os autos não são enviados para o segundo grau, a questão não é de ação rescisória, mas de se oficiar ao presidente do TRT para que faça a avocatória do processo principal para o reexame necessário da sentença.

Se o valor da condenação for inferior a 60 salários-mínimos, não cabe a remessa necessária, segundo a Súmula 303, I, *a*, do TST.

## 23 **Ação Rescisória. Estabilidade. Período pré-eleitoral. Violação de Lei. Súmula nº 83 do TST. Aplicável** (inserida em 20.9.2000)

**Não procede pedido de rescisão de sentença de mérito que assegura ou nega estabilidade pré-eleitoral, quando a decisão rescindenda for anterior à Orientação Jurisprudencial nº 51, da Seção de Dissídios Individuais do TST (25.11.1996). Incidência da Súmula nº 83 do TST.**

A Lei nº 7.773, de 8.6.1989, trata de regras para os cargos de eleição de presidente e vice-presidente da República. No período entre o trigésimo dia da publicação da lei e o término do mandato do presidente da República, não era possível nomear, admitir, contratar ou exonerar, demitir, dispensar ou suprimir vantagens de servidor público, estatutário ou não, da Administração Pública direta ou indireta e fundacional da União, Estados, Distrito Federal e Municípios, ressalvados os casos de nomeação em virtude de concurso público ou de ascensão funcional, nomeação ou exoneração de cargos em comissão e designação ou dispensa de função de confiança e nomeação para cargos da magistratura, Ministério Público, de procuradores do Estado e dos Tribunais de contas (art. 15, § 1º, I a III).

Somente com a edição da Orientação Jurisprudencial nº 51 da SBDI-1 do TST, em 25.11.1996, é que a matéria estabilidade em período pré-eleitoral deixou de ser controvertida.

Em razão de que a matéria era controvertida na jurisprudência, não cabe ação rescisória (S. 83 do TST).

24 **Ação Rescisória. Estabilidade Provisória. Reintegração em período posterior. Direito limitado aos salários e consectários do período da estabilidade** (inserida em 20.9.2000)

**Rescinde-se o julgado que reconhece estabilidade provisória e determina a reintegração de empregado, quando já exaurido o respectivo período de estabilidade. Em juízo rescisório, restringe-se a condenação quanto aos salários e consectários até o termo final da estabilidade.**

A garantia de emprego do empregado (estabilidade provisória) assegura a ele o direito ao emprego, de ser reintegrado. Se o período de garantia de emprego já se exauriu, deve ser paga a indenização do período correspondente até o termo final da estabilidade.

Caso a decisão conceda a garantia de emprego de forma indefinida, é cabível a rescisória para restringir a condenação aos salários do período da garantia.

25 **Ação rescisória. Expressão "lei" do art. 485, V, do CPC. Não inclusão do ACT, CCT, Portaria, Regulamento, Súmula e Orientação Jurisprudencial de Tribunal** (inserida em 20.9.2000. Nova redação em decorrência da incorporação da Orientação Jurisprudencial nº 118 da SDI-II – *Res. 137/2005, DJ* 22.8.2005)

**Não procede pedido de rescisão fundado no art. 485, V, do CPC quando se aponta contrariedade à norma de convenção coletiva de trabalho, acordo coletivo de trabalho, portaria do Poder Executivo, regulamento de empresa e súmula ou orientação jurisprudencial de tribunal. (ex-OJ 25 da SDI-2, inserida em 20.09.00 e ex-OJ 118 da SDI-2, *DJ* 11.08.03)**

O inciso V do artigo 485 do CPC trata de ação rescisória em relação à violação de lei. Convenção coletiva, acordo coletivo, portaria do Poder Executivo, regulamento de empresa, não têm natureza de lei e não ensejam, sob esse aspecto, rescisória.

Súmula ou orientação jurisprudencial de tribunal são o resultado da jurisprudência dominante. Também não ensejam rescisória, pois são formas de interpretação da lei.

26 **Ação Rescisória. Gratificação de Nível Superior. SUFRAMA** (inserida em 20.9.2000)

**A extensão da gratificação instituída pela SUFRAMA aos servidores celetistas exercentes de atividade de nível superior não ofende as disposições contidas nos arts. 37, XIII e 39, § 1º, da CF/88.**

Os empregados da Superintendência da Zona Franca de Manaus postularam o direito de receber gratificação de nível superior, que foi estabelecida pela Portaria nº 280/89. Foi alterada pela Portaria nº 50/85. O referido direito foi assegurado pela aplicação do princípio da igualdade da aplicação da lei, de acordo com a sua previsão. O inciso XIII do artigo 37 da Lei Fundamental veda a equiparação e a vinculação de vencimentos para efeito de remuneração de pessoal do serviço público. A matéria não foi examinada sob a ótica do referido dispositivo. Assim, não cabe ação rescisória.

30 **Ação rescisória. Multa. Art. 920 do Código Civil de 1916 (art. 412 do Código Civil de 2002)** (inserida em 20.9.2000. Nova redação em decorrência da incorporação da Orientação Jurisprudencial nº 31 da SDI-II – Res. 137/2005, – *DJ* 22.8.2005)

**Não se acolhe, por violação do art. 920 do Código Civil de 1916 (art. 412 do Código Civil de 2002), pedido de rescisão de julgado que:**

**a) em processo de conhecimento, impôs condenação ao pagamento de multa, quando a decisão rescindenda for anterior à Orientação Jurisprudencial nº 54 da Subseção I Especializada em Dissídios Individuais do TST (30.05.94), incidindo o óbice da Súmula nº 83 do TST; (ex-OJ nº 30 da SDI-2 – inserida em 20.09.00)**

**b) em execução, rejeita-se limitação da condenação ao pagamento de multa, por inexistência de violação literal. (ex-OJ nº 31 da SDI-2 – inserida em 20.09.00)**

a) O artigo 920 do Código Civil de 1916 (atual art. 412 do Código Civil de 2002) estabelece que a cláusula penal não pode ser superior ao valor da obrigação principal. O dispositivo é utilizado para limitar a multa prevista em cláusula de norma coletiva.

A matéria só se tornou pacífica com a edição da Orientação Jurisprudencial nº 54 da SBDI-1 do TST. Em razão de que a matéria era controvertida na jurisprudência, não cabe ação rescisória (S. 83 do TST) no período anterior. O marco é a edição da Orientação Jurisprudencial nº 54 da SBDI-1.

b) A questão diz respeito ao processo de conhecimento, ao trânsito em julgado da decisão. O dispositivo não trata do processo de execução. Se há coisa julgada e nada se falou sobre a aplicação do artigo 412 do Código Civil, ele não pode ser aplicado. Logo, não há violação literal do dispositivo.

34 **Ação Rescisória. Planos Econômicos** (inserida em 20.9.2000)

**1. O acolhimento de pedido em ação rescisória de plano econômico, fundada no art. 485, inciso V, do CPC, pressupõe, necessariamente, expressa invocação na petição inicial de afronta ao art. 5º, inciso XXXVI, da Constituição Federal de 1988. A indicação de ofensa literal a preceito de lei ordinária atrai a incidência do Súmula nº 83 do TST e Súmula nº 343 do STF.**

**2. Se a decisão rescindenda é posterior à Súmula nº 315 do TST (Res. 07, *DJ* 22.09.1993), inaplicável a Súmula nº 83 do TST.**

1. A edição dos Planos Econômicos suscitou a discussão de direito adquirido a reajustes salariais, que foram suprimidos. O pedido tendo por fundamento o inciso V do artigo 485 do CPC deve ser feito com a indicação de afronta do inciso XXXVI do artigo 5º da Constituição. Em razão de que a matéria era controvertida na jurisprudência, não cabe ação rescisória (S. 83 do TST e S. 343 do STF).

2. A Súmula 315 do TST pacificou a matéria relativa a não ser devido o reajuste de 84,32% de março de 1990. Se a discussão é posterior à edição da referida súmula, em 22.9.93, cabe a ação rescisória, pois a matéria restou pacífica, não sendo aplicável a Súmula 83 do TST.

35 **Ação Rescisória. Planos Econômicos. Coisa Julgada. Limitação à data-base na fase de execução** (inserida em 20.9.2000)

**Não ofende a coisa julgada a limitação à data-base da categoria, na fase executória, da condenação ao pagamento de diferenças salariais decorrentes de planos econômicos, quando a decisão exequenda silenciar sobre a limitação, uma vez que a limitação decorre de norma cogente. Apenas quando a sentença exequenda houver expressamente afastado a limitação à data-base é que poderá ocorrer ofensa à coisa julgada.**

Os Planos Econômicos estabeleciam, muitas vezes, que o reajuste salarial era devido até a data-base. Logo, na execução, não ofende a coisa julgada a limitação à data-base da categoria dos reajustes salariais decorrentes de planos econômicos, ainda que a decisão tenha silenciado sobre o tema. A limitação decorre de norma legal. Apenas quando a sentença exequenda afastar a limitação prevista na decisão que transitou em julgado haverá ofensa à coisa julgada e caberá rescisória.

**38 Ação Rescisória. Professor-Adjunto. Ingresso no cargo de professor-titular. Exigência de concurso público. (Lei nº 7.596/1987, Decreto nº 94.664/1987 e art. 206, V, CF/88)** (inserida em 20.9.2000)

**A assunção do professor-adjunto ao cargo de Professor Titular de universidade pública, sem prévia aprovação em concurso público, viola o art. 206, inciso V, da Constituição Federal. Procedência do pedido de rescisão do julgado.**

A partir de 5.10.1988, a mudança de um cargo de professor para outro em universidade pública exige a prestação de concurso público (art. 37, II, da Constituição). O inciso V do artigo 206 da Lei Maior também é claro no sentido de que o ingresso na carreira é feito exclusivamente por concurso de provas e títulos. Em se tratando de matéria constitucional, o STF entende que é possível a rescisória.

A Orientação Jurisprudencial 65 da SBDI-1 do TST esclarece que o acesso de professor adjunto ao cargo de professor titular só pode ser efetivado por meio de concurso público (arts. 37, inciso II, e 206, inciso V, da Constituição).

**39 Ação Rescisória. Reajustes bimestrais e quadrimestrais. Lei nº 8.222/1991. Súmula nº 83 do TST. Aplicável** (inserida em 20.9.2000)

**Havendo controvérsia jurisprudencial à época, não se rescinde decisão que aprecia a possibilidade de cumulação das antecipações bimestrais e reajustes quadrimestrais de salário previstos na Lei nº 8.222/1991. Incidência da Súmula nº 83 do TST.**

A Lei nº 8.222, de 5.9.1991, tratou da política nacional de salários. Dividiu os trabalhadores em quatro grupos, em razão dos meses previstos para as respectivas datas-base, definindo as épocas de concessão dos reajustes automáticos, que seriam concedidos bimestralmente. Surgiram dúvidas quanto à dedução, a cada quadrimestre, do porcentual de majoração dos salários concedidos no bimestre anterior.

A matéria relativa a cumulação de antecipações bimestrais e reajustes quadrimestrais com base na Lei nº 8.222/91 era controvertida na jurisprudência. Em razão de que a matéria era controvertida na jurisprudência, não cabe ação rescisória (S. 83 do TST e S. 343 do STF).

41 **Ação rescisória. Sentença 'citra petita'. Cabimento** (inserida em 20.9.2000)

**Revelando-se a sentença 'citra petita', o vício processual vulnera os arts. 128 e 460 do CPC, tornando-a passível de desconstituição, ainda que não opostos Embargos Declaratórios.**

Se a sentença julga aquém do pedido, viola os artigos 128 e 460 do CPC. É possível, portanto, a utilização de ação rescisória, ainda que não opostos embargos de declaração.

O inciso V da Súmula 298 do TST mostra que "Não é absoluta a exigência de pronunciamento na ação rescisória. Ainda que a ação rescisória tenha por fundamento violação de dispositivo legal, é prescindível o pronunciamento quando o vício nasce no próprio julgamento, como se dá com a sentença *extra, citra* e *ultra petita*."

53 **Mandado de segurança. Cooperativa em liquidação extrajudicial. Lei nº 5.764/1971, art. 76. Inaplicável. Não suspende a execução** (inserida em 20.9.2000)

**A liquidação extrajudicial de sociedade cooperativa não suspende a execução dos créditos trabalhistas existentes contra ela.**

Não existe previsão legal no sentido de que a liquidação extrajudicial de sociedade cooperativa suspende a execução dos créditos trabalhistas existentes contra ela. Os artigos 5º e 29 da Lei nº 6.830/80, aplicados por força do artigo 889 da CLT, permitem a execução. O crédito trabalhista é privilegiado.

Esclarece a Orientação Jurisprudencial 143 da SBDI-1 do TST que a execução trabalhista deve prosseguir diretamente na Justiça do Trabalho mesmo após a decretação da liquidação extrajudicial. Lei nº 6.830/80, arts. 5º e 29, aplicados supletivamente (CLT, art. 889 e CF/1988, art. 114).

Não há, portanto, direito líquido e certo para caber mandado de segurança.

54 **Mandado de segurança. Embargos de terceiro. Cumulação. Penhora. Incabível** (inserida em 20.9.2000. Nova redação – Res. 137/2005, *DJ* 22.8.2005)

**Ajuizados embargos de terceiro (art. 1.046 do CPC) para pleitear a desconstituição da penhora, é incabível a interposição de mandado de segurança com a mesma finalidade.**

Se cabe um remédio jurídico, como os embargos de terceiro, que pode ter efeito suspensivo, para a desconstituição da penhora, não cabe mandado de segurança com a mesma finalidade.

**56 Mandado de segurança. Execução. Pendência de recurso extraordinário** (inserida em 20.9.2000)

**Não há direito líquido e certo à execução definitiva na pendência de recurso extraordinário, ou de agravo de instrumento visando a destrancá-lo.**

Para Hely Lopes Meirelles, "direito líquido e certo é o que se apresenta manifesto na sua existência, delimitado na sua extensão e apto a ser exercitado no momento da impetração".[2] Direito líquido e certo é o que não suscita dúvida, que é apurado de plano, de imediato.

Considera-se líquida a obrigação certa, quanto à sua existência e determinada, quanto ao seu objeto.

Prevê o artigo 467 do CPC que "denomina-se coisa julgada material a eficácia, que torna imutável e indiscutível a sentença, não mais sujeita a recurso ordinário ou extraordinário".

Se a parte interpôs recurso extraordinário ou agravo de instrumento para destrancar o recurso extraordinário, a decisão ainda não é definitiva, mas provisória. Se cabe ainda recurso da decisão, não houve ainda o trânsito em julgado da matéria. A execução provisória para na penhora (art. 899 da CLT).

A interpretação do § 2º do artigo 893 da CLT tem de ser combinada com o artigo 899 da CLT. É possível a execução provisória, mas não a definitiva.

**57 Mandado de segurança. INSS. Tempo de serviço. Averbação e/ou reconhecimento** (inserida em 20.9.2000)

**Conceder-se-á mandado de segurança para impugnar ato que determina ao INSS o reconhecimento e/ou averbação de tempo de serviço.**

Não existe remédio para o INSS impugnar o ato que determina reconhecimento ou averbação de tempo de serviço, pois o INSS não é parte na relação entre empregado e empregador. Assim, cabe mandado de segurança.

**59 Mandado de segurança. Penhora. Carta de fiança bancária** (inserida em 20.9.2000)

**A carta de fiança bancária equivale a dinheiro para efeito da gradação dos bens penhoráveis, estabelecida no art. 655 do CPC.**

[2] MEIRELLES, Hely Lopes. *Mandado de segurança e ação popular*. 9. ed. São Paulo: Revista dos Tribunais, 1983. p. 11.

O inciso I do artigo 15 da Lei nº 6.830/80 assegura ao executado a possibilidade de, a qualquer tempo, substituir o bem penhorado por carta de fiança. Tem a mesma natureza de dinheiro para os fins de ordem de gradação prevista no artigo 655 do CPC (§ 3º do art. 9º da Lei nº 6.830).

A carta de fiança bancária é uma garantia para o juízo. Equivale a dinheiro.

## 63 Mandado de segurança. Reintegração. Ação cautelar (inserida em 20.9.2000)

**Comporta a impetração de mandado de segurança o deferimento de reintegração no emprego em ação cautelar.**

A medida cautelar não pode ser satisfativa, mas apenas tem por objetivo assegurar um meio processual para a garantia da decisão contida na sentença. O certo seria pedir tutela antecipada ou liminar na própria ação trabalhista em caso de transferência abusiva ou reintegração de dirigente sindical (art. 659, IX e X, da CLT).

Como da decisão da concessão de reintegração no emprego na cautelar não cabe recurso, é cabível o mandado de segurança.

## 64 Mandado de segurança. Reintegração liminarmente concedida (inserida em 20.9.2000)

**Não fere direito líquido e certo a concessão de tutela antecipada para reintegração de empregado protegido por estabilidade provisória decorrente de lei ou norma coletiva.**

A parte pode recorrer da tutela antecipada que concede reintegração no emprego ao empregado detentor de garantia prevista em lei ou em norma coletiva. O meio próprio é o mandado de segurança, pois da decisão não cabe recurso. Entretanto, se o empregado tem direito a reintegração por ser detentor da garantia de emprego, não existe direito líquido e certo e a segurança deve ser denegada.

## 65 Mandado de segurança. Reintegração liminarmente concedida. Dirigente sindical (inserida em 20.9.2000)

**Ressalvada a hipótese do art. 494 da CLT, não fere direito líquido e certo a determinação liminar de reintegração no emprego de dirigente sindical, em face da previsão do inciso X do art. 659 da CLT.**

A parte pode apresentar mandado de segurança contra a decisão liminar em ação trabalhista que concede reintegração de emprego para detentor de garantia de emprego de dirigente sindical. O meio próprio é o mandado de segurança, pois da decisão não cabe recurso. Entretanto, se o empregado tem direito a reintegração por ser detentor da garantia de emprego, não existe direito líquido e certo e o mandado de segurança deve ser denegado.

**66 Mandado de segurança. Sentença homologatória de adjudicação. Incabível** (inserida em 20.9.2000)

**Incabível o mandado de segurança contra sentença homologatória de adjudicação, uma vez que existe meio próprio para impugnar o ato judicial, consistente nos embargos à adjudicação (CPC, art. 746).**

Da decisão que homologa adjudicação cabem embargos à adjudicação e da decisão que julgar os embargos cabe agravo de petição. Logo, não cabe mandado de segurança (art. 5º, II, da Lei nº 12.016/09).

**67 Mandado de segurança. Transferência. Art. 659, IX, da CLT** (inserida em 20.9.2000)

**Não fere direito líquido e certo a concessão de liminar obstativa de transferência de empregado, em face da previsão do inciso IX do art. 659 da CLT.**

A parte pode apresentar mandado de segurança contra a decisão liminar em ação trabalhista contra transferência abusiva (art. 659, IX, da CLT). O meio próprio é o mandado de segurança, pois da decisão não cabe recurso. Entretanto, se o empregado tem direito a não ser transferido, porque a transferência é abusiva, não existe direito líquido e certo e o mandado de segurança deve ser denegado. A matéria é de convencimento do juiz de primeiro grau em relação ao direito postulado.

**68 Antecipação de tutela. Competência**

**Nos Tribunais, compete ao relator decidir sobre o pedido de antecipação de tutela, submetendo sua decisão ao Colegiado respectivo, independentemente de pauta, na sessão imediatamente subsequente.**

A redação original foi determinada em 20.9.2000: "Antecipação de tutela. Competência. "Na Junta de Conciliação e Julgamento, a tutela antecipatória de mérito postulada, inclusive nas hipóteses previstas nos incisos IX e X, art. 659, da CLT, deve ser prontamente submetida e decidida pelo Juiz-Presidente. Nos

Tribunais, compete ao Relator decidir sobre o pedido de antecipação de tutela, submetendo sua decisão ao Colegiado respectivo, independentemente de pauta, na sessão imediatamente subsequente". A redação atual foi inserida pela Resolução nº 137/2005, publicada no *Diário de Justiça* de 22.8.2005.

A concessão ou não de pedido de antecipação de tutela é de competência do relator. Posteriormente, ele deve submeter a sua decisão à turma para verificar se sua decisão é confirmada. O TST entende que, por ser matéria urgente, independe de pauta e deve ser feito na sessão imediatamente subsequente.

O STF já entendeu que não existe vício de inconstitucionalidade do artigo 557 do CPC pelo fato de que o relator pode decidir sozinho, pois existe a possibilidade de submissão da decisão monocrática ao colegiado (AI 151.354-MG, Rel. Min. Néri da Silveira, *DJ* 16.4.99).

**69 Fungibilidade recursal. Indeferimento liminar de ação rescisória ou mandado de segurança. Recurso para o TST. Recebimento como agravo regimental e devolução dos autos ao TRT** (inserida em 20.9.2000)

**Recurso ordinário interposto contra despacho monocrático indeferitório da petição inicial de ação rescisória ou de mandado de segurança pode, pelo princípio de fungibilidade recursal, ser recebido como agravo regimental. Hipótese de não conhecimento do recurso pelo TST e devolução dos autos ao TRT, para que aprecie o apelo como agravo regimental.**

O TST entende que o indeferimento liminar da ação rescisória ou do mandado de segurança permite a apresentação de agravo regimental para o colegiado, geralmente Seção de Dissídios Individuais do TRT ou para o Pleno. Não cabe recurso ordinário. O TST entende que não existe erro grosseiro, admitindo o conhecimento do agravo regimental, pois haveria a possibilidade do reexame da decisão pelo colegiado e dentro do próprio TRT.

Se os autos forem enviados ao TST, devem ser devolvidos ao regional para serem apreciados como agravo regimental, diante do princípio da fungibilidade e desde que o recurso esteja no prazo do agravo regimental previsto no regimento interno do TRT.

**70 Ação rescisória. Manifesto e inescusável equívoco no direcionamento. Inépcia da inicial. Extinção do processo**

**O manifesto equívoco da parte em ajuizar ação rescisória no TST para desconstituir julgado proferido pelo TRT, ou vice-versa, implica a extinção do processo sem julgamento do mérito por inépcia da inicial.**

A redação original foi determinada em 8.11.2000: "Ação rescisória. Incompetência funcional. Extinção do feito. Sendo manifesta a incompetência funcional do Tribunal para a desconstituição da decisão apontada na ação rescisória como rescindenda, extingue-se o processo, sem o julgamento do mérito, por impossibilidade jurídica do pedido." A nova redação foi estabelecida em 26.11.2002, conforme *Diário de Justiça* de 16.12.2002.

A ação rescisória deve ser proposta no tribunal competente para julgá-la. Se a decisão é proferida pelo TRT, a competência é deste tribunal e não do TST. Caso a ação seja proposta no TST, o certo seria enviar os autos para o juízo competente (o TRT) e não extingui-lo por inépcia.

71 **Ação Rescisória. Salário profissional. Fixação. Múltiplo de salário-mínimo. Art. 7º, inciso IV, da Constituição Federal de 1988** (inserida em 8.11.2000, Dada nova redação em 4/11/2004, *DJ* 11.11.2004)

**A estipulação do salário profissional em múltiplos do salário-mínimo não afronta o art. 7º, inciso IV, da Constituição Federal de 1988, só incorrendo em vulneração do referido preceito constitucional a fixação de correção automática do salário pelo reajuste do salário-mínimo.**

A redação original foi inserida em 8.11.2000: "Ação rescisória. Vinculação do salário do servidor público ao salário-mínimo. Violação do art. 7º, IV, da CF/1988 (inserida em 8.11.2000) Viola o art. 7º, IV, da CF/1988, ensejando a procedência de ação rescisória, decisão que defere reajuste de vencimentos a empregado público com base em vinculação ao salário-mínimo."

O inciso IV do artigo 7º da Constituição é claro no sentido de que é vedada a vinculação do salário-mínimo para qualquer fim. Logo, também não seria possível para o salário profissional.

No RE 565.714-1/SP em 30.4.08 (Rel. Min. Carmen Lúcia), o STF julgou caso de policiais militares paulistas discutindo se a base de cálculo do adicional de insalubridade poderia ser o salário-mínimo. Eles entendiam que o adicional não deveria ser calculado sobre o salário-mínimo, conforme a previsão da Lei Complementar Estadual nº 432/85, mas sobre os seus vencimentos. Foi editada a Súmula Vinculante nº 4, que estabelece: "Salvo os casos previstos na Constituição Federal, o salário-mínimo não pode ser usado como indexador de base de cálculo de vantagem de servidor público ou de empregado, nem ser substituído por decisão judicial."

O TST entende que é possível a vinculação do salário profissional ao salário-mínimo. O que não seria possível é a fixação de correção automática do salário pelo reajuste do salário-mínimo.

O artigo 5º da Lei nº 4.950-A, de 1966, foi julgado inconstitucional pelo STF em relação aos servidores públicos e autárquicos não sujeitos à CLT (Rp 7645, Rel. Min. Themístocles Cavalcanti, j. 13.3.68).

O Min. Gilmar Mendes deferiu liminar para suspender a Lei nº 4.950-A no que diz respeito ao salário-mínimo como indexador do piso remuneratório (j. 22.4.2008, *DJe* 80).

## 76 Ação rescisória. Ação cautelar para suspender execução. Juntada de documento indispensável. Possibilidade de êxito na rescisão do julgado (inserida em 13.3.2002)

**É indispensável a instrução da ação cautelar com as provas documentais necessárias à aferição da plausibilidade de êxito na rescisão do julgado. Assim sendo, devem vir junto com a inicial da cautelar as cópias da petição inicial da ação rescisória principal, da decisão rescindenda, da certidão do trânsito em julgado e informação do andamento atualizado da execução.**

As peças necessárias ao entendimento do processo devem ser juntadas com a inicial (arts. 787 da CLT e 283 do CPC), como cópias da petição inicial da ação rescisória principal, da decisão rescindenda, da certidão do trânsito em julgado e informação do andamento atualizado da execução. Na fase recursal, não cabe determinar que a parte forneça as peças com base no artigo 284 do CPC. Se a parte não junta as peças, não é possível verificar a fumaça do bom direito e o perigo da demora. Assim, deve ser rejeitado o pedido contido na cautelar.

## 78 Ação rescisória. Cumulação sucessiva de pedidos. Rescisão da sentença e do acórdão. Ação única. Art. 289 do CPC (inserida em 13.3.2002)

**É admissível o ajuizamento de uma única ação rescisória contendo mais de um pedido, em ordem sucessiva, de rescisão da sentença e do acórdão. Sendo inviável a tutela jurisdicional de um deles, o julgador está obrigado a apreciar os demais, sob pena de negativa de prestação jurisdicional.**

A ação rescisória, por ser uma ação, também pode conter pedidos sucessivos. Tem fundamento no artigo 289 do CPC. Não há nas normas processuais nada que vede a utilização do artigo 289 do CPC na ação rescisória, sendo possível a utilização de pedidos sucessivos. Se não é possível examinar o primeiro, passa-se para o próximo. Não apreciar os outros pedidos, caso não seja possível acolher o primeiro, importa negativa de prestação jurisdicional. Em alguns casos não se tem certeza se a decisão a ser rescindida é a do acórdão ou da sentença. Assim, seria possível pedir para rescindir o acórdão e, se não for possível, a sentença.

Pode ocorrer de uma parte da matéria transitar em julgado, por exemplo, no primeiro grau e outra, no segundo grau.

80 **Ação rescisória. Decadência. "Dies a quo". Recurso deserto. Súmula nº 100/TST** (inserida em 13.3.2002)

**O não conhecimento do recurso por deserção não antecipa o "dies a quo" do prazo decadencial para o ajuizamento da ação rescisória, atraindo, na contagem do prazo, a aplicação da Súmula nº 100 do TST.**

O prazo para a propositura da ação rescisória é contado da última decisão proferida na causa, seja de mérito ou não (S. 100 do TST).

A jurisprudência do TST e do STF tem entendido que a Súmula 100 do TST não tem incidência nas hipóteses em que o último recurso interposto tenha sido declarado intempestivo. Nesse caso, o termo inicial do prazo é contado da data em que houve o trânsito em julgado efetivo.

84 **Ação rescisória. Petição inicial. Ausência da decisão rescindenda e/ou da certidão de seu trânsito em julgado devidamente autenticadas. Peças essenciais para a constituição válida e regular do feito. Arguição de ofício. Extinção do processo sem julgamento do mérito** (inserida em 13.3.2002 e dada nova redação em 26.11.2002, *DJ* 16.12.2002)

**A decisão rescindenda e/ou a certidão do seu trânsito em julgado, devidamente autenticadas, à exceção de cópias reprográficas apresentadas por pessoa jurídica de direito público, a teor do art. 24 da Lei nº 10.522/02, são peças essenciais para o julgamento da ação rescisória. Em fase recursal, verificada a ausência de qualquer delas, cumpre ao Relator do recurso ordinário arguir, de ofício, a extinção do processo, sem julgamento do mérito, por falta de pressuposto de constituição e desenvolvimento válido do feito.**

A redação original foi determinada em 13.3.2002: "Ação rescisória. Petição inicial. Ausência da decisão rescindenda ou da certidão do seu trânsito em julgado. Peças essenciais para a constituição válida e regular do feito. Arguição de ofício. Extinção do processo sem julgamento do mérito. A decisão rescindenda e a certidão do seu trânsito em julgado são peças essenciais para o julgamento da ação rescisória. Em fase recursal, verificada a ausência de qualquer delas nos autos, cumpre ao Relator do recurso ordinário arguir, de ofício, a extinção do processo, sem julgamento do mérito, por falta de pressuposto de constituição e desenvolvimento válido do feito."

O TST entende que o processo que estiver em grau de recurso ordinário e contiver peças não autenticadas, deverá ser extinto sem julgamento de mérito pelo relator, que poderá fazer isso de ofício. A juntada de peças autenticadas na ação rescisória é essencial.

O advogado poderá autenticar as peças mediante declaração do causídico de que elas são autênticas, se não lhes for impugnada sua autenticidade (art. 365, IV, do CPC).

O artigo 830 da CLT passa a estabelecer que o advogado poderá declarar que as peças são autênticas, sob a sua responsabilidade.

88 **Mandado de segurança. Valor da causa. Custas processuais. Cabimento** (inserida em 13.3.2002)

**Incabível a impetração de mandado de segurança contra ato judicial que, de ofício, arbitrou novo valor à causa, acarretando a majoração das custas processuais, uma vez que cabia à parte, após recolher as custas, calculadas com base no valor dado à causa na inicial, interpor recurso ordinário e, posteriormente, agravo de instrumento no caso de o recurso ser considerado deserto.**

O valor da causa deve corresponder ao valor do pedido da parte, inclusive no mandado de segurança e na ação rescisória. A forma de fixar o valor da causa está no artigo 259 do CPC. Muitas vezes, a parte dá à causa valor apenas para fins fiscais, mas o valor da causa deve corresponder ao pedido. A União deixa de receber o valor correto das custas quando se dá valor apenas para fins fiscais ou de alçada, pois a taxa judiciária (custas) é calculada sobre valor inferior ao devido.

Se o juiz majora o valor da causa para efeito do cálculo das custas, não cabe mandado de segurança, pois se for denegado seguimento ao recurso, caberá agravo de instrumento se o recurso for considerado deserto.

89 **"Habeas corpus". Depositário. Termo de depósito não assinado pelo paciente. Necessidade de aceitação do encargo. Impossibilidade de prisão civil** (inserida em 27.5.2002)

**A investidura no encargo de depositário depende da aceitação do nomeado que deve assinar termo de compromisso no auto de penhora, sem o que, é inadmissível a restrição de seu direito de liberdade.**

Para que alguém possa ser nomeado como depositário infiel, tem de aceitar o encargo, assinando o auto de depósito. A Súmula 319 do STJ mostra que o encargo de depositário de bens penhorados pode ser expressamente recusado. Se a pessoa não aceita o encargo, não se pode posteriormente considerá-la depositário infiel.

O STJ entende que o depositário designado pelo juiz, como o representante legal de pessoa jurídica, não pode recusar o encargo (RHC 16042/SP, 3ª T., Rel. Min. Nancy Andrighi, *DJ* 28.6.2004), como ocorre, por exemplo, com o sócio-gerente.

**91 Mandado de segurança. Autenticação de cópias pelas secretarias dos Tribunais Regionais do Trabalho. Requerimento indeferido. Art. 789, § 9º, da CLT** (inserida em 27.5.2002)

**Não sendo a parte beneficiária da assistência judiciária gratuita, inexiste direito líquido e certo à autenticação, pelas Secretarias dos Tribunais, de peças extraídas do processo principal, para formação do agravo de instrumento.**

Quem goza de assistência judiciária gratuita é beneficiária da autenticação gratuita pelas secretarias dos tribunais de peças, extraídas do processo principal para a formação de agravo de instrumento. Se a parte não é beneficiária da assistência judiciária gratuita, não tem direito líquido e certo à autenticação de peças.

O advogado pode declarar autênticos os documentos (art. 830 da CLT).

**92 Mandado de segurança. Existência de recurso próprio** (inserida em 27.5.2002)

**Não cabe mandado de segurança contra decisão judicial passível de reforma mediante recurso próprio, ainda que com efeito diferido.**

A regra é de que em decisões interlocutórias não cabe qualquer recurso (§ 1º do art. 893 da CLT e Súmula 214 do TST). É possível, porém, apresentar recurso da decisão que julga o mérito da postulação do autor. De decisão interlocutória também não cabe mandado de segurança, pois é cabível o recurso próprio quando da decisão definitiva. É o fundamento do inciso II do art. 5º da Lei nº 12.016/09. É o caso de efeito diferido, em que o recurso caberá mais adiante, não sendo possível a interposição de mandado de segurança.

**93 Mandado de segurança. Possibilidade da penhora sobre parte da renda de estabelecimento comercial** (inserida em 27.5.2002)

**É admissível a penhora sobre a renda mensal ou faturamento de empresa, limitada a determinado percentual, desde que não comprometa o desenvolvimento regular de suas atividades.**

A penhora em renda de estabelecimento também é uma forma de penhorar dinheiro (art. 655, I, do CPC).

A limitação a determinado porcentual é uma forma de a empresa poder continuar suas atividades. Não adianta a empresa pagar um empregado e depois fechar as portas e deixar várias pessoas sem receber.

## 94 Ação rescisória. Colusão. Fraude à lei. Reclamatória simulada extinta (inserida em 27.9.2002)

**A decisão ou acordo judicial subjacente à reclamação trabalhista, cuja tramitação deixa nítida a simulação do litígio para fraudar a lei e prejudicar terceiros, enseja ação rescisória, com lastro em colusão. No juízo rescisório, o processo simulado deve ser extinto.**

O caso da orientação compreende a hipótese do artigo 129 do CPC. Se as partes tiverem por objetivo fraudar a lei ou prejudicar terceiros, o processo deve ser extinto sem julgamento de mérito (art. 267, XI, do CPC). Exemplo pode ser as partes simularem reconhecimento de vínculo de período inexistente, de simularem o reconhecimento de vínculo para estabelecer débito inexistente para habilitação em falência. Isso enseja rescisória com fundamento em colusão (art. 485, III, do CPC). Colusão significa um acordo secreto entre as partes que litigam de forma simulada.

## 97 Ação rescisória. Violação do art. 5º, I, LIV e LV, da Constituição Federal. Princípios da legalidade, do devido processo legal, do contraditório e da ampla defesa.

**Os princípios da legalidade, do devido processo legal, do contraditório e da ampla defesa não servem de fundamento para a desconstituição de decisão judicial transitada em julgado, quando se apresentam sob a forma de pedido genérico e desfundamentado, acompanhando dispositivos legais que tratam especificamente da matéria debatida, estes sim, passíveis de fundamentarem a análise do pleito rescisório.**

A redação original foi determinada em 27.9.2002: "Ação rescisória. Violação do art. 5º, II e LIV, da Constituição Federal. Princípio da legalidade e do devido processo legal. Os princípios da legalidade e do devido processo legal não servem de fundamento para a desconstituição de decisão judicial transitada em julgado, quando se apresentam sob a forma de pedido genérico e desfundamentado, acompanhando dispositivos legais que tratam especificamente da matéria debatida, estes sim, passíveis de fundamentarem a análise do pleito rescisório."

Foi dada outra redação à orientação em 25.4.2003, publicada no *Diário de Justiça* em 9.5.2003: "Ação rescisória. Violação do art. 5º, II, LIV e LV, da Constituição Federal. Princípio da legalidade, do contraditório, da ampla defesa, e do devido processo legal. Os princípios da legalidade, do contraditório, da ampla defesa, e do devido processo legal não servem de fundamento para a desconstituição de decisão judicial transitada em julgado, quando se apresentam sob a forma de pedido genérico e desfundamentado, acompanhando dispositivos legais que tratam especificamente da matéria debatida, estes sim, passíveis de fundamentarem a análise do pleito rescisório." Foi dada nova redação pela Resolução 137/2005, conforme publicação no *Diário de Justiça* de 22.8.2005.

Os princípios da legalidade, do devido processo legal, do contraditório e da ampla defesa não servem de fundamento para a desconstituição de decisão judicial transitada em julgado, quando se apresentam sob a forma de pedido genérico e sem fundamentação. De um modo geral, a violação é indireta ou reflexa do dispositivo constitucional, pois diz respeito a exame de legislação infraconstitucional. Não é direta.

A parte deve indicar de forma precisa qual é o dispositivo violado e dizer qual é o motivo da afronta. Essa violação é a apta ao cabimento da ação rescisória.

No STF há julgamentos no mesmo sentido:

> Trabalhista. Acórdão que não admitiu recurso de revista, em razão da ausência de autenticação das peças do agravo. Alegada afronta ao artigo 5º, II, XXXV, LIV e LV, da Constituição Federal.
>
> Questão suscetível de ser apreciada senão por via da legislação infraconstitucional que fundamentou o acórdão, procedimento inviável em sede de recurso extraordinário, onde não cabe a aferição de ofensa reflexa e indireta à Carta Magna. Recurso não conhecido (STF, 1ª T., RE 232.731-DF, j. 13.4.99, Rel. Min. Ilmar Galvão, *DJ* 6.8.99, p. 50).
>
> O debate em torno da aferição dos pressupostos de admissibilidade do recurso de revista, notadamente quando o exame de tais requisitos formais apoiar-se em enunciados sumulares do Tribunal Superior do Trabalho, não viabiliza o acesso à via recursal extraordinária, por envolver discussão pertinente a tema de caráter eminentemente infraconstitucional. Precedentes. A jurisprudência do Supremo Tribunal Federal, pronunciando-se em causas de natureza trabalhista, deixou assentado que, em regra, as alegações de desrespeito aos postulados da legalidade, do devido processo legal, da motivação dos atos decisórios, do contraditório, dos limites da coisa julgada e da prestação jurisdicional podem configurar, quando muito, situações de ofensa meramente reflexa ao texto da Constituição, circunstância essa que impede a utilização do recurso extraordinário. Precedentes (STF, AR AI 237.138-1-SP, Ac. 2. T, j. 27.6.00, Rel. Min. Celso de Mello, LTr 65-05/571).

> III – A jurisprudência da Corte é no sentido de que a alegada violação ao art. 5º, II, XXXV, LIV e LV, da Constituição, pode configurar, quando muito, situação de ofensa reflexa ao texto constitucional, por demandar a análise de legislação processual ordinária. IV – Inexistência de novos argumentos capazes de afastar as razões expendidas na decisão atacada. V – Agravo regimental improvido (STF, AgRg AI 661.291/BA-1ª T., Rel. Min. Ricardo Lewandowski, *DJU* 1 9.11.07).

Esclarece a Súmula 636 do STF que não cabe recurso extraordinário por contrariedade ao princípio constitucional da legalidade quando a sua verificação pressuponha rever a interpretação dada a normas infraconstitucionais pela decisão recorrida.

## 98 Mandado de segurança. Cabível para atacar exigência de depósito prévio de honorários periciais.

**É ilegal a exigência de depósito prévio para custeio dos honorários periciais, dada a incompatibilidade com o processo do trabalho, sendo cabível o mandado de segurança visando à realização da perícia, independentemente do depósito.**

A redação original foi determinada em 27.9.2002: "Mandado de segurança. Cabível para atacar exigência de depósito prévio de honorários periciais. É ilegal a exigência de depósito prévio para custeio dos honorários periciais, dada a incompatibilidade com o processo do trabalho e com a Súmula nº 236 do TST, sendo cabível o mandado de segurança visando à realização da perícia independentemente do depósito." Foi dada nova redação pela Resolução nº 137/2005, publicada no *Diário de Justiça* de 22.8.2005.

Não existe previsão legal de exigência de depósito prévio para honorários periciais. O empregado geralmente não tem como pagá-los.

O § 2º do artigo 195 da CLT é claro no sentido de que, arguida insalubridade ou periculosidade, o juiz determina a perícia. Não tem de exigir depósito prévio.

O processo do trabalho visa à garantia de verba de natureza alimentar. No processo civil, as partes têm de adiantar as despesas processuais e honorários de perito (§ 2º do art. 19 do CPC). A Súmula nº 236 do TST mostra que a responsabilidade pelo pagamento dos honorários periciais é da parte sucumbente no objeto da perícia.

A Resolução nº 35/07 do Conselho Superior da Justiça do Trabalho, de 25.3.07, assegura o custeio dos honorários periciais por meio de recursos do orçamento da União, quando é concedida a justiça gratuita, mesmo no caso de reversão da sucumbência.

**99 Mandado de segurança. Esgotamento de todas as vias processuais disponíveis. Trânsito em julgado formal. Descabimento** (inserida em 27.9.2002)

**Esgotadas as vias recursais existentes, não cabe mandado de segurança.**

Mandado de segurança é ação. Não é meio substitutivo de recurso.

Não cabe mandado de segurança contra decisão transitada em julgado (S. 268 do STF e 33 do TST).

Uma situação excepcional, que é a do mandado de segurança, não pode ser tomada como ordinária, comum.

**100 Recurso ordinário para o TST. Decisão de TRT proferida em agravo regimental contra liminar em ação cautelar ou em mandado de segurança. Incabível** (inserida em 27.9.2002)

**Não cabe recurso ordinário para o TST de decisão proferida pelo Tribunal Regional do Trabalho em agravo regimental interposto contra despacho que concede ou não liminar em ação cautelar ou em mandado de segurança, uma vez que o processo ainda pende de decisão definitiva do Tribunal "a quo".**

Se o juiz relator concede ou não a liminar em ação cautelar ou em mandado de segurança, a parte muitas vezes apresenta agravo regimental para a Seção Especializada do Tribunal ou para o Pleno. O TST considera uma decisão interlocutória, da qual não cabe recurso (§ 1º do art. 893 da CLT). Da decisão do colegiado não cabe recurso para o TST. Somente da decisão que julgar a cautelar ou o mandado de segurança caberá recurso ordinário para o TST.

**101 Ação rescisória. Art. 485, IV, do CPC. Ofensa a coisa julgada. Necessidade de fixação de tese na decisão rescindenda** (*DJ* 29.4.2003)

**Para viabilizar a desconstituição do julgado pela causa de rescindibilidade do inciso IV, do art. 485, do CPC, é necessário que a decisão rescindenda tenha enfrentado as questões ventiladas na ação rescisória, sob pena de inviabilizar o cotejo com o título executivo judicial tido por desrespeitado, de modo a se poder concluir pela ofensa à coisa julgada.**

O inciso IV do artigo 485 do CPC trata de rescisória por violação à coisa julgada.

Para que seja viável a rescisória por violação à coisa julgada, é preciso que a decisão rescindenda tenha analisado expressamente as questões postuladas na rescisória. Do contrário, não é possível entender que houve ofensa à coisa julgada.

A violação deve ser clara e deve ser decorrente das premissas que foram julgadas pela decisão anterior. Não se pode apontar violação genérica.

**103 Ação rescisória. Contradição entre fundamentação e parte dispositiva do julgado. Cabimento. Erro de fato** (*DJ* 29.4.2003)

**É cabível a rescisória para corrigir contradição entre a parte dispositiva do acórdão rescindendo e a sua fundamentação, por erro de fato na retratação do que foi decidido.**

Se há contradição entre a parte dispositiva do acórdão e a fundamentação, a matéria deveria ser objeto de embargos de declaração. É possível a correção de ofício de erros (art. 463, I, do CPC e art. 833 da CLT). Se existe contradição, pode-se entender que há violação do artigo 538 do CPC. Compreende também erro de fato, pois é o caso de a sentença admitir um fato inexistente ou quando considerar inexistente um fato efetivamente ocorrido (§ 1º do art. 485 do CPC).

**107 Ação rescisória. Decisão rescindenda de mérito. Sentença declaratória de extinção de execução. Satisfação da obrigação** (*DJ* 29.4.2003)

**Embora não haja atividade cognitiva, a decisão que declara extinta a execução, nos termos do art. 794 c/c 795 do CPC, extingue a relação processual e a obrigacional, sendo passível de corte rescisório.**

A decisão que julga extinta a execução por cumprimento da obrigação, por transação, por renúncia (art. 794 do CPC), é uma decisão definitiva, pois extingue o processo. Dessa decisão, cabe a ação rescisória, pois é de mérito.

**112 Ação rescisória. Violação de lei. Decisão rescindenda por duplo fundamento. Impugnação parcial** (*DJ* 29.4.2003)

**Para que a violação da lei dê causa à rescisão de decisão de mérito alicerçada em duplo fundamento, é necessário que o Autor da ação rescisória invoque causas de rescindibilidade que, em tese, possam infirmar a motivação dúplice da decisão rescindenda.**

O duplo fundamento é a indicação de mais de um argumento para o cabimento da rescisória por violação de lei. Há necessidade de que a decisão rescindenda tenha analisado os dois argumentos e também na rescisória eles sejam assim destacados. Se a parte indica um fundamento e a decisão rescindenda tem mais de um fundamento, não cabe a rescisória.

**113 Ação cautelar. Efeito suspensivo ao recurso ordinário em mandado de segurança. Incabível. Ausência de interesse. Extinção** (*DJ* 29.4.2003)

**É incabível medida cautelar para imprimir efeito suspensivo a recurso interposto contra decisão proferida em mandado de segurança, pois ambos visam, em última análise, à sustação do ato atacado. Extingue-se, pois, o processo, sem julgamento do mérito, por ausência de interesse de agir, para evitar que decisões judiciais conflitantes e inconciliáveis passem a reger idêntica situação jurídica.**

Os recursos têm efeito meramente devolutivo no processo do trabalho (art. 899 da CLT). A cautelar é uma forma de dar efeito suspensivo a determinado recurso, desde que fique demonstrado o *fumus boni iuris* e o *periculum in mora*.

O mandado de segurança já visa atacar determinado ato. Não se pode pretender o mesmo efeito pela cautelar em recurso ordinário em mandado de segurança. As decisões não podem ser contraditórias e inconciliáveis entre si, diante da necessidade da estabilidade das relações jurídicas.

A medida cautelar não tem por objetivo assegurar o próprio direito à parte e ser satisfativa, mas assegurar um meio processual para garantir o direito. Não se pode na cautelar pretender resolver o que se postula no próprio mandado de segurança.

**123 Ação rescisória. Interpretação do sentido e alcance do título executivo. Inexistência de ofensa à coisa julgada** (*DJ* 11.8.2003. Nova redação conferida ao título – Res. 137/2005, *DJ* 22.8.2005)

**O acolhimento da ação rescisória calcada em ofensa à coisa julgada supõe dissonância patente entre as decisões exequenda e rescindenda, o que não se verifica quando se faz necessária a interpretação do título executivo judicial para se concluir pela lesão à coisa julgada.**

A redação original era: "Ação rescisória. Interpretação do sentido e alcance do título executivo. Coisa julgada. Impertinência do art. 485, IV, do CPC. Descaracterizada a ofensa ao art. 5º, XXXVI, da CF/88."

O TST entende que a violação deve ser clara e inequívoca. Deve restar patente que existe divergência entre a decisão exequenda e na rescindenda. Se a matéria é de interpretação, não cabe a ação rescisória. Se a interpretação está certa ou errada, a matéria não é de rescisória.

**124 Ação rescisória. Art. 485, II, do CPC. Arguição de incompetência absoluta. Prequestionamento inexigível** (*DJ* 9.12.2003)

**Na hipótese em que a ação rescisória tem como causa de rescindibilidade o inciso II do art. 485 do CPC, a arguição de incompetência absoluta prescinde de prequestionamento.**

A incompetência absoluta, em relação à matéria e às pessoas, pode ser arguida em qualquer tempo ou grau de jurisdição (art. 113 do CPC).

O TST não exige que tenha havido o prequestionamento da incompetência absoluta na decisão rescindenda. A matéria é de ordem pública. Basta que seja demonstrado que o juízo era incompetente de forma absoluta, que é possível a utilização da ação rescisória.

**127 Mandado de segurança. Decadência. Contagem. Efetivo ato coator** (*DJ* 09.12.2003)

**Na contagem do prazo decadencial para ajuizamento de mandado de segurança, o efetivo ato coator é o primeiro em que se firmou a tese hostilizada e não aquele que a ratificou.**

O prazo de 120 dias para a interposição de mandado de segurança é considerado de decadência.

O referido prazo é contado da decisão que primeiro violou o direito líquido e certo da parte e não da decisão seguinte que ratificou a primeira. O ato viola o direito da parte na primeira decisão e não na segunda. Logo, o prazo de 120 dias deve ser contado da primeira decisão.

Se a parte pede reconsideração da decisão, não interrompe ou suspende prazo para recurso ou para se utilizar do mandado de segurança. O prazo flui da primeira decisão e não da que a ratifica.

**128 Ação rescisória. Concurso público anulado posteriormente. Aplicação da Súmula nº 363 do TST** (*DJ* 9.12.2003)

**O certame público posteriormente anulado equivale à contratação realizada sem a observância da exigência contida no art. 37, II, da Constituição Federal de 1988. Assim sendo, aplicam-se à hipótese os efeitos previstos na Súmula nº 363 do TST.**

Se o concurso público é anulado, não foi observado o inciso II do artigo 37 da Constituição. Ausência de concurso ou concurso anulado chegam ao mesmo resultado.

O trabalhador tem direito apenas ao pagamento da contraprestação pactuada, em relação ao número de horas trabalhadas, respeitado o valor da hora do salário-mínimo, e dos valores referentes aos depósitos do FGTS (S. 363 do TST).

## 129 Ação anulatória. Competência originária (*DJ* 4.5.2004)

**Em se tratando de ação anulatória, a competência originária se dá no mesmo juízo em que praticado o ato supostamente eivado de vício.**

Geralmente, a ação anulatória tem de ser proposta no juízo de primeiro grau, pois não há exceção na lei nesse sentido. Os tribunais têm competência excepcional para julgar originariamente a causa.

## 130 Ação civil pública. Competência. Local do dano. Lei nº 7.347/1985, art. 2º. Código de Defesa do Consumidor, art. 93

**I – A competência para a Ação Civil Pública fixa-se pela extensão do dano.**

**II – Em caso de dano de abrangência regional, que atinja cidades sujeitas à jurisdição de mais de uma Vara do Trabalho, a competência será de qualquer das varas das localidades atingidas, ainda que vinculadas a Tribunais Regionais do Trabalho distintos.**

**III – Em caso de dano de abrangência suprarregional ou nacional, há competência concorrente para a Ação Civil Pública das varas do trabalho das sedes dos Tribunais Regionais do Trabalho.**

**IV – Estará prevento o juízo a que a primeira ação houver sido distribuída.**

A redação original foi publicada no DJ de 4 de junho de 2004: "Ação civil pública. Competência territorial. Extensão do dano causado ou a ser reparado. Aplicação analógica do art. 93 do Código de Defesa do Consumidor. Para a fixação da competência territorial em sede de ação civil pública, cumpre tomar em conta a extensão do dano causado ou a ser reparado, pautando-se pela incidência analógica do art. 93 do Código de Defesa do Consumidor. Assim, se a extensão do dano a ser reparado limitar-se ao âmbito regional, a competência é de uma das Varas do Trabalho da Capital do Estado; se for de âmbito suprarregional ou nacional, o foro é o do Distrito Federal".

A orientação teve a redação alterada na sessão do Tribunal Pleno realizada em 14.9.2012, conforme Resolução nº 186/2012, divulgada no *DEJT* e 25, 26 e 27.9.2012.

Não consta do *DEJT* quais foram os precedentes que levaram a mudar a redação da orientação jurisprudencial.

O artigo 2º da Lei nº 7.347/85 esclarece que a competência é definida pelo local do dano.

O inciso II do art. 93 do CDC prevê competência concorrente, no sentido de que a ação pode ser proposta na capital do Estado ou no Distrito Federal, para os danos de âmbito nacional ou regional. A lei emprega conjunção alternativa. Isso significa que a ação tanto pode ser proposta na capital do Estado ou no Distrito Federal. Não se pode dizer que a ação deve ser proposta apenas no Distrito Federal, pois implicaria deslocamentos desnecessários das partes. Se o dano não atinge Brasília e região, não pode ser essa cidade competente para julgar a ação civil pública. A pessoa terá maiores gastos para se locomover a Brasília. Do contrário, o sindicato que ajuizar ação civil pública terá de acompanhar ação em local onde não tem sede ou jurisdição, trazendo prejuízos econômicos para acompanhá-la e implicando dificuldade de acesso ao Judiciário. Testemunhas que precisarem ser ouvidas o serão por carta precatória.

Prescreve o inciso II do art. 93 da Lei nº 8.078 que competente será o foro da capital do Estado ou do Distrito Federal, para os danos de âmbito nacional ou regional. Isso não implica dizer que os danos de âmbito nacional terão como foro o da capital do Estado e os regionais os do Distrito Federal. Assim, como se usa a conjunção alternativa *ou*, a ação tanto pode ser proposta na capital do Estado como no Distrito Federal.

Dano de âmbito nacional é o que ocorre na maior parte dos Estados brasileiros ou em todos eles.

Dano de âmbito regional é o que ocorre em pelo menos dois Estados, sem ter repercussão nacional.

Dano de âmbito local é o que diz respeito a duas ou mais comarcas no mesmo Estado.

O item II se refere a TRT's distintos. A hipótese pode ocorrer em cidades dentro do Estado de São Paulo, que têm dois tribunais regionais (2ª e 15ª Regiões), ou então em cidades na divisa entre Estados.

## 131 Ação rescisória. Ação cautelar para suspender exceção da decisão rescindenda. Pendência de trânsito em julgado da ação rescisória principal. Efeitos (*DJ* 4.5.2004)

**A ação cautelar não perde o objeto enquanto ainda estiver pendente o trânsito em julgado da ação rescisória principal, devendo o pedido cau-**

**telar ser julgado procedente, mantendo-se os efeitos da liminar eventualmente deferida, no caso de procedência do pedido rescisório ou, por outro lado, improcedente, se o pedido da ação rescisória principal tiver sido julgado improcedente.**

A cautelar só obsta o andamento normal da execução se houver fumaça do bom direito e *periculum in mora* para a concessão da liminar.

Se o pedido da ação rescisória é rejeitado, devem ser cassados os efeitos da liminar concedida na cautelar. Se o pedido da ação rescisória é acolhido, devem ser mantidos os efeitos da liminar concedida na cautelar.

## 132 Ação rescisória. Acordo homologado. Alcance. Ofensa à coisa julgada (*DJ* 4.5.2004)

**Acordo celebrado – homologado judicialmente – em que o empregado dá plena e ampla quitação, sem qualquer ressalva, alcança não só o objeto da inicial, como também todas as demais parcelas referentes ao extinto contrato de trabalho, violando a coisa julgada, a propositura de nova reclamação trabalhista.**

Se o empregado dá plena e ampla quitação, não fazendo qualquer ressalva, alcança também o contrato de trabalho, pois inclusive é possível fazer acordo de questão não posta a exame do Judiciário (art. 475-N, III, do CPC). A conciliação vale como decisão irrecorrível (art. 831 da CLT). Viola a coisa julgada a propositura de nova ação trabalhista postulando aquilo que já tenha sido sepultado pelo acordo firmado entre as partes.

## 134 Ação rescisória. Decisão rescindenda. Preclusão declarada. Formação da coisa julgada formal. Impossibilidade jurídica do pedido (*DJ* 4.5.2004)

**A decisão que conclui estar preclusa a oportunidade de impugnação da sentença de liquidação, por ensejar tão somente a formação da coisa julgada formal, não é suscetível de rescindibilidade.**

A sentença de liquidação é uma decisão interlocutória da qual não cabe qualquer recurso. A matéria tem de ser debatida em sede de embargos ou impugnação à conta de liquidação (art. 884 da CLT).

O § 2º do artigo 879 da CLT dispõe que se a parte for intimada para se manifestar sobre a conta de liquidação e não o fizer, haverá preclusão. Não poderá mais discutir a questão em embargos.

Se o tribunal regional não decidiu matéria de mérito a respeito da conta de liquidação, não cabe ação rescisória. Caso o tribunal declare apenas que houve preclusão, também não cabe ação rescisória, pois ele analisou questão processual.

**135 Ação rescisória. Violação do art. 37, "caput", da CF/88. Necessidade de prequestionamento** (*DJ* 4.5.2004)

**A ação rescisória calcada em violação do artigo 37, "caput", da Constituição Federal, por desrespeito ao princípio da legalidade administrativa exige que ao menos o princípio constitucional tenha sido prequestionado na decisão.**

A matéria é originária de casos da Empresa Brasileira de Correios e Telégrafos (EBCT) em que houve desobediência a critérios de alternância para promoção, previstos no regulamento interno da empresa, em que se discutia o direito de promoção por merecimento.

A questão de violação do princípio da legalidade é muito genérica. Geralmente, a matéria diz respeito à apreciação de um preceito de natureza infraconstitucional.

Na decisão que se pretende rescindir, há necessidade que tenha sido analisado expressamente o princípio da legalidade administrativa ou o artigo 37 da Constituição. Do contrário, o pedido contido na ação rescisória deve ser rejeitado.

**136 Ação rescisória. Erro de fato. Caracterização** (*DJ* 4.5.2004)

**A caracterização do erro de fato como causa de rescindibilidade de decisão judicial transitada em julgado supõe a afirmação categórica e indiscutida de um fato, na decisão rescindenda, que não corresponde à realidade dos autos. O fato afirmado pelo julgador, que pode ensejar ação rescisória calcada no inciso IX do art. 485 do CPC, é apenas aquele que se coloca como premissa fática indiscutida de um silogismo argumentativo, não aquele que se apresenta ao final desse mesmo silogismo, como conclusão decorrente das premissas que especificaram as provas oferecidas, para se concluir pela existência do fato. Esta última hipótese é afastada pelo § 2º do art. 485 do CPC, ao exigir que não tenha havido controvérsia sobre o fato e pronunciamento judicial esmiuçando as provas.**

O erro de fato apto a ser rescindido pressupõe a afirmação indiscutível e clara de um fato na decisão rescindenda, que não corresponde à realidade. A decisão afirmou que era A, quando, na verdade, era B.

A caracterização do erro de fato como causa de rescindibilidade de decisão judicial transitada em julgado supõe a afirmação categórica e indiscutida de um fato, na decisão rescindenda, que não corresponde à realidade dos autos. O fato afirmado pelo julgador, que pode ensejar ação rescisória calcada no inciso IX do art. 485 do CPC, é apenas aquele que se coloca como premissa fática indiscutida de um silogismo argumentativo, não aquele que se apresenta ao final desse mesmo silogismo, como conclusão decorrente das premissas que especificaram as provas oferecidas, para se concluir pela existência do fato.

O § 2º do artigo 485 do CPC exige que não tenha havido controvérsia sobre o fato, nem pronunciamento judicial sobre o fato.

Se a parte pretende a rediscussão das provas contidas nos autos, a matéria não é de rescisória, mas de interpretação da prova, por mau julgamento. No recurso ordinário 791.510/2001, o Ministro Ives Gandra afirmou que o fato "é apenas aquele que se coloca como premissa fática indiscutida de um silogismo argumentativo, não aquele que se apresenta ao final desse mesmo silogismo, como conclusão decorrente das premissas maior e menor que especificaram as provas oferecidas, para se concluir pela existência ou inexistência do fato".

**137 Mandado de segurança. Dirigente sindical. Art. 494 da CLT. Aplicável** (*DJ* 4.5.2004)

**Constitui direito líquido e certo do empregador a suspensão do empregado, ainda que detentor de estabilidade sindical, até a decisão final do inquérito em que se apure a falta grave a ele imputada, na forma do art. 494, "caput" e parágrafo único, da CLT.**

O empregador poderá suspender o empregado para propor o inquérito para apuração de falta grave (art. 494 da CLT), mesmo em relação a dirigente sindical. É um direito líquido e certo do empregador, pois está previsto em lei. É, portanto, possível a utilização de mandado de segurança para assegurar esse direito.

**140 Mandado de segurança contra liminar, concedida ou denegada em outra segurança. Incabível. (Art. 8º da Lei nº 1.533/51)** (*DJ* 4.5.2004)

**Não cabe mandado de segurança para impugnar despacho que acolheu ou indeferiu liminar em outro mandado de segurança.**

Novo mandado de segurança não é o meio apto de impugnar despacho que acolheu ou indeferiu liminar em mandado de segurança. Entender de forma contrária implicaria a guerra das liminares e a insegurança jurídica, em que um juiz concede a liminar e o juízo superior cassa a liminar.

As decisões liminares em mandado de segurança são questionadas por meio de agravo regimental para o colegiado (Pleno ou sessão especializada).

**142 Mandado de segurança. Reintegração liminarmente concedida** (*DJ* 4.5.2004)

**Inexiste direito líquido e certo a ser oposto contra ato de juiz que, antecipando a tutela jurisdicional, determina a reintegração do empregado até a decisão final do processo, quando demonstrada a razoabilidade do direito subjetivo material, como nos casos de anistiado pela Lei nº 8.878/94, aposentado, integrante de comissão de fábrica, dirigente sindical, portador de doença profissional, portador de vírus HIV ou detentor de estabilidade provisória prevista em norma coletiva. (Legislação: CLT, artigo 659, inciso X)**

Se o juiz entende que é o caso de reintegração de anistiado pela Lei nº 8.878/94, aposentado, integrante de comissão de fábrica, dirigente sindical, portador de doença profissional, portador de vírus HIV ou detentor de estabilidade provisória prevista em norma coletiva e é demonstrada a razoabilidade do direito subjetivo material, não cabe o mandado de segurança. O juiz de primeiro grau tem o livre convencimento motivado (art. 131 do CPC), que não pode ser modificado por mandado de segurança pelo tribunal. A matéria tem de ser discutida por intermédio de recurso ordinário da sentença que julga a questão. Se a decisão não é razoável a respeito do direito material vindicado, caberá o mandado de segurança.

**143 "Habeas corpus". Penhora sobre coisa futura e incerta. Prisão. Depositário infiel** (*DJ* 22.6.2004. Redação alterada na sessão do Tribunal Pleno realizada em 17.11.2008. Nova redação – Res. 151/2008 – *DeJT* do TST 20.11.2008)

**Não se caracteriza a condição de depositário infiel quando a penhora recair sobre coisa futura e incerta, circunstância que, por si só, inviabiliza a materialização do depósito no momento da constituição do paciente em depositário, autorizando-se a concessão de "habeas corpus" diante da prisão ou ameaça de prisão que sofra.**

A redação original foi publicada no *Diário de Justiça* de 22.6.2004: "'Habeas Corpus'. Penhora sobre coisa futura. Prisão. Depositário infiel. Não se caracteriza a condição de depositário infiel quando a penhora recair sobre coisa futura, circunstância que, por si só, inviabiliza a materialização do depósito no momento da constituição do paciente em depositário, autorizando-se a concessão de 'habeas corpus' diante da prisão ou ameaça de prisão que sofra."

Se a coisa é futura e incerta, não pode haver penhora e depositário infiel. Se o paciente está ameaçado de ser preso ou foi preso, cabe o *habeas corpus*. Recaindo a penhora sobre faturamento futuro e incerto da executada, não se pode falar em depositário infiel, pois o depósito ainda não foi aperfeiçoado.

### 144 Mandado de segurança. Proibição de prática de atos futuros. Sentença genérica. Evento futuro. Incabível (*DJ* 22.6.2004. Nova redação – Res. 137/2005, *DJ* 22.8.2005)

**O mandado de segurança não se presta à obtenção de uma sentença genérica, aplicável a eventos futuros, cuja ocorrência é incerta.**

A redação original foi publicada no *Diário de Justiça* de 22.06.2004: "Mandado de segurança. Proibição de prática de atos futuros. Sentença genérica. Evento futuro. Incabível. O mandado de segurança não se presta à obtenção de uma sentença genérica, aplicável a eventos futuros, cuja ocorrência constitui uma incógnita."

O mandado de segurança presta para a obtenção de pronunciamento do Judiciário a respeito de direito líquido e certo que foi violado em relação ao impetrante. Se o direito ainda não ocorreu e é futuro e incerto, não cabe o mandado de segurança. Exemplo pode ser a discussão da impossibilidade de penhora de faturamento futuro da empresa, pois o ato ainda não ocorreu e pode não ocorrer.

A decisão da Justiça não pode ser condicional para atender eventos futuros e incertos.

### 146 Ação Rescisória. Início do prazo para apresentação da contestação. Art. 774 da CLT (*DJ* 10.11.2004)

**A contestação apresentada em sede de ação rescisória obedece à regra relativa à contagem de prazo constante do art. 774 da CLT, sendo inaplicável o art. 241 do CPC.**

A contagem do prazo para a contestação em rescisória é feita a partir da ciência da pessoa, recebimento da citação, publicação no jornal oficial ou afixação de edital (art. 774 da CLT). Não havendo omissão na CLT, não se pode aplicar o artigo 241 do CPC a respeito de prazos. Logo, a contagem do prazo não é contada a partir da juntada aos autos do mandado devidamente cumprido ou da juntada aos autos do aviso de recebimento, quando a citação é feita pelo Correio.

Para apresentar recurso ordinário da decisão que julga mandado de segurança, a parte deve pagar e comprovar o recolhimento das custas no prazo alusivo ao recurso, sob pena de deserção. É a previsão do § 1º do artigo 789 da CLT. O juízo não terá de conceder prazo para comprovação, pois a parte já é intimada do valor das custas a recolher.

**149 Conflito de competência. Incompetência territorial. Hipótese do art. 651, § 3º, da CLT. Impossibilidade de declaração de ofício de incompetência relativa** (*DeJT* 3.12.2008)

**Não cabe declaração de ofício de incompetência territorial no caso do uso, pelo trabalhador, da faculdade prevista no art. 651, § 3º, da CLT. Nessa hipótese, resolve-se o conflito pelo reconhecimento da competência do juízo do local onde a ação foi proposta.**

O trabalhador tem a faculdade de propor a ação no local da contratação ou no local da prestação de serviços, em caso de empresa que promove a realização das suas atividades fora do local da contratação (§ 3º do art. 651 da CLT). O TST não admite a declaração de incompetência relativa (em razão do lugar) de ofício. Entende, assim, que há necessidade de provocação por intermédio de exceção.

A Súmula nº 33 do Superior Tribunal de Justiça informa que "a incompetência relativa não pode ser declarada de ofício".

**150 Ação rescisória. Decisão rescindenda que extingue o processo sem resolução de mérito por acolhimento da exceção de coisa julgada. Conteúdo meramente processual. Impossibilidade jurídica do pedido** (*DeJT* 3.12.2008)

**Reputa-se juridicamente impossível o pedido de corte rescisório de decisão que, reconhecendo a configuração de coisa julgada, nos termos do art. 267, V, do CPC, extingue o processo sem resolução de mérito, o que, ante o seu conteúdo meramente processual, a torna insuscetível de produzir a coisa julgada material.**

O TST tem o entendimento que de questões meramente processuais não cabe a ação rescisória. Se a sentença que conhece de determinada questão processual e acolhe essa questão não entra no mérito da pretensão da parte, não faz coisa julgada material. Não se admite, assim, o corte rescisório. É o exemplo de decisão que acolhe a coisa julgada e extingue o processo sem julgamento de mérito (art. 267, V, do CPC).

**151 Ação rescisória e mandado de segurança. Irregularidade de representação processual verificada na fase recursal. Procuração outorgada com**

**poderes específicos para ajuizamento de reclamação trabalhista. Vício processual insanável** (*DeJT* 3.12.2008)

**A procuração outorgada com poderes específicos para ajuizamento de reclamação trabalhista não autoriza a propositura de ação rescisória e mandado de segurança, bem como não se admite sua regularização quando verificado o defeito de representação processual na fase recursal, nos termos da Súmula nº 383, item II, do TST.**

Para que a parte apresente ação rescisória ou mandado de segurança, deve trazer procuração específica para a propositura das referidas ações. Não serve a procuração xerocopiada outorgada ao advogado para apresentar a ação trabalhista. O TST não admite regularização na fase recursal (S. 383, II). O artigo 13 do CPC só se aplica no primeiro grau.

152 **Ação rescisória e mandado de segurança. Recurso de revista de acórdão regional que julga ação rescisória ou mandado de segurança. Princípio da fungibilidade. Inaplicabilidade. Erro grosseiro na interposição do recurso** (*DeJT* 3.12.2008)

**A interposição de recurso de revista de decisão definitiva de Tribunal Regional do Trabalho em ação rescisória ou em mandado de segurança, com fundamento em violação legal e divergência jurisprudencial e remissão expressa ao art. 896 da CLT, configura erro grosseiro, insuscetível de autorizar o seu recebimento como recurso ordinário, em face do disposto no art. 895, "b", da CLT.**

Da decisão que julga ação rescisória ou mandado de segurança no tribunal regional cabível é o recurso ordinário e não o recurso de revista.

O princípio da fungibilidade dos recursos autoriza que seja tomado um recurso por outro desde que esteja no prazo para o recurso correto e não constitua erro grosseiro. No caso, existe erro grosseiro, principalmente também se é feita remissão ao artigo 896 da CLT, pois o inciso II do artigo 895 da CLT é claro quanto ao cabimento do recurso ordinário.

153 **Mandado de segurança. Execução. Ordem de penhora sobre valores existentes em conta salário. Art. 649, IV, do CPC. Ilegalidade** (*DeJT* 3.12.2008)

**Ofende direito líquido e certo decisão que determina o bloqueio de numerário existente em conta salário, para satisfação de crédito trabalhista, ainda que seja limitado a determinado percentual dos valores**

**recebidos ou a valor revertido para fundo de aplicação ou poupança, visto que o art. 649, IV, do CPC contém norma imperativa que não admite interpretação ampliativa, sendo a exceção prevista no art. 649, § 2º, do CPC espécie e não gênero de crédito de natureza alimentícia, não englobando o crédito trabalhista.**

O TST entende que ofende direito líquido e certo decisão que determina o bloqueio de numerário existente em conta salário, para satisfação de crédito trabalhista, ainda que seja limitado a determinado porcentual dos valores recebidos ou a valor revertido para fundo de aplicação ou poupança, visto que o art. 649, IV, do CPC contém norma imperativa que não admite interpretação ampliativa, sendo a exceção prevista no art. 649, § 2º, do CPC. O TST afirma que embora haja recurso próprio, a pessoa fica impossibilitada de provar os meios necessários à sua subsistência, por inexistir recurso eficaz para coibir de imediato os efeitos do ato impugnado, justifica-se a impetração excepcional do *mandamus*.

Penso que da decisão que determina a penhora cabe o remédio de embargos, que pode ter efeito suspensivo, e da decisão cabe o recurso de agravo de petição. Assim, não cabe mandado de segurança.

**154 Ação rescisória. Acordo prévio ao ajuizamento da reclamação. Quitação geral. Lide simulada. Possibilidade de rescisão da sentença homologatória de acordo apenas se verificada a existência de vício de consentimento.** (*DEJT* divulgado em 9, 10 e 11.6.2010)

**A sentença homologatória de acordo prévio ao ajuizamento de reclamação trabalhista, no qual foi conferida quitação geral do extinto contrato, sujeita-se ao corte rescisório tão somente se verificada a existência de fraude ou vício de consentimento.**

O TST entende que cabe ação rescisória de acordo celebrado em ação trabalhista (S. 259).

De um modo geral, a pessoa não é obrigada a ajuizar a ação trabalhista nem de se conciliar com a parte contrária.

Somente se demonstrada fraude ou vício de consentimento é que será possível a utilização da ação rescisória para rescindir acordo dando quitação geral do contrato de trabalho.

Vício de consentimento, principalmente coação, não pode ser presumido. Deve ser provado.

**155 Ação rescisória e mandado de segurança. Valor atribuído à causa na inicial. Majoração de ofício. Inviabilidade.** (*DEJT* divulgado em 9, 10 e 11.6.2010)

**Atribuído o valor da causa na inicial da ação rescisória ou do mandado de segurança e não havendo impugnação, nos termos do art. 261 do CPC, é defeso ao Juízo majorá-lo de ofício, ante a ausência de amparo legal. Inaplicável, na hipótese, a Orientação Jurisprudencial da SBDI-2 nº 147 e o art. 2º, II, da Instrução Normativa nº 31 do TST.**

A fixação do valor da causa é matéria de ordem pública, pois com base nele são calculadas as custas. Se o valor da causa é inferior ao valor da pretensão da parte, as custas estão sendo calculadas de forma incorreta e está sendo lesada a União.

**156 "Habeas corpus" originário no TST. Substitutivo de recurso ordinário em "habeas corpus". Cabimento contra decisão definitiva proferida por Tribunal Regional do Trabalho.** (*DEJT* divulgado em 9, 10 e 11.6.2010)

**É cabível ajuizamento de "habeas corpus" originário no Tribunal Superior do Trabalho, em substituição de recurso ordinário em "habeas corpus", de decisão definitiva proferida por Tribunal Regional do Trabalho, uma vez que o órgão colegiado passa a ser a autoridade coatora no momento em que examina o mérito do "habeas corpus" impetrado no âmbito da Corte local.**

O TST entende que no ajuizamento do *habeas corpus* diretamente nesse órgão implica uma forma de substituir recurso ordinário em *habeas corpus*. A autoridade coatora passa a ser o órgão colegiado do TRT. A matéria diz respeito a liberdade de locomoção, sendo de natureza constitucional e urgente, não se sujeitando aos vieses do tecnicismo processual.

**157 Ação rescisória. Decisões proferidas em fases distintas de uma mesma ação. Coisa julgada. Não configuração.**

**A ofensa à coisa julgada de que trata o art. 485, IV, do CPC refere-se apenas a relações processuais distintas. A inovação de desrespeito à coisa julgada formada no processo de conhecimento, na correspondente fase de execução, somente é possível com base na violação do art. 5º, XXXVI, da Constituição da República.**

A orientação foi divulgada no DEJT de 12, 13 e 16.4.2012.

Chama-se coisa julgada ou caso julgado a decisão judicial de que já não caiba recurso (§ 3º do art. 6º da Lei de Introdução).

Há coisa julgada "quando se repete ação que já foi decidida por sentença, de que não caiba recurso" (§ 3º do art. 301 do CPC).

Denomina-se coisa julgada material a eficácia, que torna imutável e indiscutível a sentença, não mais sujeita a recurso ordinário ou extraordinário (art. 467 do CPC).

Faz referência o artigo 472 do CPC ao fato de que a *sentença* faz coisa julgada, que, portanto, não ocorre fora do processo, mas apenas nessa decisão do juiz.

A arguição à coisa julgada para efeito de ação rescisória com base no inciso IV do artigo 485 do CPC diz respeito à coisa julgada material.

Na fase de execução não se pode dizer que há violação à coisa julgada formal. Em relação ao acórdão proferido em agravo de petição na execução não se pode falar que viola a coisa julgada feita em acórdão na fase de conhecimento.

Afirma a Orientação Jurisprudencial nº 123 da SBDI-2 que "O acolhimento da ação rescisória calcada em ofensa à coisa julgada supõe dissonância patente entre as decisões exequenda e rescindenda, o que não se verifica quando se faz necessária a interpretação do título executivo judicial para se concluir pela lesão à coisa julgada".

**158 Ação rescisória. Declaração de nulidade de decisão homologatória de acordo em razão de colusão (art. 485, III, do CPC). Multa por litigância de má-fé. Impossibilidade.**

**A declaração de nulidade de decisão homologatória de acordo, em razão da colusão entre as partes (art. 485, III, do CPC), é sanção suficiente em relação ao procedimento adotado, não havendo que ser aplicada a multa por litigância de má-fé.**

A orientação foi divulgada no *DEJT* de 12, 13 e 16.4.2012.

Em muitos dos casos da orientação havia simulação em ação trabalhista entre reclamantes que não eram empregados, que buscavam o reconhecimento do vínculo de emprego com empresa falida, visando burlar a ordem dos créditos na massa falida nas ações rescisórias ajuizadas pelo Ministério Público do Trabalho.

O artigo 129 do CPC dispõe que "convencendo-se, pelas circunstâncias da causa, de que autor e réu se serviram do processo para praticar ato simulado ou conseguir fim proibido por lei, o juiz proferirá sentença que obste aos objetivos das partes".

O TST entende que não se observa o artigo 17 do CPC, em razão de que há sanção específica a ser adotada, inclusive em decorrência da extinção sem julgamento de mérito da relação de emprego reconhecida inicialmente. O inciso I do referido artigo menciona deduzir pretensão ou defesa contra texto expresso de lei ou fato incontroverso. O inciso II faz menção a alterar a verdade dos fatos. O inciso III trata da hipótese de usar do processo para conseguir objetivo ilegal. Na situação fática houve a ocorrência de tais aspectos.

# Orientações Jurisprudenciais do Tribunal Pleno do TST

1 **Precatório. Crédito trabalhista. Pequeno valor. Emenda Constitucional nº 37/2002** (*DJ* de 9.12.2003)

**Há dispensa da expedição de precatório, na forma do art. 100, § 3º, da CF/88, quando a execução contra a Fazenda Pública não exceder os valores definidos, provisoriamente, pela Emenda Constitucional nº 37/02, como obrigações de pequeno valor, inexistindo ilegalidade, sob esse prisma, na determinação de sequestro da quantia devida pelo ente público.**

Se a execução contra a Fazenda Pública é de pequeno valor, fica dispensado o precatório. A execução é de pequeno valor para os Estados no valor de 40 salários-mínimos e para os Municípios, de 30 salários-mínimos. Caso não seja ultrapassado o teto definido na Emenda Constitucional nº 37/02, é possível que os entes públicos fixem outros valores por meio de lei específica.

Não havendo o pagamento no prazo definido na Constituição, poderá ser feito o sequestro da quantia devida pelo Poder Público.

2 **Precatório. Revisão de cálculos. Limites da competência do TRT** (*DJ* de 9.12.2003)

**O pedido de revisão dos cálculos, em fase de precatório, previsto no art. 1º-E da Lei nº 9.494/97, apenas poderá ser acolhido desde que: (a) o requerente aponte e especifique claramente quais são as incorreções existentes nos cálculos, discriminando o montante que seria correto,**

**pois do contrário a incorreção torna-se abstrata; (b) o defeito nos cálculos esteja ligado à incorreção material ou à utilização de critério em descompasso com a lei ou com o título executivo judicial; e (c) o critério legal aplicável ao débito não tenha sido objeto de debate nem na fase de conhecimento, nem na fase de execução.**

O artigo 1º-E da Lei nº 9.494/97 autoriza o presidente do Tribunal a, de ofício ou a requerimento da parte, promover a revisão dos cálculos, antes de ser feito o pagamento ao credor.

Cálculos devem ser impugnados com cálculos. É por isso que o requerente deve apontar e especificar claramente quais são as incorreções existentes nos cálculos, discriminando o montante que seria correto, pois do contrário a incorreção torna-se abstrata.

O erro do cálculo deve estar ligado a incorreção material ou a utilização de critério que não esteja de acordo com a lei ou com o título judicial. Exemplo pode ser utilizar critério de correção não previsto em lei ou em desacordo com ela. Incorreção material pode ser erro de soma.

O critério legal aplicável ao débito não pode ter sido objeto de debate nem na fase de conhecimento, nem na fase de execução. Exemplo pode ser a utilização de adicional de horas de 100% que não foi definido na sentença que transitou em julgado.

### 3 Precatório. Sequestro. Emenda Constitucional nº 30/2000. Preterição. ADIn 1.662-8. Art. 100, § 2º, da CF/88 (*DJ* de 9.12.2003)

**O sequestro de verbas públicas para satisfação de precatórios trabalhistas só é admitido na hipótese de preterição do direito de precedência do credor, a ela não se equiparando as situações de não inclusão da despesa no orçamento ou de não pagamento do precatório até o final do exercício, quando incluído no orçamento.**

O sequestro da verba só é devido em caso de preterição do direito de precedência do credor, como dele ser preterido por outra pessoa em primeiro lugar. Se ocorre a não inclusão da despesa no orçamento ou não pagamento do precatório até o final do exercício, a matéria pode ser de intervenção no ente público, mas não de sequestro.

O STF entende que somente há preterição quando a ordem de precedência não é observada (ADIn 1.662/SP).

4 **Mandado de segurança. Decisão de TRT. Incompetência originária do Tribunal Superior do Trabalho** (*DJ* de 17.3.2004. Legislação: LC-35/79 – LOMAN, art. 21, inciso VI.)

**Ao Tribunal Superior do Trabalho não compete apreciar, originariamente, mandado de segurança impetrado em face de decisão de TRT.**

Da decisão do TRT cabe recurso ordinário em mandado de segurança e ação rescisória (art. 895, II, da CLT) ou de revista, nos dissídios individuais (art. 896 da CLT). Não cabe, portanto, mandado de segurança.

O inciso VI do artigo 21 da LOMAN prevê que compete privativamente aos Tribunais julgar, originariamente, os mandados de segurança contra seus atos, os dos respectivos Presidentes e os de suas Câmaras, Turmas ou Seções. Logo, não cabe mandado de segurança apresentado diretamente no TST contra o ato do juiz ou presidente do TRT.

5 **Recurso ordinário. Cabimento** (Conversão da Orientação Jurisprudencial nº 70 da SDI-1 – Res. 129/2005, *DJ* 20.4.2005)

**Não cabe recurso ordinário contra decisão em agravo regimental interposto em reclamação correicional ou em pedido de providência. (ex-OJ nº 70 – Inserida em 13.09.1994)**

A previsão do recurso ordinário nos TRT's está no artigo 895 da CLT, que não trata de recurso para reclamação correicional ou em pedido de providência.

O recurso cabível é o agravo regimental, que será julgado pelo colegiado do TRT (Pleno ou sessão especializada).

6 **Precatório. Execução. Limitação da condenação imposta pelo título judicial exequendo à data do advento da Lei nº 8.112, de 11.12.1990** (*DJ* 25.4.2007)

**Em sede de precatório, não configura ofensa à coisa julgada a limitação dos efeitos pecuniários da sentença condenatória ao período anterior ao advento da Lei nº 8.112, de 11.12.1990, em que o exequente submetia-se à legislação trabalhista, salvo disposição expressa em contrário na decisão exequenda.**

A limitação dos efeitos pecuniários é assegurada por preceito de lei, que é a Lei nº 8.112/90. A partir da vigência desta lei (1.1.91) os servidores públicos da União são estatutários e não mais celetistas. A limitação fica, assim, até 31.12.1990.

A exceção diz respeito ao fato de a decisão que transitou em julgado estabelecer algo diferente. Não cumprir essa decisão seria ferir a coisa julgada.

**7 Juros de mora. Condenação da fazenda pública.**

**I – Nas condenações impostas à Fazenda Pública, incidem juros de mora segundo os seguintes critérios:**

**a) 1% (um por cento) ao mês, até agosto de 2001, nos termos do § 1º do art. 39 da Lei nº 8.177, e 1º.3.1991;**

**b) 0,5% (meio por cento) ao mês, de setembro de 2001 a junho de 2009, conforme determina o art. 1º-F da Lei nº 9.494, de 10.9.1997, introduzido pela Medida Provisória nº 2.180-35, de 24.8.2001.**

**II – A partir de 30 de junho de 2009, os débitos trabalhistas da Fazenda Pública, mediante a incidência dos índices oficiais de remuneração básica e juros aplicados à caderneta de poupança, por força do art. 5º da Lei nº 11.960, de 20.6.2009.**

A redação original foi publicada no *DJ* 25.4.2007.

"São aplicáveis, nas condenações impostas à Fazenda Pública, os juros de mora de 0,5% (meio por cento) ao mês, a partir de setembro de 2001, conforme determina o art. 1º-F da Lei nº 9.494, de 10.09.1997, introduzido pela Medida Provisória nº 2.180-35, de 24.08.01, procedendo-se a adequação do montante da condenação a essa limitação legal, ainda que em sede de precatório."

Dispunha o artigo 1º-F da Lei nº 9.494/97, incluído pela Medida Provisória nº 2.180-35, de 24/8/2001, *verbis*: "Os juros de mora, nas condenações impostas à Fazenda Pública para pagamento de verbas remuneratórias devidas a servidores e empregados públicos, não poderão ultrapassar o percentual de seis por cento ao ano." A redação atual do artigo 1º-F foi determinada pela Lei nº 11.960/09: "Nas condenações impostas à Fazenda Pública, independentemente de sua natureza e para fins de atualização monetária, remuneração do capital e compensação da mora, haverá a incidência uma única vez, até o efetivo pagamento, dos índices oficiais de remuneração básica e juros aplicados à caderneta de poupança."

Trata-se de norma cogente, que nenhuma restrição estabelece quanto à origem da decisão, ou seja, se o débito é proveniente de sentença proferida pela Justiça Federal, Justiça Estadual ou pela Justiça do Trabalho, de sorte que não cabe ao intérprete distinguir se a lei não o fez.

O STF já entendeu que é constitucional o artigo 1º-F da Lei nº 9.494. Esta lei fixou os juros de mora da fazenda pública em 0,5% ao mês a partir de setembro de 2001.

Assim, resulta que a partir de 28.5.2001 o porcentual de juros de mora a ser observado é o determinado pela Medida Provisória 2.180-35, que introduziu o artigo 1º-F, da Lei nº 9.494/97.

Em razão dessa disposição, não são aplicáveis os juros previstos no artigo 39 da Lei nº 8.177/91, de 1% ao mês de forma simples.

A partir de 30.6.2009, os débitos trabalhistas da Fazenda Pública observam os índices oficiais de remuneração básica e juros aplicados à caderneta de poupança, conforme art. 5º da Lei nº 11.960/09.

8 **Precatório. Matéria administrativa. Remessa necessária. Não cabimento** (*DJ* 25.4.2007)

**Em sede de precatório, por se tratar de decisão de natureza administrativa, não se aplica o disposto no art. 1º, V, do Decreto-lei nº 779, de 21.08.1969, em que se determina a remessa necessária em caso de decisão judicial desfavorável a ente público.**

O procedimento de formação do precatório não comporta uma decisão do presidente do Tribunal. É um procedimento administrativo. Assim, dele não cabe remessa de ofício com fundamento no inciso V do artigo 1º do Decreto-lei nº 779/69.

9 **Precatório. Pequeno valor. Individualização do crédito apurado. Reclamação trabalhista plúrima. Execução direta contra a Fazenda Pública. Possibilidade** (*DJ* 25.4.2007)

**Tratando-se de reclamações trabalhistas plúrimas, a aferição do que vem a ser obrigação de pequeno valor, para efeito de dispensa de formação de precatório e aplicação do disposto no § 3º do art. 100 da CF/88, deve ser realizada considerando-se os créditos de cada reclamante.**

A orientação é correta, pois devem ser analisados os créditos de cada trabalhador, em se tratando de ação plúrima e não do valor total.

Cada litigante tem interesses próprios (art. 48 do CPC) e pode ter valores diferentes a receber.

10 **Precatório. Processamento e pagamento. Natureza administrativa. Mandado de segurança. Cabimento** (*DJ* 25.4.2007)

**É cabível mandado de segurança contra atos praticados pela Presidência dos Tribunais Regionais em precatório em razão de sua natureza administrativa, não se aplicando o disposto no inciso II do art. 5º da Lei nº 1.533, de 31.12.1951.**

O TST entende que da decisão do presidente do TRT cabe mandado de segurança em matéria de precatórios, pois não existe exatamente um recurso específico previsto em lei. Em se tratando de procedimento administrativo e não judicial, não cabe qualquer recurso. Assim, cabe mandado de segurança. Geralmente, a matéria é julgada pelo pleno do TRT.

Atualmente, a Lei nº 12.016/09 trata do mandado de segurança.

**11 Recurso em matéria administrativa. Prazo. Órgão colegiado. Oito dias. Art. 6º da Lei nº 5.584, de 26.06.1970** (*DJ* 25.4.2007)

**Se não houver norma específica quanto ao prazo para interposição de recurso em matéria administrativa de decisão emanada de órgão Colegiado do Tribunal Regional do Trabalho, aplica-se, por analogia, a regra geral dos prazos adotados na Justiça do Trabalho, ou seja, oito dias, conforme estabelecido no art. 6º da Lei nº 5.584, de 26.06.1970. O prazo de dez dias a que alude o art. 59 da Lei nº 9.784, de 29.01.1999, aplica-se somente à interposição de recursos de decisões prolatadas monocraticamente.**

Os recursos trabalhistas têm o prazo de 8 dias para sua interposição, conforme previsão no artigo 6º da Lei nº 5.584/70.

O prazo de 10 dias previsto no artigo 59 da Lei nº 9.784/1999 diz respeito a interposição de recursos de decisões prolatadas monocraticamente.

**12 Precatório. Procedimento de natureza administrativa. Incompetência funcional do presidente do TRT para declarar a inexigibilidade do título exequendo.** (*DEJT* divulgado em 16, 17 e 20.9.2010)

**O presidente do TRT, em sede de precatório, não tem competência funcional para declarar a inexigibilidade do título judicial exequendo, com fundamento no art. 884, § 5º, da CLT, ante a natureza meramente administrativa do procedimento.**

O presidente do TRT, ao decidir em processo de precatório, exerce função meramente administrativa e não judicial. Logo, não pode declarar inexigível o título judicial com base no parágrafo 5º do artigo 884 da CLT, por ser inconstitucional lei ou ato normativo declarados como tal pelo STF.

**13 Precatório. Quebra da ordem de precedência. Não demonstração da posição do exequente na ordem cronológica. Sequestro indevido. (*DEJT* divulgado em 16, 17 e 20.9.2010)**

**É indevido o sequestro de verbas públicas quando o exequente/requerente não se encontra em primeiro lugar na lista de ordem cronológica para pagamento de precatórios ou quando não demonstrada essa condição.**

Para que haja o sequestro de valores é preciso que a parte esteja no primeiro lugar de preferência para a expedição do precatório. Não sendo comprovada essa condição ou não estando em primeiro lugar na lista da ordem cronológica de precatórios, não se pode falar em sequestros de verbas públicas.

# Índice Remissivo[1]

**Orientação Jurisprudencial da SBDI-1**



[1] Os números se referem às Orientações Jurisprudenciais.

**Orientação Jurisprudencial da SBDI-2**

**Orientação Jurisprudencial do Pleno**

*Formato* 17 x 24 cm
*Tipografia* Charter 11/13
*Papel* Offset Sun Paper 90 g/m² (miolo)
Supremo 250 g/m² (capa)
*Número de páginas* 256
*Impressão* Bartira Gráfica

aqui Cole aqui

Sim. Quero fazer parte do banco de dados seletivo da Editora Atlas para receber informações sobre lançamentos na(s) área(s) de meu interesse.

Nome: ______________________________

______________ CPF: ______________ Sexo: ○ Masc. ○ Fem.

Data de Nascimento: ______________ Est. Civil: ○ Solteiro ○ Casado

End. Residencial: ______________________________

Cidade: ______________ CEP: ______________

Tel. Res.: ______________ Fax: ______________ E-mail: ______________

End. Comercial: ______________________________

Cidade: ______________ CEP: ______________

Tel. Com.: ______________ Fax: ______________ E-mail: ______________

De que forma tomou conhecimento deste livro?

☐ Jornal ☐ Revista ☐ Internet ☐ Rádio ☐ TV ☐ Mala Direta

☐ Indicação de Professores ☐ Outros: ______________

Remeter correspondência para o endereço: ○ Residencial ○ Comercial

aqui

## Indique sua(s) área(s) de interesse:

○ Direito Civil / Processual Civil

○ Direito Penal / Processual Penal

○ Direito do Trabalho / Processual do Trabalho

○ Direito Financeiro Tributário / Processual Tributário

○ Direito Comercial

○ Direito Administrativo

○ Direito Constitucional

○ Direito Difusos e Coletivos

○ Outras Áreas ______________

## Comentários

______________________________

______________________________

______________________________

Corte aqui

ISR-40-2373/83

U.P.A.C Bom Retiro

DR / São Paulo

# CARTA - RESPOSTA

**Não é necessário selar**

O selo será pago por:

atlas

01216-999 - São Paulo - SP

ENDEREÇO:

REMETENTE: